Geld und Geldpolitik

Vorwort

Überall begegnet uns Geld. Wir verdienen es, wir geben es aus, wir sparen es. Wir nutzen es als Bargeld, zahlen mit der Karte, mit dem Handy oder überweisen von unserem Bankkonto.

Doch was ist eigentlich Geld und wo kommt es her? Wovon hängt der Wert des Geldes ab? Was ist Inflation und wann spricht man von Deflation? Und welche Aufgaben hat dabei eine Zentralbank? So selbstverständlich wie wir Geld benutzen, so schwer verständlich erscheinen uns die Hintergründe.

Wirtschafts- und Finanzthemen sind oft komplex und kompliziert. Sich näher damit zu beschäftigen erscheint gerade für junge Menschen wenig attraktiv und spannend. Mit diesem Buch will die Deutsche Bundesbank einen Beitrag leisten, dies zu ändern. Es soll dabei helfen, die Grundlagen unseres Geldsystems und der Geldpolitik zu verstehen.

Die wichtigste Aufgabe der Bundesbank ist es, Preisstabilität zu gewährleisten und so den Wert unseres Geldes, des Euro, zu sichern. Im Eurosystem arbeiten wir dafür mit der Europäischen Zentralbank und den anderen nationalen Zentralbanken der Euro-Länder zusammen.

Preisstabilität zu sichern kann nur gelingen, wenn Wirtschaft und Gesellschaft den Zentralbanken vertrauen. Vertrauen aber setzt Wissen voraus – Wissen um den besonderen Wert stabilen Geldes und über das, was Zentralbanken dafür leisten.

In diesem Buch erfahren Sie, welche Rolle die Bundesbank in der europäischen Geldpolitik spielt und welche weiteren wichtigen Aufgaben sie wahrnimmt – beispielsweise in der Bargeldversorgung, im Zahlungsverkehr oder in der Bankenaufsicht.

Vorwort

Dieses Buch gibt es auch als digitale Versionen in deutscher und englischer Sprache, die laufend aktualisiert werden. Daneben bietet die Bundesbank ein breites Angebot an weiteren Materialien für den Schulunterricht, interaktive Medien, Vortragsveranstaltungen und Lehrerfortbildungen an. Weitere Informationen finden Sie unter: www.bundesbank.de/bildung.

Erfahren Sie auf den folgenden Seiten, was wir für das Geld tun. Ich wünsche Ihnen spannende Einblicke in die Welt des Geldes und der Zentralbanken.

Dr. Joachim Nagel
Präsident der Deutschen Bundesbank

Inhalt

1. Funktionen und Formen des Geldes — 8
1.1 Die Rolle des Geldes in der arbeitsteiligen Wirtschaft — 8
1.2 Funktionen des Geldes — 10
1.3 Erscheinungsformen des Geldes im Wandel der Zeit — 11

2. Das Bargeld — 22
2.1 Ausgabe von Bargeld — 22
2.2 Bargeldkreislauf in Deutschland — 24
2.3 Die Euro-Banknoten — 28
2.4 Die Euro-Münzen — 33
2.5 Falschgeld erkennen dank Sicherheitsmerkmalen — 40

3. Banken und Buchgeld — 50
3.1 Die Banken und ihre Aufgaben — 51
3.2 Der bargeldlose Zahlungsverkehr — 60
3.3 Geldmenge — 74
3.4 Geldschöpfung — 79

4. Der Euro und das Eurosystem — 90
4.1 Der Weg zum Euro — 90
4.2 Eurosystem, EZB und ESZB — 99
4.3 Der Ordnungsrahmen für eine stabile Währung — 108
4.4 Die Europäische Bankenunion für stabile Finanzmärkte — 121

5. Der Wert stabilen Geldes — 134
5.1 Preisstabilität, Inflation, Deflation — 134
5.2 Messen der aktuellen Preisentwicklung — 141
5.3 Vorteile von Preisstabilität — 150
5.4 Geldpolitische Zielsetzung: 2 % — 153

6. Die Geldpolitik des Eurosystems — 160
6.1 Die Wirkungsweise der Geldpolitik — 160
6.2 Die geldpolitische Strategie — 169
6.3 Die geldpolitischen Instrumente — 176
6.4 Flankierung der Geldpolitik — 194

7. Internationales Währungs- und Finanzsystem — 200
7.1 Währung und Wechselkurs — 200
7.2 Zahlungsbilanz und Auslandsvermögensstatus — 205
7.3 Das Finanzsystem — 216
7.4 Stabilität des Finanzsystems — 224
7.5 Internationale Institutionen und Gremien für Währungs- und Finanzstabilität — 232

Stichwortverzeichnis — 246

Kapitel 1
Funktionen und Formen des Geldes

1. Funktionen und Formen des Geldes

Geld begegnet uns überall im täglichen Leben. Bei dem Wort „Geld" denken die meisten zunächst an Münzen und Banknoten. Wir reden von „Geld verdienen", wenn es um unser Einkommen geht. Wir sprechen von „Geld ausgeben", wenn wir einkaufen. Bei größeren Anschaffungen kommt es vor, dass wir uns „Geld leihen", also einen Kredit aufnehmen müssen – sei es im Bekanntenkreis oder bei einer Bank.
Diese recht unterschiedliche Verwendung des Begriffs „Geld" kommt nicht von ungefähr: Sie ist Ausdruck der vielen Funktionen, die Geld im Wirtschaftsleben hat.

1.1 Die Rolle des Geldes in der arbeitsteiligen Wirtschaft

Geld erleichtert den Austausch von Waren und Dienstleistungen in modernen Volkswirtschaften, die sich durch einen hohen Grad an Arbeitsteilung und Spezialisierung auszeichnen.

> *Ohne Geld gäbe es eine Tauschwirtschaft.*

Gäbe es kein Geld, müssten Menschen in Gesellschaften, die ihr Wirtschaftsleben auf Tauschbeziehungen aufgebaut haben, Güter direkt tauschen. Das ist umständlich. Man müsste eine Person finden, die genau das anbietet, was man selbst sucht. Diese Person müsste gleichzeitig genau das brauchen, was man selbst tauschen will. Findet sich niemand zum direkten Tauschen, wären manchmal lange Tauschketten nötig, bis jeder bekommt, was er braucht. Mühsam müssten zudem die Austauschrelationen jedes Gutes zu jedem anderen bestimmt werden.

Die allgemein anerkannte und akzeptierte „Zwischentauschware" Geld erleichtert hingegen das Handeln. An die Stelle des einfachen Tausches „Ware gegen Ware" tritt der doppelte Tausch „Ware gegen Geld" und „Geld gegen Ware". Mit Geld können dann auch Kauf und Verkauf der Güter zeitlich und örtlich auseinanderfallen. Zudem gibt es mit dem Geld einen allgemeinen Maßstab, in dem der Wert jedes Gutes ausgedrückt und leicht verglichen werden kann.

Funktionen und Formen des Geldes

Geld- und Güterkreislauf

Die zentrale Rolle des Geldes in einer modernen Marktwirtschaft lässt sich in einem einfachen Modell zeigen:

Einfacher Wirtschaftskreislauf

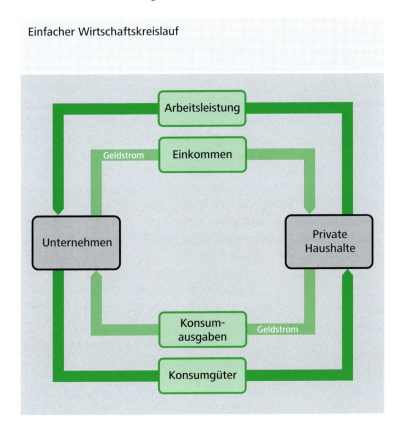

Auf der einen Seite stehen die privaten Haushalte, die ihre Arbeitskraft anbieten und Konsumgüter nachfragen. Auf der anderen Seite befinden sich die Unternehmen, die Konsumgüter anbieten und Arbeitskräfte nachfragen. Zwischen den Unternehmen und den privaten Haushalten fließen also verschiedene Ströme. Dem Kreislauf von Konsumgütern und Arbeitsleistung ist ein Geldkreislauf entgegengerichtet: Die Haushalte erhalten von den Unternehmen für ihre Arbeitsleistung Einkommen in Form von Geld. Dieses können sie für den Kauf von Konsumgütern verwenden.

1.2 Funktionen des Geldes

Die zentrale Rolle des Geldes lässt sich an drei Funktionen festmachen, die das Geld in modernen Volkswirtschaften übernimmt.

Die Funktionen des Geldes im Überblick

Tausch- und Zahlungsmittel	Recheneinheit	Wertaufbewahrungsmittel
Geld erleichtert den Warentausch.	Güterwerte lassen sich in einer Bezugsgröße ausdrücken und vergleichen.	Gelderwerb und Geldausgabe können zeitlich auseinanderfallen.
Auch Finanztransaktionen wie die Vergabe von Krediten sind möglich.	Geld fungiert als Wertmaßstab.	Sparen ist möglich.

Um diese Funktionen erfüllen zu können, muss der Gegenstand, der als Geld verwendet wird, gut teilbar, wertbeständig und allgemein akzeptiert sein.

Geld als Tausch- und Zahlungsmittel

Geld ist in erster Linie ein Tauschmittel, das den Austausch von Gütern vereinfacht. Geld wird aber auch benutzt, um Kredite zu gewähren und Schulden zu begleichen. In diesen Fällen geht es nicht um einen Austausch von Gütern, sondern um Finanztransaktionen. Man spricht von der Geldfunktion als Zahlungsmittel. Dazu muss die jeweilige Form des Geldes allgemein akzeptiert werden.

Geld als Recheneinheit

Geld vereinfacht das Wirtschaftsleben erheblich, weil es den Wert von Waren über eine Recheneinheit vergleichbar macht. Ohne Geld müssten die einzelnen Tauschverhältnisse untereinander bestimmt werden: Eier in Äpfel, Eier in Salz, Salz in Nähgarn. Schon bei 100 Waren gibt es 4.950 Tauschverhältnisse (allgemein: $n(n-1)/2$ Austauschverhältnisse bei n Gütern). Mit Geld als Recheneinheit sind es nur noch 100 Preise: Eier in Euro, Salz in Euro, Nähgarn in Euro.

So können auch sehr unterschiedliche Dinge miteinander verglichen werden, zum Beispiel der Preis für Arbeit mit dem Preis einer Maschine. Über die Geldpreise lassen sich auch die Herstellungskosten eines Autos oder das Bruttoinlandsprodukt einer Volkswirtschaft berechnen. Damit Geld diese Funktion wahrnehmen kann, muss es ausreichend teilbar sein.

Geld als Wertaufbewahrungsmittel

Manch einer möchte Geld aufbewahren, um damit an einem anderen Ort oder später einzukaufen. Oder man spart das Geld für größere Anschaffungen. Oder man verleiht es – dann kann jemand anderes das Geld nutzen. Geld erweitert so unseren Handlungsspielraum. Es ist ein Motor für wirtschaftliche Entwicklung. Um den Wert aufzubewahren, muss Geld haltbar und wertbeständig sein. Da das Geld heute keinen eigenen Materialwert mehr hat, kommt es darauf an, den aufgedruckten Nominalwert zu erhalten. Staatliche Zentralbanken haben die Aufgabe, diesen Geldwert zu sichern.

1.3 Erscheinungsformen des Geldes im Wandel der Zeit

Die Ursprünge des Geldes liegen im Dunkeln. Manche Fachleute führen seine Entstehung auf religiöse Opfergaben zurück, andere auf den Tauschhandel, andere auf das Entstehen von Schuldbeziehungen. Über viele Jahrhunderte galten wertvolle Waren wie Gold, Silber, Salz oder bestimmte Muscheln als Geld. Heute benutzen wir Münzen und Banknoten mit einem geringen Materialwert. Unsere Guthaben auf Bankkonten sind nur noch in Bits und Bytes registriert. Obwohl wir es in dieser Form nicht einmal anfassen können, akzeptieren wir es als Geld, weil wir seinem Wert vertrauen. Geld ist damit letztlich das, was in einer Gesellschaft in einer bestimmten Zeit als Geld allgemein akzeptiert wird: Geld ist, was als Geld gilt.

> *Geld ist, was letztlich als Geld allgemein akzeptiert wird.*

Warengeld

Eine einfache Form des Geldes ist das Warengeld (auch: Naturalgeld). Beispiele dafür sind Kaurischnecken, Salzbarren, Felle, Federn oder Vieh.

Funktionen und Formen des Geldes

Das lateinische Wort für Geld heißt „pecunia" und wurde aus dem Wort pecus für Vieh abgeleitet. Auf der pazifischen Insel Yap galten mit einem Loch versehene Steinscheiben unterschiedlicher Größe als Zahlungsmittel (Steingeld).

Die Edelmetalle Gold und Silber übernahmen bereits in vorgeschichtlicher Zeit die Funktion von Geld. Sie bieten genau wie die ebenfalls häufig verwendete Bronze den Vorteil, dass sie relativ knapp, haltbar und leicht teilbar sind. Mit der Einführung von Metallgeld konnten die Probleme überwunden werden, die mit der Verwendung verderblicher Waren als Geld einhergingen.

Steingeld (Yap)   Kaurischnecken

Der Gebrauch von Warengeld ist weder auf eine Zeitepoche noch auf einen Kulturkreis beschränkt. So kommt man wieder auf Warengeld zurück, wenn beispielsweise die offizielle Währung das Vertrauen der Menschen verloren hat. Beispielsweise nutzte man in Deutschland kurz nach dem Zweiten Weltkrieg auf den Schwarzmärkten Zigaretten anstelle der wertlos gewordenen Reichsmark als Zahlungsmittel. Mit der Einführung der D-Mark 1948 (Währungsreform) verschwand der Schwarzmarkt und mit ihm die „Zigarettenwährung".

Münzen

Warengeld wie Gold oder Silber kann man viel leichter als Geld verwenden, wenn man es in einheitlichen genormten Stücken in Umlauf bringt, anstatt immer unterschiedlich schwere Metallklumpen oder Barren abzuwiegen. Wenn eine befugte Autorität Regeln für einheitliche Metallstücke aufstellt, sie nach diesen Regeln herstellt, durch ein Bildmotiv beurkundet und dann in Umlauf bringen lässt, ist eine Münze entstanden.

Funktionen und Formen des Geldes

Frühform der Münze aus dem 7. Jh. v. Chr. (Phanes-Stater)

Die ältesten bekannten Münzen stammen aus der Mitte des 7. Jahrhunderts vor Christi Geburt aus dem Königreich Lydien in der heutigen West-Türkei. Damals waren es noch Metallklümpchen, die mit einer Prägung versehen worden waren. Im Laufe der Zeit wurden die geprägten Metallstücke zunehmend breiter, flacher und immer besser gerundet.

Römische Münze mit dem Bildnis Cäsars

Die Idee von genormten und geprägten Münzen verbreitete sich schnell. Die ersten Münzen zeigten Symbole aus der Natur oder der Mythologie, später oftmals Herrscherporträts. Der Münzherr, der das „Münzregal" (d. h. das Recht, Münzen zu prägen) innehatte, garantierte mit seinem Abbild oder Zeichen, dass die Münzen gemäß den Münzregeln hergestellt waren.

Münzgesetze legten meistens fest, dass der Wert von ausgeprägten Goldmünzen und großen Silbermünzen ein wenig höher lag als der Preis des in der Münze enthaltenen Edelmetalls. Zum einen deckte dies die Kosten der Münzherstellung. Zum anderen verhinderte es, dass die mühsam „in Geldform" gebrachten Münzen schnell wieder als Rohstoffe eingeschmolzen wurden. Dennoch sollte dafür gesorgt sein, dass in jeder Münze genügend Gold oder Silber enthalten war.

Weil Edelmetalle schon immer besonders wertvoll waren, war auch der Wert einer einzelnen Großsilber- oder gar Goldmünze so hoch, dass man damit kleinere Beträge gar nicht begleichen konnte. Dafür benötigte man „Kleingeld". Dieses Kleingeld bestand aus sogenannten Teil- oder Scheidemünzen. Ihr Wert lag deutlich über dem Preis für die enthaltenen Rohstoffe und die Herstellung. Das moderne Münzgeld heutzutage besteht überwiegend aus Scheidemünzen.

Funktionen und Formen des Geldes

Papierne Geldzeichen

Papierne Geldzeichen haben im Unterschied zu Münzen aus Metall kaum einen Warenwert. Allerdings lassen sich mit ihnen große Geldbeträge sehr viel leichter, sicherer und damit billiger und schneller transportieren und weitergeben.

Das älteste Papiergeld gaben vor über tausend Jahren Staatsbehörden in China aus. Ihre Kaufkraft erhielten die chinesischen Geldscheine nur durch kaiserlichen Erlass. Solches Staatspapiergeld, wie es in China lange umlief, konnte sich damals in Europa trotz der Versuche verschiedener Regierungen nie dauerhaft durchsetzen. Hinter Staatspapiergeld stand kein Warenwert, sondern nur die Macht und die Glaubwürdigkeit des Staates.

Käsch-Schein aus China

Im mittelalterlichen Europa waren es dagegen die Kaufleute, die sich mit Wechselbriefen eigene Zahlungspapiere schufen. Der Bezogene (z. B. ein Warenkäufer) verpflichtete sich in einem Wechselbrief, bei Vorlage dieses Papiers zu einem bestimmten Zeitpunkt einen im Papier festgelegten Geldbetrag bar in Gold oder Silber zu zahlen. Indem die Kaufleute und Bankiers Wechselbriefe ausstellten, diese sich gegenseitig verkauften und miteinander austauschten, benötigten sie für den Warenhandel deutlich weniger bares Gold oder Silber. Sie konnten damit leichter, schneller und sicherer zahlen als mit Münzen und gewährten sich überdies gegenseitig Kredit.

Neben Wechselbriefen verwandte man in Europa für den kaufmännischen Zahlungsverkehr später auch andere Zahlungsversprechen: Bankiers oder Goldschmiede nahmen Edelmetall ihrer Kunden in sichere Verwahrung und stellten ihnen als Bestätigung dafür einen sogenannten Depositenschein aus. Gegen Vorlage des Depositenscheins wurde das Edelmetall wieder ausgezahlt.

Funktionen und Formen des Geldes

Banknoten

Seit dem 17. Jahrhundert breiteten sich deshalb Banknoten aus, die anfangs von privaten Banken ausgegeben wurden. Als erste Notenbank Europas gilt „der Stockholms Banco". Wegen Silbermangels hatte man in Schweden ab 1644 Kupferplatten als Geld geprägt. Da die bis zu 20 kg schweren Platten im Alltagsleben unpraktisch waren und oftmals den Transport durch eigene Fuhrleute notwendig machten, stießen die ab 1661 ausgegebenen Banknoten zunächst auf großen Anklang in der Bevölkerung.

„Credityf-Zedel" des Stockholms Banco

Den Wert der sogenannten „Credityf-Zedel" sollte eine königliche Einlage in der Bank garantieren, die eine Grunddeckung der ausgegebenen Banknoten ermöglichte. Den Großteil der Noten gab man jedoch als Kredit auf künftige Metallfunde im Lande aus, weshalb dem König die Bank als eine Art virtuelles Gold- und Silberbergwerk angepriesen wurde. Die vom Stockholms Banco ausgegebenen „Kredit-Zettel" gelten als die ersten Banknoten Europas.

Dieses Prinzip wurde zur Grundlage des Notenbankwesens, das sich dann vor allem im 19. Jahrhundert in ganz Europa durchsetzte: Notenbanken kauften Gold und Silber, aber auch Wechselbriefe der Kaufleute an und gaben dafür im Gegenzug Banknoten aus. Wer bei der Bank die Banknote einlösen wollte, bekam den Betrag der Note jederzeit in Edelmetall ausgezahlt. Banknoten ergänzten den Geldumlauf und erleichterten den Umgang mit großen Geldbeträgen. In Deutschland wurden Banknoten erst im Jahr 1909 gesetzliches Zahlungsmittel.

Während noch bis weit ins 20. Jahrhundert Währungen zumindest teilweise durch Gold gedeckt waren, sind die Währungen der meisten Volkswirtschaften heute sogenannte Fiat-Währungen ohne Edelmetalldeckung. Die Bezeichnung „fiat" (lateinisch für „es werde") deutet darauf hin, dass „Fiatgeld" allein durch Beschluss der gesetzgebenden Organe eines Staates entsteht, der dieses Geld als gesetzliches Zahlungsmittel bestimmt.

Funktionen und Formen des Geldes

Die Einführung von Papiergeld löste den Geldwert vom Material des Geldes. Geld ist in Form von Banknoten nicht nur bequemer zu transportieren, sondern auch erheblich billiger herzustellen. Theoretisch könnten unbegrenzt Banknoten hergestellt werden. Die Kontrolle über den Geldumlauf haben deshalb staatliche Zentralbanken erhalten.

Buchgeld (Giralgeld)

Neben dem Papiergeld bildete sich in den großen Handelsstädten in Norditalien, aber auch in Amsterdam, Hamburg und Nürnberg nahezu gleichzeitig das Buchgeld bzw. Giralgeld heraus – Geld also, das nur in den Kontobüchern der Banken verzeichnet ist. Bei den „Girobanken" konnten Kaufleute Konten eröffnen, um dann Guthaben von Konto zu Konto zu bewegen. Zugleich begannen die Banken, ihren Kunden über Kredite zusätzliches Buchgeld zur Verfügung zu stellen. So sind Banknoten und Münzen heute nur noch ein kleiner Teil des umlaufenden Geldes. Das „stofflose" Buchgeld hat sich durchgesetzt. Mit jedem Kontoauszug können wir sehen, wie viel Buchgeld wir besitzen. Heute wird das Geld aber nicht mehr durch Zu- und Abschreiben in papierhaften Kontobüchern bewegt, sondern in Computern oder über elektronische Medien.

> *Buchgeld wird „stofflos" von Konto zu Konto übertragen.*

Vertrauen als Grundlage

Geld wird nur akzeptiert, wenn alle darauf vertrauen können, dass es seinen Wert behält. Bei vollwertigen Münzen lag der Wert des Geldes in seinem Warenwert, meist Gold oder Silber. Bei Banknoten und Buchgeld gibt es keinen Warenwert mehr und sie können quasi „aus dem Nichts" produziert werden. Daher muss es eine Instanz geben, die den Geldumlauf kontrolliert und die Geldwertstabilität gewährleistet. Diese Aufgaben werden heutzutage meist unabhängigen Zentralbanken übertragen. Mit der Einführung des Euro als Gemeinschaftswährung im Jahre 1999 hat im Euro-Währungsgebiet das Eurosystem diese Aufgabe übernommen. Es besteht aus der Europäischen Zentralbank (EZB) und den nationalen Zentralbanken der Euro-Länder. Die deutsche Zentralbank ist die Deutsche Bundesbank.

Krypto-Assets

Bereits vor einigen Jahren kam eine scheinbar neue Kategorie von Geld auf: die Krypto-Assets, die missverständlicherweise häufig als „Krypto-Währungen" oder auch als „Krypto-Geld" bezeichnet werden. Krypto-Assets sind privat erzeugte digitale „Wertmarken" (auf Englisch „Token"), die in Computernetzwerken geschaffen und genutzt werden. Diese sind rein digital verfügbar und basieren auf Verschlüsselungstechniken (Kryptografie). Die ursprüngliche Idee war, ein Zahlungsmittel zu schaffen, das von staatlichen Institutionen und Geschäftsbanken unabhängig ist. Damit sollten Zahlungen von Privatpersonen an Privatpersonen ermöglicht werden, ohne dass auf staatliches Geld oder Bankguthaben zurückgegriffen werden muss. Die staatliche Einflussnahme auf das Geldwesen sollte zurückgedrängt und grenzüberschreitende Bezahlvorgänge schneller und günstiger durchgeführt werden können. Das bekannteste und am weitesten verbreitete Krypto-Asset ist der Bitcoin, dessen Konzept 2008 zum ersten Mal veröffentlicht wurde. Das technische Fundament, auf dem Bitcoin und viele andere Krypto-Assets basieren, wird als „Blockchain"-Technologie bezeichnet. Bei dieser handelt es sich um ein Verzeichnis aller durchgeführten Transaktionen. Dieses Verzeichnis wird nicht durch eine zentrale Instanz, sondern durch alle Teilnehmer des Netzwerks verwaltet und eingesehen.

> *Krypto-Assets sind kein offizielles Geld.*

Der häufig verwendete Begriff Krypto-Währung klingt nach offiziellem Geld. Dem ist aber nicht so: Hinter den Krypto-Assets steht keine staatliche Zentralbank, es gibt keine gesetzliche Grundlage und keine staatliche Regulierung, die die Stabilität und Akzeptanz gewährleistet. Somit besteht kein Anspruch darauf, dass jemand eine Zahlung mit einem Krypto-Asset akzeptieren muss. Ebenso wenig besteht ein Anspruch darauf, Krypto-Assets in eine offizielle Währung tauschen zu können. Krypto-Assets erfüllen die Geldfunktionen nur sehr eingeschränkt. Die Akzeptanz als Zahlungsmittel ist äußerst gering. Es gibt kaum Verkaufsstellen, an denen tatsächlich damit bezahlt werden kann. Auch werden Preise nur selten in Krypto-Assets ausgedrückt, sodass diese auch nicht als Recheneinheit genutzt werden können. Wegen ihrer starken Kursschwankungen eignen sich Krypto-Assets kaum als zuverlässiges Wertaufbewahrungsmittel. Krypto-Assets sind damit vor allem ein Instrument der spekulativen Geldanlage.

Funktionen und Formen des Geldes

Die Blockchain-Technologie

Initiierung und formale Prüfung

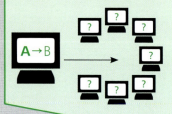

A möchte eine Transaktion an B durchführen, z.B. um etwas zu bezahlen.

Im Netzwerk wird von den Nutzern geprüft, ob A die Transaktion durchführen darf und ob sie bereits in der Blockchain enthalten ist, um eine doppelte Ausführung auszuschließen.

Kryptografische Prüfung

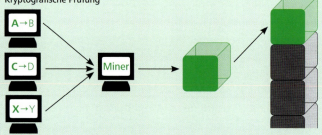

Mehrere geprüfte Transaktionen werden von sog. Minern in einem Block gebündelt. Miner sind Mitglieder des Netzwerks mit besonderer Rolle. Allerdings wird nur der Block des schnellsten Miners ausgeführt. Dieser Miner erhält dafür eine Belohnung, z.B. Krypto-Assets.

Der neue Block wird der bestehenden Kette aus Blöcken (Blockchain) angehängt. Durch einen Verweis auf den jeweiligen Vorgängerblock entsteht eine eindeutige Transaktionshistorie, bei der eine Manipulation sofort auffallen würde.

Abschluss und Aktualisierung

Die Transaktion von A nach B wurde durchgeführt.

Jede Kopie der Blockchain im Netzwerk wird um den neuen Block aktualisiert.

Das Wichtigste im Überblick:

- Geld hat in modernen Volkswirtschaften eine zentrale Rolle. Es erleichtert den Handel und unterstützt die arbeitsteilige Wirtschaft.

- Geld ist Tausch- und Zahlungsmittel, Recheneinheit und Wertaufbewahrungsmittel. Um diese Funktionen erfüllen zu können, muss das Geld vor allem wertbeständig sein.

- Die Erscheinungsform von Geld hat sich im Laufe der Zeit geändert. Eine einfache Form von Geld ist das Warengeld, also Gegenstände, die als Geld verwendet werden.

- Während Metalle zunächst als Warengeld dienten, kam man später darauf, es in eine einheitliche Form zu bringen. Geprägte Metallstücke, also Münzen, werden noch heute verwendet.

- Neben den Münzen setzte sich das Papiergeld durch. Papiergeld erleichtert den Umgang mit großen Geldbeträgen. Das gilt erst recht für das stofflose Buchgeld, das im heutigen Wirtschaftsleben quantitativ die größte Rolle spielt.

- Geld wird nur akzeptiert, wenn alle Besitzerinnen und Besitzer von Geld darauf vertrauen können, dass es seinen Wert behält. In der heutigen Zeit haben Zentralbanken die Aufgabe, den Wert des Geldes zu sichern.

- Krypto-Assets sind kein offizielles Geld. Sie erfüllen die Geldfunktionen nur sehr eingeschränkt. Hinter den Krypto-Assets steht keine staatliche Zentralbank, es gibt keine gesetzliche Grundlage und keine staatliche Regulierung.

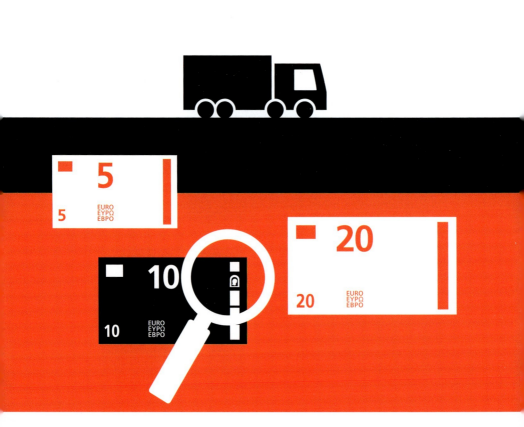

Kapitel 2
Das Bargeld

2. Das Bargeld

Wer an Geld denkt, hat meist Bargeld, also Banknoten und Münzen, vor Augen. Banknoten sind Geldscheine. Münzen sind geprägte Metallstücke. Sie lauten beide auf einen bestimmten Betrag (Nennwert) in einer bestimmten Währung. Die Währung in Deutschland ist seit Anfang 2002 – wie im gesamten Euroraum – der Euro. Münzen ergänzen bei kleinen Zahlungen die Banknoten. Ihr Nennwert ist im Allgemeinen – so auch bei den Euro-Münzen – höher als der Metallwert. Solche Münzen nennt man Scheidemünzen.

Euro-Bargeld ist gesetzliches Zahlungsmittel im Euro-Währungsgebiet.

Euro-Banknoten sind im Euro-Währungsgebiet das einzige unbeschränkte gesetzliche Zahlungsmittel. Jeder Gläubiger einer Geldforderung muss vom Schuldner Banknoten in unbegrenztem Umfang als Erfüllung seiner Forderung annehmen, sofern beide vertraglich nichts anderes vereinbart haben und gesetzliche Annahmebeschränkungen nicht entgegenstehen.

Im Gegensatz zu den Banknoten sind die Euro-Münzen nur in beschränktem Umfang gesetzliches Zahlungsmittel. Im Euro-Währungsgebiet ist ein Gläubiger nicht verpflichtet, mehr als 50 Münzen pro Zahlung anzunehmen. Auch können Gläubiger und Schuldner das Bezahlen mit Münzen durch Vertrag ganz ausschließen.

2.1 Ausgabe von Bargeld

Wer Bargeld verwendet, muss sich darauf verlassen können, dass Banknoten und Münzen gültiges Geld sind. Bargeld wird darum nicht von privaten Unternehmen ausgegeben, sondern nur von staatlichen Institutionen. Sie garantieren die hohe Qualität und Sicherheit der Banknoten und Münzen.

Notenmonopol und Münzregal

Im Euroraum sind die Europäische Zentralbank und die nationalen Zentralbanken der Länder, die den Euro als gemeinsame Währung eingeführt haben, zur Ausgabe der Banknoten berechtigt. Das Notenmonopol in Deutschland hat die Deutsche Bundesbank. Sie gibt die Banknoten vor allem

Banknoten gibt die Zentralbank, Münzen der Staat aus.

über die Geschäftsbanken in Umlauf. Das Volumen der in Umlauf gegebenen Banknoten wird allein durch die Nachfrage bestimmt. Daher gibt die Bundesbank – in der Regel im Rahmen einer Kreditgewährung an die Geschäftsbanken – alles Bargeld aus, das die Banken und deren Kundschaft benötigen.

Die Zuständigkeit für die Euro-Münzen liegt – anders als bei den Banknoten – bei den Euro-Ländern. Dies ist ein Relikt aus alter Zeit, als es ausschließlich Münzen gab. Damals schon lag das Recht zur Regelung des Münzwesens beim Landesherrn bzw. beim Staat (sog. Münzregal). In Deutschland lässt das Bundesministerium der Finanzen Euro-Münzen herstellen. Die Bundesbank bringt sie dann in den Umlauf.

Keine Deckungsvorschriften

In früheren Zeiten waren Notenbanken verpflichtet, ausgegebene Banknoten gegen Gold oder Silber einzutauschen. Deshalb mussten sie häufig zu einem bestimmten Pro-

Die Ausgabe des Euro-Bargeldes ist an keine Deckungsvorschrift gebunden.

zentsatz durch das entsprechende Edelmetall „gedeckt" sein. Die Banknotenausgabe war somit durch die vorhandenen Edelmetallvorräte begrenzt. Inzwischen weiß man aber, dass derartige Regelungen nicht erforderlich sind, um den Wert des Geldes zu sichern.

Die Zentralbanken im Euroraum sind deshalb nicht verpflichtet, den Gegenwert einer vorgelegten Banknote in Gold oder andere Vermögenswerte zu tauschen. Sie können alle Euro-Verbindlichkeiten immer bedienen, in Euro also nicht zahlungsunfähig („illiquide") werden. Nationale Zentralbanken im Euroraum, wie die Bundesbank, nehmen auch Euro-Münzen wieder zum Nennwert entgegen und wandeln sie in Banknoten oder Kontoguthaben um. Auch hier ist ein Umtausch in andere Vermögenswerte nicht möglich.

2.2 Bargeldkreislauf in Deutschland

Spezialdruckereien und Münzprägeanstalten stellen die Banknoten und Münzen her und liefern sie an die Bundesbank. Die Geschäftsbanken oder von ihnen beauftragte Wertdienstleister – private Unternehmen, die den Transport von Werten wie Bargeld durchführen – holen das Bargeld bei den Filialen der Bundesbank ab. Über die Banken gelangt das Geld dann zu Unternehmen und Verbrauchern in den Wirtschaftskreislauf. Umgekehrt zahlen die Teilnehmer des Wirtschaftskreislaufs Bargeldüberschüsse bei den Geschäftsbanken wieder ein.

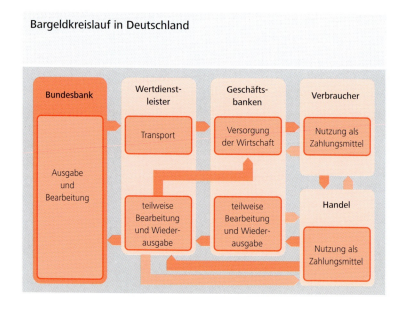

Bargeldkreislauf in Deutschland

Banken und Wertdienstleister können – mit von den Zentralbanken im Euroraum getesteten Maschinen – Banknoten auf Qualität und Echtheit prüfen und dann direkt wieder ausgeben. Aussortiertes und überschüssiges Geld bringen sie zur Bundesbank zurück.

Bargeldnutzung in Deutschland

Zwar verliert das Bargeld gegenüber bargeldlosen Zahlungsformen beständig an Bedeutung, doch beglichen 2021 Privatpersonen in Deutschland 58 % ihrer Zahlungen für Waren und Dienstleistungen mit Bargeld. Das entspricht einem Anteil von 30 % des Umsatzes an der Ladenkasse. Dies geht aus einer Studie der Bundesbank zum Zahlungsverhalten in Deutschland 2021 hervor. Im Durchschnitt hatten Privatpersonen rund 100 Euro im Portemonnaie. Weder Digitalisierung noch Pandemie konnten das Bargeld verdrängen. 69 % der Befragten wollen auch künftig unverändert mit Bargeld bezahlen.

Die Vorteile des Bargeldes liegen u. a. darin, dass es unabhängig vom Einsatz technischer oder sonstiger Hilfsmittel schnell und anonym verwendbar ist. Es lässt sich auch jederzeit wieder auf ein Konto einzahlen.

Erhaltung der Bargeldqualität

In den Filialen der Bundesbank wird das zurückgebrachte Bargeld auf Echtheit und Umlauffähigkeit geprüft. Beschädigte und verschmutzte Banknoten werden aussortiert, geschreddert, zu Briketts gepresst und entsorgt. Zudem wird in den Filialen Falschgeld aussortiert. Um Geldfälschern auf die Spur zu kommen, analysieren Fachleute der Bundesbank das entdeckte Falschgeld und bewahren es auf, damit es im Falle einer Gerichtsverhandlung als Beweisstück verwendet werden kann.

> *Beschädigtes und verschmutztes Euro-Bargeld ersetzt die Bundesbank durch umlauffähiges.*

Die Filialen der Bundesbank bearbeiten zurzeit jährlich rund 12 Milliarden Euro-Banknoten. Dabei sind Hochleistungsmaschinen im Einsatz, die 33 Geldscheine pro Sekunde auf Umlauffähigkeit und Echtheit prüfen können.

Nicht mehr umlauffähige Münzen werden ebenfalls von der Bundesbank aus dem Verkehr gezogen. Sie werden im Auftrag des Bundesministeriums der Finanzen entwertet und anschließend an Metallproduktionsstätten verkauft. So wird das Metall der Münzen wiederverwertet. Aussortierte Euro-Banknoten und -Münzen ersetzen die Filialen der Bundesbank durch umlauffähiges Bargeld.

Die Lebensdauer einer Banknote hängt vor allem von ihrem Nennwert ab. Banknoten kleiner Stückelungen (5, 10, 20, 50 Euro) werden bereits nach ein bis vier Jahren ersetzt. Banknoten großer Stückelungen (100, 200, 500 Euro) haben zum Teil eine Lebensdauer von weit über zehn Jahren. Münzen nutzen sich hingegen nur sehr langsam ab. Sie können oft jahrzehntelang verwendet werden.

Geschredderte Banknoten

Die Filialen der Deutschen Bundesbank

Die Filialen der Deutschen Bundesbank versorgen die Wirtschaft mit Euro-Bargeld. Sie tauschen D-Mark-Bargeld gebührenfrei und unbefristet in Euro um.

Das Bargeld

Verbranntes Bargeld

Ersatz für beschädigtes Bargeld

Im täglichen Leben wird Bargeld immer wieder einmal unbeabsichtigt beschädigt. Es wird beispielsweise zerrissen, mitgewaschen, versehentlich geschreddert oder auch von Haustieren angefressen.

Für stark beschädigte Euro-Banknoten, die im Zahlungsverkehr nicht mehr angenommen werden, leisten die nationalen Zentralbanken des Euroraums, so auch die Bundesbank, dem Inhaber Ersatz. Voraussetzung ist allerdings, dass der Inhaber Banknotenteile vorlegt, die insgesamt größer sind als die Hälfte der Banknote. Ansonsten muss er nachweisen, dass der Rest des Geldscheins vernichtet ist. Nicht ersetzt werden in betrügerischer Absicht zusammengeklebte Banknoten.

Beschädigte Münzen ersetzt die Bundesbank, wenn die Münzen durch den im Zahlungsverkehr üblichen Gebrauch abgenutzt oder verschmutzt sind.

2.3 Die Euro-Banknoten

Euro-Banknoten gibt es in sieben Stückelungen zu 5, 10, 20, 50, 100, 200 und 500 Euro. Durch ihre verschiedenen Farben und Größen sind die Euro-Banknoten leicht voneinander zu unterscheiden. Je höher der Nennwert, desto größer ist die Banknote.

Auf den Banknoten sind Baustile aus sieben Epochen der europäischen Kulturgeschichte dargestellt – in Form von Fenstern, Toren und Brücken. Diese sind dem Stil der jeweiligen Epoche nachempfunden und existieren nicht wirklich. Die Fenster und Tore auf der Vorderseite jeder Banknote sollen den Geist der Offenheit und Zusammenarbeit in Europa symbolisieren. Die entsprechenden Brücken auf der Rückseite der Banknoten sollen für die Verbindung zwischen den Völkern Europas und zur übrigen Welt stehen.

Die erste Serie von Euro-Banknoten wurde durch die Europa-Serie ersetzt.

Die erste Banknoten-Serie läuft seit Anfang 2002 um. Sie wurde zwischen 2013 und 2019 durch eine neue Serie ersetzt. Die Euro-Banknoten sind das Ergebnis eines bereits Mitte der 1990er-Jahre ausgetragenen Gestaltungswettbewerbs, den der Österreicher Robert Kalina gewann. Reinhold Gerstetter, ehemaliger Designer der Bundesdruckerei, hat das Design für die zweite Serie überarbeitet.

Die erste Euro-Banknoten-Serie
Farben, Baustile, Maße

Grau, Klassik, 120 x 62 mm

Rot, Romanik, 127 x 67 mm

Blau, Gotik, 133 x 72 mm

Orange, Renaissance, 140 x 77 mm

Grün, Barock/Rokoko, 147 x 82 mm

Gelblich braun, Eisen- und Glasarchitektur, 153 x 82 mm

Lila, Architektur des 20. Jahrhunderts, 160 x 82 mm

Das Bargeld

Die zweite Euro-Banknoten-Serie

Farben, Baustile, Maße

Grau, Klassik, 120 x 62 mm

Orange, Renaissance, 140 x 77 mm

Rot, Romanik, 127 x 67 mm

Grün, Barock/Rokoko, 147 x 77 mm

Blau, Gotik, 133 x 72 mm

Gelblich braun, Eisen- und Glasarchitektur, 153 x 77 mm

Die Euro-Banknoten der zweiten Serie (Europa-Serie)

Bei der zweiten Euro-Banknotenserie ist das Design nicht grundlegend verändert. Die Farben der Banknoten sind jedoch kräftiger und kontrastreicher. Die Sicherheitsmerkmale wurden verbessert und um neue Elemente ergänzt. Als Motiv neu hinzugekommen ist die mythologische Figur Europa, deren Porträt im Wasserzeichen und im Hologramm erscheint.

Die allgemeinen Merkmale der Banknoten – wie die Unterschrift der/des EZB-Präsidentin/en, die Flagge der Europäischen Union und die Abkürzungen für Europäische Zentralbank in verschiedenen europäischen Sprachen – wurden beibehalten.

Die allgemeinen Merkmale der zweiten Euro-Banknotenserie

Flagge der Europäischen Union

Unterschrift der/des Präsidentin/ten der EZB

Abkürzungen für Europäische Zentralbank

„Euro" in lateinischer, griechischer und kyrillischer Schrift

In der Europa-Serie gibt es keine 500-Euro-Banknote. Einmal ausgegebene 500-Euro-Banknoten der ersten Serie behalten weiterhin ihre Gültigkeit. Das gilt auch für alle anderen umlaufenden Banknoten der ersten Serie.

Bis voraussichtlich 2024 ist ein neues Design für die Euro-Banknoten geplant. Dafür erarbeiten Fachleute Themenvorschläge, zu denen dann zunächst die Meinung der Bevölkerung eingeholt wird, bevor ein Design-Wettbewerb gestartet wird.

Herstellung

Die nationalen Zentralbanken des Euroraums sind gemeinsam für den Druck der Euro-Banknoten zuständig. Hergestellt werden die Banknoten von staatlichen, aber auch von privaten Spezialdruckereien. Um die Kosten zu minimieren, lässt nicht jede Zentralbank alle Notenstückelungen herstellen. Vielmehr sind die nationalen Zentralbanken jeweils nur für den Druck ausgewählter Banknoten verantwortlich, was jährlich festgelegt wird.

Auch bei den Banknoten der Europa-Serie befindet sich auf deren Rückseite die Seriennummer. Die horizontal verlaufende Langform besteht aus zwei Buchstaben und zehn Ziffern. Der erste Buchstabe gibt Auskunft über die Druckerei.

Die Herkunft der Banknoten der Europa-Serie

Der erste Buchstabe der Seriennummer steht für die Druckerei.

Druckerei

Z	Banque National de Belgique, Brüssel	R	Bundesdruckerei GmbH, Berlin
Y	Bank of Greece, Athen	P	Joh. Enschedé Security Print BV, Haarlem
X	Giesecke & Devrient GmbH, München	N	Oesterreichische Banknoten und Sicherheitsdruck GmbH, Wien
W	Giesecke & Devrient GmbH, Leipzig		
V	IMBISA, Madrid	M	Valora, Lissabon
U	Banque de France, Chamalières	F	Oberthur Fiduciaire AD, Sofia
T	Central Bank of Ireland, Dublin	E	Oberthur Fiduciaire S.A.S., Chantepie
S	Banca d'Italia, Rom		

Das Bargeld
33

2.4 Die Euro-Münzen

Für die Ausgabe von Euro-Münzen sind die einzelnen Mitgliedstaaten im Euro-Währungsgebiet verantwortlich, wobei der Gesamtumfang der Münzausgaben durch den Rat der Europäischen Zentralbank genehmigt werden muss. Die Euro-Münzen gibt es in acht Stückelungen zu 1, 2, 5, 10, 20 und 50 Cent sowie zu 1 und 2 Euro. Diese für den täglichen Zahlungsverkehr ausgegebenen Münzen bezeichnet man als Umlaufmünzen.

Im Gegensatz zu den Banknoten haben die Münzen nur eine Seite, die länderübergreifend einheitlich gestaltet ist. Die andere Seite wird in jedem Land mit individuellen Motiven versehen. Neben den 20 Euro-Ländern können auch Monaco, San Marino, der Vatikan und Andorra aufgrund einer Vereinbarung mit der Europäischen Union Euro-Münzen mit nationaler Seite ausgeben.

Die europäische Münzseite

alt: Version mit 15 EU-Staaten; neu: angepasste europäische Seite (ab 2007)
Keine Änderung bei 1-, 2- und 5-Cent-Münzen

Die europäische Münzseite

Die gemeinsame europäische Münzseite symbolisiert die Einheit der Europäischen Union. Sie zeigt den Münzwert neben unterschiedlich stilisierten europäischen Landkarten bzw. der Weltkugel („Europa in der Welt") und zwölf Sternen (in Anlehnung an die Flagge der Europäischen Union). Aufgrund der Erweiterung der Europäischen Union wurde das Motiv der europäischen Seite von fünf Münzen (2, 1 Euro und 50, 20, 10 Cent) 2007 angepasst. Statt der bis dahin 15 EU-Länder zeigen die neuen Münzen ab 2007 Europa ohne Ländergrenzen.

Die einheitliche Münzseite ging 1997 aus einem Gestaltungswettbewerb unter Federführung der EU-Kommission hervor. Der Sieger, Luc Luycx aus Belgien, wird auf den Münzen durch seine Initialen „LL" gewürdigt.

Die nationale Münzseite

Die nationale Münzseite wird von jedem Land individuell gestaltet. Trotz der vielfältigen Motive der nationalen Seiten sind die Umlaufmünzen aller Euro-Länder im gesamten Euroraum gültiges gesetzliches Zahlungsmittel.

Die deutsche Münzseite

1 und 2 Euro
Bundesadler

10, 20, 50 Cent
Brandenburger Tor

1, 2, 5 Cent
Eichenzweig

Das Bargeld
35

Die nationalen Seiten der 1-Euro-Münze der Euro-Länder

Euro-Länder dürfen ihre nationalen Münzmotive ändern, wenn ein abgebildetes Staatsoberhaupt wechselt, was bei Belgien, den Niederlanden und Spanien schon der Fall war.

Herstellung

Die Wahl des Münzmetalls war eine Frage der Zweckmäßigkeit und der Kosten. Die Münzlegierungen dürfen insbesondere nicht rostempfindlich sein und sollen sich im Gebrauch wenig abnutzen. Hautkontakt soll zudem keine Allergien auslösen. Wichtig ist auch, dass der Metallwert unter dem Nennwert der Münze bleibt. Sonst bestünde die Gefahr, dass die Münzen eingeschmolzen und als Ware gehandelt werden.

In Deutschland stellen noch fünf staatliche Münzstätten Euro-Münzen her. Darauf weist der aufgeprägte Buchstabe hin. Die scheinbar willkürlich gewählte Buchstabenfolge geht auf die kaiserliche Regierung zurück, die unmittelbar nach Gründung des Deutschen Reiches im Jahre 1871 alle damals existierenden Münzstätten alphabetisch „durchnummerierte".

Zeichen der Münzprägeanstalten in Deutschland

Buchstabe	Prägeanstalt	bis
A	Berlin	heute
B	Hannover	1878
C	Frankfurt/M.	1880
D	München	heute
E	Dresden	1953
F	Stuttgart	heute
G	Karlsruhe	heute
H	Darmstadt	1883
J	Hamburg	heute

Die acht Euro-Münzen unterscheiden sich in Größe, Gewicht, Material, Farbe und Dicke. Die 1- und 2-Euro-Münzen sind aus einem Münzkern und einem Münzring zusammengesetzt, die jeweils aus verschiedenen Metall-Legierungen bestehen. Daher sind diese Münzen zweifarbig. Einige Merkmale wurden eingeführt, um insbesondere Blinden und Sehbehinderten das Erkennen der verschiedenen Stückelungen zu erleichtern. So ist der Rand der einzelnen Münzen unterschiedlich gestaltet.

Das Bargeld

Die Ränder der Euro-Münzen

Gedenk- und Sammlermünzen

Zu besonderen Anlässen können die Länder des Euroraums auch Gedenk- und Sammlermünzen mit besonders gestalteten nationalen Münzseiten ausgeben. Die 2-Euro-Gedenkmünzen gelten wie die 2-Euro-Umlaufmünzen in allen Euro-Ländern als gesetzliches Zahlungsmittel. In Deutschland beispielsweise erscheint seit 2006 jährlich eine besondere 2-Euro-Münze, deren Motiv jeweils einem Bundesland gewidmet ist.

Beispiele für deutsche 2-Euro-Gedenkmünzen

2018 (Berlin), 2019 (70 Jahre Bundesrat), 2020 (Brandenburg), 2021 (Sachsen-Anhalt)

In anderen Ländern erscheinen ebenfalls 2-Euro-Gedenkmünzen mit nationalen Motiven. 2013 gaben Frankreich und Deutschland als Zeichen ihrer Freundschaft eine gemeinsame 2-Euro-Münze aus. Außerdem erscheinen zu europäischen Jubiläen in den Euro-Ländern gemeinsame 2-Euro-Gedenkmünzen.

2013 (50 Jahre Élysée-Vertrag)

Gemeinsame 2-Euro-Gedenkmünzen (deutsche Ausgaben)

2007 (50 Jahre EU), 2009 (10 Jahre Wirtschafts- und Währungsunion),
2012 (10 Jahre Euro-Bargeld), 2016 (30 Jahre EU-Flagge)

Darüber hinaus gibt es Euro-Sammlermünzen mit höheren Nennwerten, die nur im Ausgabeland Gültigkeit als gesetzliches Zahlungsmittel besitzen. Nach dem deutschen Münzgesetz ist niemand verpflichtet, deutsche Sammlermünzen im Betrag von mehr als 200 Euro in einer Zahlung anzunehmen.

Das Bargeld
39

Seit der Einführung des Euro-Bargelds im Jahr 2002 gibt die Bundesregierung jährlich mehrere deutsche Euro-Sammlermünzen heraus. Sie haben unterschiedliche Nenn-

Euro-Sammlermünzen sind nur im Ausgabeland gesetzliches Zahlungsmittel.

werte (5 bis 200 Euro) und bestehen aus unterschiedlichen Materialien. Goldmünzen gibt es ab einem Nennwert von 20 Euro. Eine innovative Münzserie ging 2016 an den Start: Münzen mit farbigem und lichtdurchlässigem Polymerring. Die deutschen Euro-Sammlermünzen sind nur in Deutschland gesetzliches Zahlungsmittel.

Deutsche Euro-Sammlermünzen können bei der Münze Deutschland zu Ausgabepreisen erworben werden, die wegen besonderer Qualitäten und Verpackungen über dem Nennwert liegen. Zum Nennwert kann man 5-, 10- und 20-Euro-Sammlermünzen (außer Goldmünzen) bei den Filialen der Deutschen Bundesbank kaufen.

Beispiele für deutsche Sammlermünzen 2021
Nennwert, Material, Motiv/Serie

5 Euro, Kupfer/Nickel, Polymer, Polarzone/Klimazonen der Erde

10 Euro, Kupfer/Nickel, Polymer, Auf dem Wasser/ Luft bewegt

20 Euro, Gold, Schwarzspecht/ Heimische Vögel

20 Euro, Silber,
100. Geburtstag Sophie Scholl/
20-Euro-Sammlermünzen

50 Euro, Gold, Pauke/
Musikinstrumente

100 Euro, Gold, Recht/
Säulen der Demokratie

2.5 Falschgeld erkennen dank Sicherheitsmerkmalen

Um das Vertrauen in das umlaufende Bargeld zu sichern, werden Banknoten und Münzen zum Schutz vor Fälschungen mit einer Reihe von Sicherheitsmerkmalen versehen. Zudem sind das Herstellen und das in Umlauf bringen von Falschgeld strafbar. Auch wer wissentlich gefälschte Banknoten oder Münzen, die ihm untergeschoben wurden, weitergibt, begeht eine Straftat. Da es für Falschgeld keinen Ersatz gibt, müssen alle schon bei der Annahme von Bargeld prüfen, dass sie nur echte Banknoten und Münzen entgegennehmen.

Die Zentralbanken im Euroraum – so auch die Deutsche Bundesbank – beobachten aufmerksam Neuentwicklungen in der Druck- und Reproduktionstechnologie. Sie analysieren die Fälschungen, die in ihrem Land anfallen, verwahren diese und pflegen die Untersuchungsergebnisse in eine europaweite Datenbank ein. Bei Maßnahmen zur Falschgeldprävention und -bekämpfung arbeiten die Zentralbanken eng mit den nationalen und internationalen Polizeibehörden zusammen.

Sicherheitsmerkmale der Euro-Banknoten

Anhand der Sicherheitsmerkmale können alle – mit etwas Aufmerksamkeit – Fälschungen auch ohne den Einsatz von Hilfsmitteln erkennen. Die Banknoten der Europa-Serie enthalten Sicherheitsmerkmale auf dem höchsten Stand der Banknotentechnologie. Für die Europa-Serie ist das Porträt der mythologischen Europa-Gestalt charakteristisch, das im Gegenlicht – zusammen mit der Wertzahl – im neuen Wasserzeichen und im neuen Hologramm erscheint.

Sicherheitsmerkmale erlauben das Prüfen der Euro-Banknoten auf Echtheit.

Mit zunehmendem Wert der Euro-Banknoten steigt die Anzahl der Sicherheitsmerkmale. So lassen sich Banknoten ab 20 Euro nicht allein anhand der gemeinsamen Merkmale aller Euro-Noten, sondern auch anhand zusätzlicher Sicherheitsmerkmale auf Echtheit prüfen.

Das Bargeld

Gemeinsame Sicherheitsmerkmale aller Banknoten der Europa-Serie
(5, 10, 20, 50, 100 und 200 Euro)

1 Fühlbarer Aufdruck
- Abkürzungen für Europäische Zentralbank
- Striche
- Architektur-Motiv

2 Porträt-Wasserzeichen
im Gegenlicht
- Kopf der Europa
- Wertzahl
- Architektur-Motiv

3 Smaragdzahl
beim Kippen
- Lichtbalken bewegt sich auf und ab
- Farbwechsel von Smaragdgrün nach Blau

4 Sicherheitsfaden
im Gegenlicht
dunkler Streifen mit
- €-Symbol
- Wertzahl

5 Porträt-Hologramm
beim Kippen
- €-Symbol
- Kopf der Europa
- Architektur-Motiv
- Wertzahl

6 Glanzstreifen
beim Kippen
- golden glänzend oder
- kaum sichtbarer Schatten mit €-Symbol und Wertzahl

Das Bargeld

Zusätzliche Sicherheitsmerkmale der höheren Banknotenwerte der Europa-Serie

1 Porträt-Fenster im Hologramm-Streifen
In einem transparenten Fenster erscheint im Gegenlicht auf beiden Seiten der Banknote ein Porträt der Europa.

Auf der Rückseite sind beim Kippen im Fenster regenbogenfarbene Wertzahlen zu sehen.

2 Satelliten-Hologramm
Es zeigt kleine €-Symbole, die sich beim Kippen der Banknote um die Wertzahl bewegen.

3 Überarbeitete Smaragdzahl
Außer dem beim Kippen wandernden Lichtbalken und dem Farbwechsel enthält sie €-Symbole.

Sicherheitsmerkmale der Euro-Münzen

Auch Münzen sind mit Sicherheitsmerkmalen ausgestattet. Bei echten Münzen hebt sich das Münzbild klar abgegrenzt und fühlbar von der übrigen Münzoberfläche ab. Alle Konturen sind deutlich und scharf ausgeprägt und klar zu erkennen. Das gilt auch für den Münzrand.

Bei der Münze zu 2 Euro erschwert die eingeprägte Schrift auf dem Münzrand das Fälschen zusätzlich. Auch die Zweifarbigkeit der 1- und 2-Euro-Münzen erhöht den Fälschungsschutz.

Echtheitsprüfung durch „Fühlen-Sehen-Kippen"

Mit etwas Aufmerksamkeit können sich alle anhand der Sicherheitsmerkmale vor der Annahme falscher Banknoten schützen. Denn Banknoten lassen sich schnell nach dem Prinzip „Fühlen-Sehen-Kippen" prüfen.

Das Bargeld

Prüfen der Euro-Banknoten (Europa-Serie) nach dem Prinzip „Fühlen-Sehen-Kippen"

Die Echtheit der Euro-Banknoten lässt sich im Zusammenspiel verschiedener Merkmale leicht feststellen.

Fühlen
auf der Vorderseite

Die **Abkürzungen für Europäische Zentralbank** – den Amtssprachen der Europäischen Union entsprechend – sowie **Striche** am linken und rechten Rand lassen sich ertasten.

Auch das **Architekturmotiv** ist fühlbar.

Sehen
im Gegenlicht

Im oberen Teil des **Hologramm-Streifens** findet sich bei Werten ab 20 Euro ein transparentes Fenster. Dort ist von beiden Seiten das Porträt der Europa zu sehen.

Das **Wasserzeichen** ist von beiden Seiten im nicht bedruckten Bereich als Schattenbild zu erkennen.

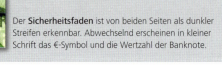

Der **Sicherheitsfaden** ist von beiden Seiten als dunkler Streifen erkennbar. Abwechselnd erscheinen in kleiner Schrift das €-Symbol und die Wertzahl der Banknote.

Das Bargeld
45

Prüfen der Euro-Banknoten (Europa-Serie) nach dem Prinzip „Fühlen-Sehen-Kippen"

Die Echtheit der Euro-Banknoten lässt sich im Zusammenspiel verschiedener Merkmale leicht feststellen.

Kippen
Vorder- und
Rückseite

Im silbernen **Hologramm-Streifen** sieht man das €-Symbol, das Hauptmotiv, die Wertzahl sowie das Porträt der Europa im „Fenster".

Auf der Rückseite erscheinen ab 20 Euro im Fenster – regenbogenfarben – die jeweiligen Wertzahlen.

Die **Smaragdzahl** wechselt die Farbe zwischen Blau und Smaragdgrün. Und ein heller Balken wandert auf- beziehungsweise abwärts.

Bei den 100- und 200-Euro-Banknoten sind in der **Smaragdzahl** zudem €-Symbole zu sehen.

Der **Glanzstreifen** auf der Rückseite erscheint golden glänzend oder als fast unsichtbarer Schatten. Er weist Aussparungen in Form des €-Symbols und der Wertzahl auf.

Das **Satelliten-Hologramm** im silbernen Streifen zeigt bei den 100- und 200-Euro-Noten €-Symbole, die sich um die Wertzahl drehen.

Falschgeldaufkommen

Mit rund fünf Fälschungen auf 10.000 Einwohner im Jahr 2021, das sind rund 42.000 falsche Banknoten, ist das Falschgeldaufkommen in Deutschland ausgesprochen niedrig. Am häufigsten wurde die 20-Euro-Banknote gefälscht. Auch falsche Münzen kommen selten vor. Rund 93 % der rund 41.100 Münzfälschungen im Jahr 2021 waren 2-Euro-Münzen.

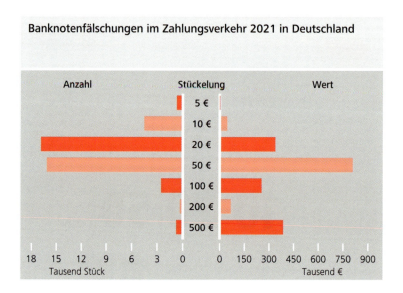

Verhalten bei Falschgeld

Bei Verdacht auf Falschgeld sollte man einige Verhaltensregeln beachten: Der Vergleich mit einer echten Note erleichtert das Prüfen eines verdächtigen Geldscheins. Verdächtige Banknoten sollen dabei aber möglichst wenig berührt werden, um Fingerabdrücke nicht zu verwischen.

Eindeutig als falsch erkanntes Geld ist mit Angaben zu dessen Herkunft sofort der Polizei zu übergeben. Wenn bekannt, sind auch Informationen zur Person, die das Falschgeld ausgegeben hat, hilfreich. Solch verantwortungsvolles Verhalten unterstützt die Ermittlungen der Polizei.

Das Wichtigste im Überblick:

– Bargeld bezeichnet Münzen und Banknoten. Euro-Banknoten und -Münzen sind gesetzliches Zahlungsmittel im Euroraum.

– Banknoten werden von der Zentralbank (Notenmonopol) und Münzen vom Staat (Münzregal) ausgegeben.

– Der Euro ist nicht durch Gold oder andere Edelmetalle gedeckt. Das Eurosystem ist nicht verpflichtet, Euro-Bargeld in Gold oder andere Vermögenswerte zu tauschen.

– In Deutschland bringt die Bundesbank das Bargeld in Umlauf. Sie ersetzt abgenutztes und beschädigtes Bargeld und zieht Falschgeld aus dem Verkehr.

– Die Euro-Banknoten sind im gesamten Euroraum gleich. Sie sind mit Sicherheitsmerkmalen ausgestattet, die es allen erlauben, Banknoten auf Echtheit zu prüfen.

– 2013 begann das Eurosystem mit der Ausgabe der zweiten Euro-Banknotenserie (Europa-Serie) mit verbesserten Sicherheitsmerkmalen. Beide Serien sind unbeschränktes gesetzliches Zahlungsmittel im Euroraum.

– Es gibt acht Euro-Münzen mit jeweils einer einheitlich europäischen und einer von jedem Land individuell gestalteten Seite.

– Auch alle 2-Euro-Gedenkmünzen sind gesetzliches Zahlungsmittel im gesamten Euro-Währungsgebiet.

– Falschgeld ist sofort der Polizei zu übergeben. Wer Falschgeld herstellt oder es wissentlich in Umlauf bringt, macht sich strafbar.

Kapitel 3
Banken und Buchgeld

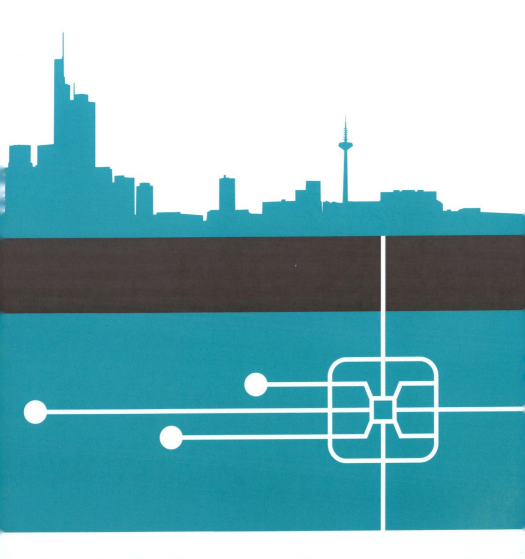

3. Banken und Buchgeld

So wichtig Münzen und Banknoten für den Alltag sind, größere Zahlungen lassen sich sicherer und bequemer per Überweisung oder per Karte bezahlen. Wir benutzen dafür Geld, das als Guthaben auf unseren Bankkonten liegt: das sogenannte Buchgeld. Dieses Geld kann man nicht anfassen, es existiert nur als elektronischer Datensatz in den Computern der Banken.

Buchgeld kann in Bargeld und Bargeld in Buchgeld umgewandelt werden.

Der Begriff Buchgeld stammt aus der Entstehungszeit des Bankwesens, als Geldwechsler die Guthaben ihrer Kundschaft mit der Hand in Kontobücher schrieben. Mittlerweile erfolgt diese Aufzeichnung elektronisch. Dieses „stofflose" Buchgeld ist die Grundlage des bargeldlosen Zahlungsverkehrs. Es wird in einer Art Kreislauf von Bankkonto zu Bankkonto weitergegeben, weshalb es oft auch als Giralgeld (aus dem Italienischen: giro = Rundreise) bezeichnet wird. Im heutigen Wirtschaftsleben ist viel mehr Buchgeld als Bargeld in Umlauf. Im Unterschied zu Banknoten und Münzen ist das Buchgeld jedoch kein gesetzliches Zahlungsmittel. Dennoch wird es im Geschäftsverkehr allgemein akzeptiert. Buchgeld kann durch Auszahlung am Bankschalter oder Geldautomaten in Bargeld umgewandelt werden. Umgekehrt wird Bargeld zu Buchgeld, wenn es auf ein Konto bei einer Bank eingezahlt wird.

Das Buchgeld auf den Bankkonten wird auch als „Einlage" bezeichnet. Es gibt verschiedene Einlagearten. Sie unterscheiden sich danach, wie schnell über das Geld verfügt werden kann. Guthaben auf Girokonten werden als „Sichteinlagen" bezeichnet und sind vor allem für den Zahlungsverkehr bestimmt. Über Termin- und Spareinlagen kann man erst nach Ablauf einer vereinbarten Frist oder einer Kündigung verfügen.

Dass Zahlungen unbar von Konto zu Konto bequemer und sicherer vorzunehmen sind als Barzahlungen, erkannten schon die Kaufleute und Händler des Mittelalters. Vor allem in Oberitalien entwickelten sie so etwas wie ein Bankensystem. Deshalb sind zahlreiche Fachausdrücke des Geldwesens italienischen Ursprungs.

3.1 Die Banken und ihre Aufgaben

Banken haben eine zentrale Rolle im Geld- und Wirtschaftssystem. Sie gewähren Kredite an private Haushalte, Unternehmen und den Staat. Gleichzeitig bieten Banken ihrer Kundschaft die Möglichkeit, Geld aufzubewahren und anzulegen. Sie arbeiten dabei eng zusammen, um Zahlungen schnell und sicher von einem Konto auf das andere zu leiten. Daneben bieten sie eine Reihe weiterer Dienstleistungen rund ums Geld an.

Bankgeschäfte sind gesetzlich genau geregelt. Wer in Deutschland diejenigen Geschäfte gewerbsmäßig ausübt, die als Bankgeschäfte definiert werden – so insbesondere das Einlagen- oder Kreditgeschäft –, betreibt eine Bank. Die dafür benötigte Erlaubnis erteilt die Europäische Zentralbank auf Grundlage eines Vorschlags der Bundesanstalt für Finanzdienstleistungsaufsicht (BaFin). Alle Banken werden von der Bankenaufsicht besonders kontrolliert und überwacht. Das gilt auch für Unternehmen, die banknahe Geschäfte durchführen, wie Leasing, An- und Verkauf von Wertpapieren oder die Abwicklung von Zahlungen. Ihnen wird die Erlaubnis allein von der BaFin erteilt.

Die Geschäftsbanken und die Deutsche Bundesbank bilden zusammen das Bankensystem in Deutschland. Die Bundesbank als Zentralbank Deutschlands hat grundsätzlich eine andere Funktion als die Geschäftsbanken. Als staatliche Institution ist sie für die Umsetzung der gemeinsamen europäischen Geldpolitik in Deutschland zuständig, deren vorrangiges Ziel es ist, Preisstabilität zu gewährleisten. Als „Bank der Banken" versorgt sie die Geschäftsbanken mit Zentralbankgeld.

Zentralbank und Geschäftsbanken bilden zusammen das Bankensystem.

Zudem ist nur sie berechtigt, gesetzliche Zahlungsmittel (Banknoten und Münzen) in Umlauf zu bringen. Geschäftsbanken hingegen sind in der Regel private Wirtschaftsbetriebe, die Dienstleistungen rund ums Geld erbringen und damit Gewinne erzielen wollen. Geschäftsbanken bieten ihre Leistungen privaten Haushalten, Wirtschaftsunternehmen und dem Staat an.

Die Banken in Deutschland

Die Bankendichte in Deutschland ist in den letzten Jahren zurückgegangen, im Vergleich zu anderen Ländern aber immer noch hoch. Die Größenunterschiede zwischen den deutschen Banken sind sehr ausgeprägt. Den Großbanken und Landesbanken, die in der Regel auch international aktiv sind, steht eine Vielzahl mittlerer und kleinerer Banken gegenüber. Unterschiedlich sind auch die Rechtsformen. Die Banken sind privatrechtlich, öffentlich-rechtlich oder genossenschaftlich organisiert. Die meisten Banken in Deutschland sind Universalbanken. Diese bieten im Gegensatz zu Spezialbanken eine breite Palette an Bankdienstleistungen an.

Die Kreditbanken umfassen die Großbanken wie die Deutsche Bank und die Commerzbank, die Regionalbanken, sonstige Kreditbanken und die Zweigstellen ausländischer Banken. Die Sparkassen sind überwiegend öffentlich-rechtlich, getragen meistens von Gemeinden oder Gemeindeverbänden. Es gibt aber auch freie Sparkassen mit privatrechtlicher Rechtsform.

Die Sparkassen sind in der Regel Universalbanken, die viele Arten von Bankgeschäften betreiben. Der Schwerpunkt liegt aber auf der Hereinnahme von Spareinlagen und der Vergabe von Krediten. Aufgrund des in den Sparkassengesetzen der Länder festgelegten Regionalprinzips müssen sich die Sparkassen in ihrer Geschäftstätigkeit auf die Region ihres Sitzes beschränken. Die Landesbanken als Spitzeninstitute der Sparkassen entstanden ursprünglich als zentrale Verrechnungsstellen beim bargeldlosen Zahlungsverkehr und nehmen die Funktion auch heute noch wahr. Traditionell stellen sie im Rahmen ihres öffentlichen Auftrags zudem Finanzdienstleistungen für staatliche Gebietskörperschaften wie Länder und Gemeinden bereit.

Die Genossenschaftsbanken oder Kreditgenossenschaften sind in erster Linie Banken für mittlere und kleinere Unternehmen sowie Privatkunden. Die gewerblichen Kreditgenossenschaften (Volksbanken) sind als Einrichtungen zur Selbsthilfe von kleinen Gewerbetreibenden in Handel und Handwerk entstanden. Die ländlichen Kreditgenossenschaften (Raiffeisenbanken) waren ursprünglich Zusammenschlüsse von Landwirten. Die Genossenschaftsbanken sind eng verbunden mit ihrem Zentralinstitut, der genossenschaftlichen Zentralbank. Die DZ Bank gehört als genossenschaftliches Zentralinstitut zu den größten deutschen Kreditinstituten.

Zu den auf spezielle Geschäfte ausgerichteten Spezialbanken zählen u. a. die sogenannten Realkreditinstitute wie z. B. Hypothekenbanken. Sie gewähren langfristige Darlehen, um öffentliche Projekte und den Bau von Immobilien zu finanzieren. Dafür geben sie Schuldverschreibungen (sogenannte Pfandbriefe) aus, die von Privatleuten, Versicherern und anderen Banken erworben werden. Bausparkassen sammeln auf der Grundlage abgeschlossener Bausparverträge bei Bausparerinnen und Bausparern Geld ein und vergeben an diese nach einem Zuteilungsplan Darlehen. Banken mit Sonderaufgaben unterstützen beispielsweise langfristige Finanzierungen von Investitionen. Dazu zählt die Kreditanstalt für Wiederaufbau (KfW), die eng in die staatliche Wirtschaftsförderung im In- und Ausland eingebunden ist. Sonstige Spezialbanken sind unter anderem Bürgschaftsbanken und Wohnungsunternehmen mit Spareinrichtung.

Banken und Buchgeld

3.1.1 Die Bankgeschäfte

Zu den wichtigsten volkswirtschaftlichen Funktionen der Banken gehören die Kreditvergabe und die Hereinnahme von Einlagen. Wer einen Kredit benötigt, zahlt den Banken für diese Zinsen. Die Banken zahlen auf die Einlagen ihrer Kundschaft Zinsen, insbesondere im Fall von Spar- und Termineinlagen. Die Differenz zwischen den Kreditzinsen und den Einlagenzinsen (Zinsmarge) ist eine der Haupteinkommensquellen der Banken. Da es vorkommt, dass ein Kreditnehmer seinen Kredit nicht oder nicht rechtzeitig zurückzahlt, enthält der Kreditzins eine Entschädigung für das von der Bank einzukalkulierende Ausfallrisiko. Um dieses Risiko möglichst gering zu halten, prüfen die Banken die Kreditwürdigkeit (Bonität) ihrer Kundschaft ganz genau. Zudem verlangen sie oft, dass für einen Kredit Sicherheiten gestellt werden (z. B. die zu finanzierende Immobilie). Diese können im Falle eines Ausfalls der Kreditrückzahlung verwertet werden, um den Verlust der Bank zu reduzieren.

Zentrale Bankgeschäfte sind die Vergabe von Krediten und die Hereinnahme von Einlagen.

Neben dem klassischen Bankgeschäft – Kredite vergeben und Einlagen hereinnehmen – bieten die meisten Banken weitere Dienstleistungen an. Sie erledigen den bargeldlosen Zahlungsverkehr, beteiligen sich an Wertpapieremissionen insbesondere von Unternehmen und beraten ihre Kundschaft in Finanzfragen. Des Weiteren kaufen, verkaufen, verwahren und verwalten sie für ihre Kundschaft Vermögenswerte, insbesondere Wertpapiere. § 1 des Kreditwesensgesetzes führt weitere Bankgeschäfte auf.

Banken bieten Dienstleistungen rund ums Geld an.

Außerdem werden dort auch die Aufgaben von Finanzdienstleistungsinstituten (u. a. Anlagevermittlung, -beratung und -verwaltung, Finanzierungsleasing, Sortengeschäft) sowie sonstigen Finanzunternehmen (u. a. Kreditvermittlung, Halten von Beteiligungen) genannt.

Banken und Buchgeld

Bankgeschäfte nach § 1 Kreditwesengesetz (Auswahl)

Einlagengeschäft	Hereinnahme von Einlagen
Kreditgeschäft	Gewährung von Krediten
Depotgeschäft	Verwahrung und Verwaltung von Wertpapieren
Pfandbriefgeschäft	Ausgabe von Pfandbriefen (gedeckte Schuldverschreibungen)
Finanzkommissionsgeschäft	Anschaffung und Veräußerung von Finanzinstrumenten im eigenen Namen für fremde Rechnung
Garantiegeschäft	Übernahme von Bürgschaften, Garantien und sonstigen Gewährleistungen
Emissionsgeschäft	Übernahme von Finanzinstrumenten in den eigenen Bestand zur späteren Platzierung am Markt oder Übernahme gleichwertiger Garantien

Die Bankgeschäfte in der Bankbilanz

Umfang und Struktur der Bankgeschäfte können anhand der aggregierten Bilanz für alle deutschen Banken nachvollzogen werden. Hier sind dem Vermögen der Banken (Aktiva) auf der linken Seite die Verbindlichkeiten und das Eigenkapital der Banken (Passiva) auf der rechten Seite gegenübergestellt. Die Aktiva, die zum größten Teil aus vergebenen Krediten und gekauften Wertpapieren bestehen, spiegeln wider, welche Geschäfte die Bank betreibt (Mittelverwendung). Die Passiva lassen hingegen erkennen, wie diese Geschäfte finanziert werden (Mittelbeschaffung).

Banken und Buchgeld

Aktiva und Passiva der deutschen Banken

(ohne Deutsche Bundesbank), Dezember 2021, in Mrd. Euro

Aktiva		Passiva	
1. Barreserve (Bargeldbestände und Guthaben bei der Deutschen Bundesbank)	955,4	1. Verbindlichkeiten gegenüber Banken	2.253,1
2. Kredite an Nichtbanken darunter: – kurzfristige Buchkredite – mittel- und langfristige Buchkredite	3.975,5 398,2 3.566,3	2. Verbindlichkeiten gegenüber Nichtbanken darunter: – täglich fällige Einlagen – Termineinlagen – Spareinlagen (inkl. Sparbriefe)	4.264,5 2.796,5 876,1 591,8
3. Kredite an Banken	2.042,1	3. Bankschuldverschreibungen	1.208,2
4. Wertpapiere und Beteiligungen	1.257,8	4. Sonstige Passiva	942,7
5. Sonstige Aktiva	1.002,5	5. Kapital und Rücklagen	564,9
Bilanzsumme	9.233,4	Bilanzsumme	9.233,4

Die Aktivseite der Bankbilanz

Die Barreserve ist der Bestand der Banken an Bargeld sowie deren Guthaben auf den Konten der Deutschen Bundesbank, die jederzeit in Bargeld getauscht werden können. Die Barreserve ist im Vergleich zu den meisten anderen Posten relativ gering – sogar wesentlich niedriger als die täglich fälligen Einlagen. Denn die Banken kommen mit einer relativ geringen Barreserve aus, weil nicht alle Kundinnen und Kunden ihr Geld gleichzeitig bar abheben wollen. Außerdem können sich die Banken über ihren direkten Zugang zur Zentralbank jederzeit kurzfristig zusätzliches Bargeld beschaffen (siehe Abschnitt 6.3.3).

Den größten Posten auf der Aktivseite bilden die Kredite an in- und ausländische Nichtbanken. Dazu zählen alle Kredite an Unternehmen (z. B. für Betriebsmittel und Investitionen), an private Haushalte (z. B. Dispositionskredite auf Girokonten, Raten- und Immobilienkredite) sowie an öffentliche Stellen. Recht umfangreich ist auch das Kreditgeschäft der Banken untereinander. Banken, die gerade einen Überschuss an Zentralbankgeld haben, leihen dieses Geld denjenigen Banken, die gerade Zentralbankgeld benötigen. Dafür erhalten die kreditgebenden Banken von der kreditnehmenden Bank Sicherheiten – meist in Form von Wertpapieren. Oft wird solch ein Kredit nur „über Nacht" gewährt. Bei einer Kreditvergabe entspricht die Forderung der kreditgebenden Bank der Verbindlichkeit der kreditnehmenden Bank. Angebot und Nachfrage der Banken treffen auf dem sogenannten Geldmarkt zusammen.

Die Bankbilanz wird dominiert von der Kreditvergabe an Banken und Nichtbanken auf der Aktivseite...

Zudem halten die Banken in größerem Umfang marktgängige Wertpapiere als eine ertragbringende Liquiditätsreserve. Wenn sie Zentralbankgeld benötigen, können sie diese Wertpapiere bei Refinanzierungsgeschäften mit der Zentralbank oder mit Geschäftsbanken als Sicherheiten hinterlegen. Außerdem nehmen Banken Wertpapiere in ihren Bestand, weil sie auf Kursgewinne setzen. Zudem beteiligen sich Banken an anderen Banken oder Unternehmen. Sie stellen ihnen so dauerhaft Eigenkapital zur Verfügung und erhalten dafür in der Regel ein Recht auf Mitsprache sowie Anteile an Gewinnen und Verlusten. Sachanlagen (z. B. Gebäude oder Maschinen) spielen bei Banken wertmäßig kaum eine Rolle und werden deshalb als „Sonstige Aktiva" erfasst. Den größten Anteil unter den „Sonstigen Aktiva" machen Forderungen aus speziellen Handelsgeschäften aus. Mit diesen Handelsgeschäften bieten Banken ihren Geschäftspartnern die Möglichkeit, sich gegen bestimmte Risiken abzusichern oder von der Entwicklung der Marktpreise bestimmter Güter zu profitieren, ohne diese direkt kaufen zu müssen. Zudem nutzen Banken solche Handelsgeschäfte, um sich selbst gegen bestimmte Risiken abzusichern.

Die Passivseite der Bankbilanz

Auf der Passivseite der Bilanz dominieren die Verbindlichkeiten gegenüber Banken und Nichtbanken. Erstere resultieren aus den direkten Kreditgeschäften zwischen den Banken. Letztere sind die täglich fälligen Sichteinlagen sowie Spar- und Termineinlagen von Unternehmen, privaten Haushalten und öffentlichen Stellen. Bankschuldverschreibungen – dazu zählen

...und von Verbindlichkeiten gegenüber Banken und Nichtbanken auf der Passivseite.

auch Hypothekenpfandbriefe, öffentliche Pfandbriefe sowie Zertifikate – sind von den Banken selbst ausgegebene Wertpapiere. Wer diese Schuldverschreibungen kauft, stellt der Bank befristet Geld zur Verfügung, weshalb sie für die Banken Fremdkapital darstellen. Banken kaufen und verkaufen also nicht nur Wertpapiere, sondern geben sie auch selbst heraus, um sich zu finanzieren.

Unter den „Sonstigen Passiva" werden analog zu den „Sonstigen Aktiva" vor allem Verbindlichkeiten aus speziellen Handelsgeschäften ausgewiesen. Hierbei bieten die Banken ihrer Kundschaft die Möglichkeit, sich mit diesen Handelsgeschäften gegen bestimmte Risiken abzusichern oder von der Entwicklung der Marktpreise bestimmter Güter zu profitieren, ohne diese direkt kaufen zu müssen. Das Eigenkapital setzt sich aus dem eingezahlten Kapital und den Rücklagen zusammen. Die genaue Bezeichnung (z. B. Grundkapital oder Stammkapital) hängt von der jeweiligen Gesellschaftsform der Bank ab (z. B. AG, eG oder GmbH). Nicht ausgeschüttete Gewinne werden in die Rücklagen eingestellt.

Außerbilanzielle Geschäfte

Nicht alle Vermögenswerte und Verbindlichkeiten einer Bank erscheinen in der Bilanz. Garantien und Bürgschaften beispielsweise stellen Verbindlichkeiten dar, bei denen es noch ungewiss ist, ob die Bank auch tatsächlich in Anspruch genommen wird. Daher sind diese – auch als Eventualverbindlichkeiten bezeichneten – Positionen „unter dem Strich" der Bilanz auszuweisen.

Nicht alle Bankgeschäfte tauchen in der Bilanz auf.

Ein Teil der Geschäftsaktivitäten von Banken entfällt zudem auf derivative Finanzinstrumente. Das sind von gewöhnlichen Finanzinstrumenten abgeleitete Geschäfte, die erst zu einem Termin in der Zukunft beglichen werden – sogenannte Termingeschäfte. Ihr Wert hängt von der Entwicklung eines bestimmten zugrundeliegenden Vermögenswerts ab (s. hierzu Kasten „Derivategeschäfte" in Abschnitt 7.3.2).

In der Bilanz werden diese Geschäfte bei Geschäftsabschluss in der Regel noch nicht erfasst, da zu diesem Zeitpunkt meistens noch keine Leistung durch die Beteiligten erbracht worden ist.

3.1.2 Bankenaufsicht und Einlagensicherung

Viele Menschen vertrauen den Banken ihr Geld an. Doch die Geschäftstätigkeit der Banken ist mit besonderen Risiken verbunden. Bricht eine Bank zusammen, kann dies ihren Kundinnen und Kunden schweren finanziellen Schaden zufügen. Zudem können dadurch weitere Banken in Not geraten, was letztlich die gesamte Volkswirtschaft in Mitleidenschaft ziehen kann. Um dies zu verhindern, gibt es die Bankenaufsicht.

Eine gut funktionierende Bankenaufsicht ist eine Voraussetzung für ein stabiles Finanzsystem. Die Bankenaufsicht überwacht die Geschäftstätigkeit und das Risikomanagement der Banken und soll so Bankenkrisen verhindern. Um einerseits jederzeit zahlungsfähig und gegen unerwartete Mittelabflüsse gewappnet zu sein und andererseits auch profitabel zu wirtschaften, haben die Banken nach der Devise zu handeln: So liquide wie nötig, so rentabel wie möglich. Der Kompromiss muss immer unter der Bedingung unsicherer Annahmen über die künftigen Zahlungseingänge und Zahlungsausgänge gefunden werden. Banken müssen daher einen ausreichenden Teil ihrer Mittel so anlegen, dass sie unerwartet auftretende Ansprüche ihrer Gläubiger jederzeit befriedigen können und somit immer zahlungsfähig bleiben.

> *Die Bankenaufsicht ist Voraussetzung für ein stabiles Finanzsystem.*

Da viele Bankgeschäfte mit Risiken verbunden sind, können manche Geschäfte gelegentlich fehlschlagen und der Bank finanzielle Verluste bescheren (z. B. Ausfall eines Kredits). Damit solche Verluste nicht gleich zum Zusammenbruch der betroffenen Bank führen, ist den Banken per Gesetz vorgeschrieben, jedes einzelne Risiko zu erfassen, abzuschätzen und in festgelegter Höhe mit Eigenkapital zu finanzieren. Es ist außerdem vorgeschrieben, dass Banken auch in genau bestimmtem Maße über Liquidität verfügen müssen, also über genügend Zahlungsmittel, die sofort einsetzbar sind.

Während die Bankenaufsicht so die Zahlungsfähigkeit der Banken sicherstellen möchte und damit mittelbar auch die Einlagen der Bankkunden schützt, bewahrt die Einlagensicherung die Kundinnen und Kunden direkt vor dem Verlust ihrer Einlagen bei ihrer Bank.

Die Einlagensicherung schützt die Einlagen von Bankkunden direkt.

Falls eine Bank nicht in der Lage ist, die Einlagen zurückzuzahlen, sichert die Einlagensicherung die Rückzahlungsansprüche in gewissem Umfang ab. Ohne diese Sicherung könnte es dazu kommen, dass die Kundinnen und Kunden bei wirklichen oder vermeintlichen Zahlungsschwierigkeiten die Kassen einer Bank „stürmen", um sich ihre Einlagen bar auszahlen zu lassen. Die Einlagensicherung soll solche „bank runs" verhindern. Sie leistet so einen Beitrag zur Stabilität des Finanzsystems.

Die Komplexität der Bankgeschäfte hat in der Vergangenheit zugenommen. Zudem sind Banken oftmals grenzüberschreitend tätig und stark vernetzt. Die Bankenaufsicht muss sich an die veränderten Rahmenbedingungen anpassen und kann nicht an den Ländergrenzen enden. Seit 2014 gibt es im Euroraum eine gemeinsame Bankenaufsicht. Dieser „Einheitliche Aufsichtsmechanismus (Single Supervisory Mechanism, SSM) ist Teil der sogenannten Bankenunion. Im Zusammenhang mit der Bankenunion wird auch eine gemeinsame europäische Einlagensicherung diskutiert, die aber bislang weder beschlossen noch umgesetzt ist. Es gelten in der EU jedoch bereits gemeinsame Regeln zur Vereinheitlichung der nationalen Einlagensicherungssysteme. Zur genauen Ausgestaltung der Bankenunion, der europäischen Bankenaufsicht sowie den Regelungen zur Einlagensicherung siehe Abschnitt 4.4.

3.2 Der bargeldlose Zahlungsverkehr

Damit das Buchgeld seine Funktion als Zahlungsmittel erfüllen kann, sorgt das Bankensystem dafür, dass es von einem Konto auf ein anderes übertragen werden kann. Bei bargeldlosen Zahlungen werden die Zahlungsinformationen elektronisch übermittelt und lösen Buchungen auf den beteiligten Konten aus: Der Kontostand des Zahlers wird vermindert, während sich jener des Zahlungsempfängers erhöht. Wenn beide ihre Konten bei verschiedenen Banken haben, muss die Zahlung zwischen diesen beiden beteiligten Banken „transportiert" und gebucht werden.

Banken sorgen mit dem bargeldlosen Zahlungsverkehr dafür, dass das Geld zwischen Bankkonten „transportiert" wird.

Banken und Buchgeld

Dafür übermitteln sich die Banken elektronisch die Zahlungsaufträge mit allen für die Zahlungen notwendigen Angaben. Die Zahlungen werden dann auf den entsprechenden Konten gebucht, das Buchgeld „fließt" von einem Konto zum anderen.

Abwicklung des bargeldlosen Zahlungsverkehrs

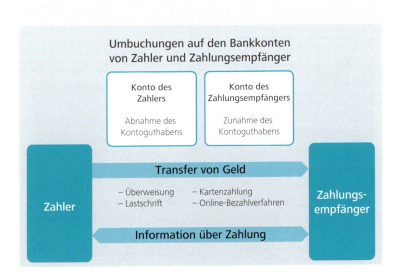

3.2.1 Die Organisation des bargeldlosen Zahlungsverkehrs

Im Massenzahlungsverkehr werden Zahlungen des täglichen Lebens mit eher kleineren Beträgen (z. B. Telefonrechnungen, Gehälter oder Mieten) abgewickelt. Dafür benötigen die beteiligten Banken eine Verbindung zueinander. Hierfür können die Banken eigene Gironetze bzw. das Gironetz ihrer Bankengruppe (z. B. Sparkassen) nutzen. Die deutschen Gironetze sind miteinander verbunden und ermöglichen eine Weiterleitung der Zahlungen an Banken anderer Bankengruppen.

Zur Verrechnung von Zahlungen sind Banken direkt oder über Gironetze miteinander verbunden.

Alternativ können sie die Zahlungen über eine andere Bank oder über sogenannte Clearinghäuser abwickeln. Diese Clearinghäuser stellen die gegenseitigen Forderungen und Verbindlichkeiten der Banken fest und wickeln diese ab. Zur Unterstützung des bargeldlosen Massenzahlungsverkehrs betreibt auch die Deutsche Bundesbank ein eigenes Clearinghaus (Elektronischer Massenzahlungsverkehr EMZ/SEPA-Clearer).

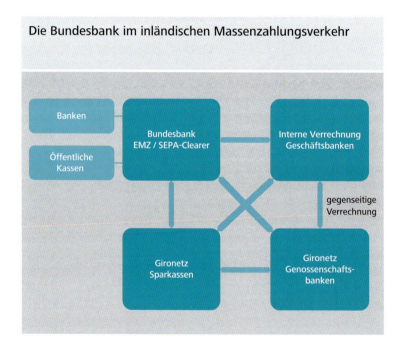

Die Bundesbank im inländischen Massenzahlungsverkehr

Auch Banken ohne Einbindung in die deutschen Gironetze haben über dieses Clearinghaus Zugang zum bargeldlosen Zahlungsverkehr mit allen übrigen Banken in Deutschland und Europa.

Einheitlicher Euro-Zahlungsverkehrsraum (SEPA)

Im baren Zahlungsverkehr besteht mit dem Euro-Bargeld bereits seit 2002 eine gemeinsame Währung und ein einheitliches Zahlungsmittel im Euroraum. Um auch den bargeldlosen Euro-Zahlungsverkehr zu vereinheitlichen, gibt es seit 2014 den einheitlichen Euro-Zahlungsverkehrsraum SEPA (Single Euro Payments Area).

Banken und Buchgeld

Der einheitliche Euro-Zahlungsverkehrsraum (SEPA)

Ihm gehören alle Länder der Europäischen Union sowie Andorra, Island, Liechtenstein, Monaco, Norwegen, San Marino, die Schweiz, das Vereinigte Königreich und die Vatikanstadt sowie u.a. Jersey und die Isle of Man an. Innerhalb des Europäischen Wirtschaftsraums (EWR = EU plus Norwegen, Liechtenstein, Island) wird bei SEPA-Zahlungen nicht mehr zwischen nationalen und grenzüberschreitenden Zahlungen unterschieden, z. B. bei Gebühren und Laufzeit. Für Zahlungen außerhalb des EWR können höhere Entgelte anfallen.

Im Euro-Zahlungsverkehrsraum SEPA wird nicht mehr zwischen nationalen und grenzüberschreitenden Zahlungen unterschieden.

IBAN

Mit dem einheitlichen Euro-Zahlungsverkehrsraum SEPA ist bei bargeldlosen Zahlungen in Euro die IBAN (International Bank Account Number) zu verwenden. Die IBAN ist in den einzelnen Ländern unterschiedlich aufgebaut und besteht aus maximal 34 Stellen. Jedes Konto lässt sich eindeutig eine IBAN zuordnen. In Deutschland wird die IBAN mit 22 Stellen dargestellt und ist wie folgt aufgebaut:

Die IBAN identifiziert jedes Konto eindeutig und umfasst in Deutschland 22 Stellen.

Die ersten beiden Stellen geben die Länderkennung wieder, gefolgt von zwei Prüfziffern sowie der achtstelligen deutschen Bankleitzahl. Die letzten zehn Stellen sind für die Kontonummer vorgesehen. Wenn die Kontonummer weniger als zehn Stellen umfasst, wird sie rechtsbündig gesetzt und die „fehlenden Plätze" zwischen ihr und der Bankleitzahl werden mit Nullen aufgefüllt.

Bei allen inländischen und grenzüberschreitenden SEPA-Zahlungen innerhalb des Europäischen Wirtschaftsraums ist die Angabe der IBAN ausreichend. Bei Zahlungen außerhalb des EWR sowie z. B. in die Schweiz kann zusätzlich noch der BIC (Business Identifier Code) verlangt werden. Er ist eine Art internationale Bankleitzahl und umfasst acht oder elf Stellen.

Individualzahlungsverkehr über TARGET2

Im Gegensatz zum Massenzahlungsverkehr handelt es sich beim sogenannten Individualzahlungsverkehr um Zahlungen mit hohen Beträgen, die innerhalb von Sekunden („in Echtzeit") individuell abgewickelt werden. Dafür steht TARGET2 (Trans-European Automated Real-time Gross Settlement Express Transfer System) zur Verfügung. Dieses Zahlungsverkehrssystem des Eurosystems wurde von der Deutschen Bundesbank zusammen mit der Banque de France und der Banca d'Italia entwickelt und wird von ihnen gemeinsam betrieben. Über TARGET2 sind alle Banken im Euroraum direkt oder indirekt miteinander verbunden, mittelbar können auch viele weitere Banken in aller Welt erreicht werden. Die Zahlungen werden buchhalterisch über die Europäische Zentralbank abgewickelt. TARGET2 wird von den Zentralbanken des Eurosystems für die Abwicklung geldpolitischer Geschäfte genutzt, beispielsweise für die Auszahlung von Krediten an die Banken. Weiter nutzen die Geschäftsbanken TARGET2 für Großbetragszahlungen ihrer Kunden oder um Zahlungen untereinander abzuwickeln. Über TARGET2 fließen pro Tag im Durchschnitt rund 370.000 Zahlungen im Wert von circa 1,8 Billionen Euro. Daneben besteht mit TARGET2-Securities ein europäischer Service zur einheitlichen und grenzüberschreitenden Abwicklung von Wertpapiergeschäften.

Bei der Abwicklung grenzüberschreitender Zahlungen über TARGET2 entstehen sogenannte TARGET2-Salden. Diese sind Forderungen (positiver TARGET2-Saldo) oder Verbindlichkeiten (negativer TARGET2-Saldo) einer nationalen Zentralbank gegenüber der Europäischen Zentralbank. Sie entstehen beispielsweise, wenn Kunde A aus Italien eine Maschine bezahlt, die er in Deutschland bei Kunde B erworben hat. Dann wird diese Überweisung letztlich über das TARGET2-System abgewickelt. Die italienische Zentralbank (Banca d'Italia) bucht auf dem Konto der überweisenden Bank A in Italien den entsprechenden Betrag ab, welche wiederum das Konto ihres Kunden A belastet. Gleichzeitig schreibt die italienische Zentralbank den Betrag der deutschen Zentralbank (Bundesbank) gut.

Die deutsche Zentralbank schreibt diesen Betrag ihrerseits der Bank B in Deutschland gut, diese wiederum dem empfangenden Kunden B auf dessen Konto bei ihr.

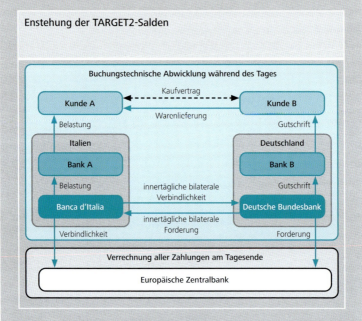

Die TARGET2-Salden entstehen, indem diese Forderungen und Verbindlichkeiten zwischen den Zentralbanken miteinander verrechnet und am Ende eines Geschäftstages in einem einzigen Saldo zusammengefasst werden. Gleichen sich die Positionen im Laufe des Tages nicht aus, hat jede nationale Zentralbank genau eine Forderung oder Verbindlichkeit aus TARGET2 gegenüber der EZB. Diese Forderungen und Verbindlichkeiten werden als TARGET2-Salden bezeichnet. Eine Zentralbank mit einer Forderung gegenüber der EZB hat einen positiven Saldo. Eine Zentralbank mit einer Verbindlichkeit gegenüber der EZB hat einen negativen TARGET2-Saldo. Ein positiver Saldo drückt demnach aus, dass mehr Geld von anderen Ländern in dieses Land geflossen ist als umgekehrt.

Banken und Buchgeld

3.2.2 Bargeldlos bezahlen

Bankkunden stehen für bargeldlose Zahlungen im SEPA-Raum grundsätzlich Überweisungen und Lastschriften zur Verfügung. Diese Zahlungsformen können mittels verschiedener Verfahren ausgelöst werden, z. B. durch den Einsatz einer Debitkarte, einer Kreditkarte oder auch des Mobiltelefons.

Überweisung

Eine Überweisung wird immer von den Zahlenden ausgelöst. Sie erteilen ihrer Bank den Auftrag, vom eigenen Konto einen bestimmten Betrag auf ein anderes Konto zu übertragen. Der eigene Kontostand reduziert sich, das andere Konto erhält eine Gutschrift. Für Überweisungen in Euro steht die SEPA-Überweisung zur Verfügung.

Zahlungen per Überweisung gehen von den Zahlenden aus.

Für Überweisungen stellen die Banken ihrer Kundschaft einheitliche, elektronisch lesbare papiergebundene Vordrucke zur Verfügung (beleghafte Überweisung). Weitaus häufiger werden Überweisungen aber im Online-Banking oder an Terminals in der Bankfiliale beauftragt (beleglose Überweisung).

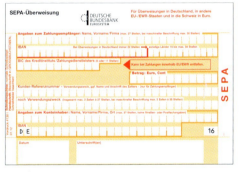

SEPA-Überweisungsträger

Wenn man eine Überweisung per Online-Banking ausführen möchte, muss man sich zunächst mit der persönlichen Identifikationsnummer (PIN) oder einem Passwort im Online-Banking seiner Bank anmelden. Die Überweisung selbst muss in der Regel durch eine Transaktionsnummer (TAN) bestätigt werden, die zum Beispiel mittels eines Kartenlesegeräts errechnet oder auf Anforderung der Bank an ein Mobiltelefon gesendet wird.

Banken und Buchgeld

Der Dauerauftrag bietet sich bei regelmäßig wiederkehrenden Zahlungen mit gleichem Betrag an.

Der Dauerauftrag ist eine besondere Form der Überweisung. Er bietet sich an, wenn regelmäßig wiederkehrende Zahlungen in gleichbleibender Höhe geleistet werden müssen, wie z. B. Mietzahlungen. Die Zahlenden erteilen ihrer Bank einmal den Auftrag, zu regelmäßigen Terminen einen festen Betrag auf ein anderes Konto zu überweisen.

Instant Payments

Derzeit dauert es in der Regel einen Tag, bis der überwiesene Betrag auf dem anderen Konto zur Verfügung steht. Bei Instant Payments (Echtzeitzahlungen) werden unbare Euro-Zahlungen rund um die Uhr in Sekundenschnelle abgewickelt. Im Gegensatz zum bisherigen Massenzahlungsverkehr können die Zahlungsempfänger sofort nach Absenden der Zahlung über den Betrag verfügen. Durch Instant Payments werden Zahlungen unabhängig von Bankarbeitstagen – also auch nachts und an Wochenenden – durchgeführt. Instant Payments ermöglichen insbesondere in Verbindung mit Anwendungen auf Mobiltelefonen sekundenschnelle bargeldlose Zahlungen zwischen Privatpersonen und Unternehmen, sowohl im Online- als auch im stationären Handel. Ähnlich wie beim Bargeld sind damit Zug-um-Zug-Geschäfte möglich. Gekaufte Gegenstände, z. B. ein Gebrauchtwagen, können direkt mitgenommen werden, da die Verkäufer den Geldeingang unmittelbar auf ihrem Konto haben.

Bei Instant Payments ist der Betrag nach wenigen Sekunden auf dem anderen Konto.

TARGET Instant Payment Settlement (TIPS) ist eine Komponente der TARGET-Services zur Abwicklung von Instant Payments. Die Abwicklung von Euro-Zahlungsaufträgen erfolgt innerhalb von maximal 10 Sekunden in Zentralbankgeld. Dies ist rund um die Uhr an jedem Tag des Jahres möglich (24/7/365). Dieser Service bietet den Banken damit die Möglichkeit, ihrer Kundschaft Zahlungen in Echtzeit anzubieten.

Lastschrift

Bei einer Lastschrift genehmigen die Zahlenden den Zahlungsempfängern, einen Betrag von ihrem Konto zu Gunsten des Zahlungsempfängers abbuchen zu lassen. Die Lastschrift bietet sich vor allem für unregelmäßige oder in der Höhe wechselnde Zahlungen an, wie monatlich unterschiedlich hohe Telefongebühren. Mit der Schaffung des einheitlichen SEPA-Raums werden Lastschriften in einem einheitlichen Verfahren eingezogen. Dabei wird ein SEPA-Lastschriftmandat für den Einzug von SEPA-Lastschriften benötigt. Es umfasst sowohl die Zustimmung des Zahlers gegenüber dem Zahlungsempfänger zum Einzug der Zahlung als auch den Auftrag an die eigene Bank zur Ausführung der Zahlung.

Zahlungen per Lastschrift gehen vom Zahlungsempfänger aus.

SEPA-Basislastschriften stehen Verbrauchern und Unternehmen offen. Basislastschriften, bei denen ein gültiges Mandat vorliegt, können auf Verlangen der Zahlenden bis zu acht Wochen nach dem Belastungstag ohne Angabe von Gründen zurückgebucht („zurückgegeben") werden. Fehlt das Mandat, verlängert sich die Frist auf 13 Monate. Die SEPA-Firmenlastschrift ist ausschließlich im Zahlungsverkehr zwischen Unternehmen möglich. Eine Möglichkeit zur Rückabwicklung der Zahlung durch die Zahlenden besteht dabei nicht.

Um als Zahlungsempfänger Lastschriften auf Basis des SEPA-Lastschriftverfahrens nutzen zu können, benötigt der Zahlungsempfänger eine Gläubiger-Identifikationsnummer, die ihn eindeutig identifiziert.

MUSTER GMBH, ROSENWEG 2, 12345 BEISPIELSTADT

Gläubiger-Identifikationsnummer DE99ZZZ05678901234
Mandatsreferenz 987 543 CB2

SEPA-Lastschriftmandat

Ich ermächtige die Muster GmbH, Zahlungen von meinem Konto mittels Lastschrift einzuziehen. Zugleich weise ich mein Kreditinstitut an, die von der Muster GmbH auf mein Konto gezogenen Lastschriften einzulösen.

SEPA-Lastschriftmandat (Ausschnitt)

Banken und Buchgeld

> *Gläubiger-Identifikationsnummer und Mandatsreferenz kennzeichnen eine Lastschriftzahlung.*

In Deutschland ist diese Nummer 18 Stellen lang und bei der Deutschen Bundesbank über das Internet zu beantragen. Die Mandatsreferenz ist ein vom Zahlungsempfänger individuell vergebenes Kennzeichen eines Mandats. In Verbindung mit der Gläubiger-Identifikationsnummer ermöglicht sie die eindeutige Identifizierung, wer die Lastschrift eingezogen hat.

Der Gläubiger ist verpflichtet, den Zahlenden durch eine Vorabinformation (Pre-Notification) Fälligkeitsdatum und Betrag einer Lastschrift rechtzeitig (in der Regel mindestens 14 Kalendertage vor Fälligkeit) anzukündigen, damit sich diese darauf einstellen und für ausreichend Guthaben („Deckung") auf ihren Konten sorgen können.

Debitkarte

Neben Bargeld besteht ebenso die Möglichkeit, an Ladenkassen mit der Debitkarte zu zahlen. Die hierzulande am häufigsten genutzte Debitkarte ist die „girocard" (frühere Bezeichnung: „EC-Karte"), die meistens mit der Eröffnung eines Girokontos in Deutschland an die Kontoinhaber herausgegeben wird. Sie wird „Debitkarte" genannt, weil bei diesem Verfahren das Konto der Zahlenden mit dem Zahlbetrag belastet wird (to debit = belasten). Zur Auslösung des Zahlvorgangs liest ein elektronisches Kassenterminal vom Chip auf der Karte die Daten aus, die zum Einzug des Betrags vom Konto benötigt werden.

Debitkarte

Dabei kommen zwei unterschiedliche Zahlverfahren zum Einsatz, die sich durch die Zahlungsgarantie und die Höhe der Kosten für den Händler unterscheiden. Bei dem einen Verfahren autorisieren die Kunden ihre Zahlungen durch Eingabe einer persönlichen Identifikationsnummer (PIN) am Terminal. Daraufhin wird online geprüft, ob die Karte nicht gesperrt ist und ob die Karteninhaber über den zu zahlenden Betrag verfügen können. Wenn beides zutrifft, wird eine Überweisung ausgelöst – die Zahlung ist dem Händler garantiert, denn die Zahlenden können später von ihrer Bank keine Rückabwicklung der Zahlung verlangen. Für die höhere Sicherheit muss der Händler aber höhere Gebühren zahlen.

Die Debitkarte ermöglicht bargeldlose Zahlungen an der Kasse.

Bei dem anderen Zahlverfahren genehmigen die Kunden mit ihrer Unterschrift – die mit der Unterschrift auf der Karte übereinstimmen muss – den Einzug einer SEPA-Lastschrift von ihren Konten. Nutzt der Händler dieses Zahlverfahren, muss er weniger Gebühren zahlen, hat aber dafür keine Garantie, dass er tatsächlich sein Geld erhält. Denn die Bank wird die Lastschrift nur ausführen, wenn das zu belastende Konto über ein ausreichendes Guthaben verfügt. Allerdings hat der Händler durch die Kundenunterschrift die Einwilligung zur Herausgabe der Kundendaten im Falle einer Nichtzahlung erhalten. Er kann seine Forderung also auf anderem Wege geltend machen. Die Debitkarten bieten neben dem Bezahlen an Ladenkassen üblicherweise auch die Möglichkeit, in Verbindung mit der PIN Bargeld an Geldautomaten abzuheben.

Kreditkarte

Bei einer Zahlung mit der Kreditkarte wird das Konto in der Regel nicht sofort belastet, sondern erst zu einem späteren Zeitpunkt, beispielsweise am Ende des Monats. Dadurch gewährt das Kreditkartenunternehmen den Karteninhabern für einige Zeit einen zinslosen Kredit. Wird der ausstehende Betrag zum Abrechnungs-

Kreditkarte

zeitpunkt nicht oder nicht vollständig beglichen, müssen die Karteninhaber für den offenen Betrag Zinsen zahlen. Die Kreditkarten verschiedener Kreditkarten-Gesellschaften (z. B. Mastercard oder VISA) werden in der Regel von Banken ausgegeben. Die Inhaber einer solchen Karte können in allen Geschäften, die an das globale Kreditkartensystem angeschlossen sind, bargeldlos einkaufen,

Banken und Buchgeld
72

Bei Zahlungen mit Kreditkarte wird das Konto erst zu einem späteren Zeitpunkt belastet.

ferner mit einer PIN an Geldautomaten Bargeld abheben. Bei Zahlungen an Kassen muss der Kunde die Zahlung durch Eingabe einer PIN in das Kassenterminal oder mit einer Unterschrift auf einem Beleg autorisieren. Die Kreditkarte ist außerdem ein mögliches Zahlungsmittel bei Online-Käufen, wofür die Kreditkartendaten entsprechend eingegeben werden müssen.

Kontaktlos Zahlen mit Karte und Smartphone

Mehr Komfort beim Bezahlen ermöglicht das Kontaktlosverfahren, das per NFC (Near Field Communication) funktioniert. Ist eine Karte mit einem NFC-

Am Wellensymbol erkennbar: Kontaktlos Bezahlen

Chip ausgestattet, wird diese nahe an das Bezahlterminal gehalten, um die Daten des Zahlers zu übertragen. Bei diesem Verfahren ist bei Beträgen bis 50 Euro in der Regel keine PIN-Eingabe erforderlich. Der eigentliche Bezahlvorgang dauert weniger als eine Sekunde. Das bedeutet zwar eine Vereinfachung und Beschleunigung, aber auch den Verzicht auf eine Sicherheitsvorkehrung, wie die PIN-Eingabe oder die Unterschriftenkontrolle. Mittlerweile werden die meisten Mobiltelefone mit der NFC-Technologie ausgestattet, um mit ihnen „kontaktlos" an der Kasse zu bezahlen.

Online-Bezahlverfahren

Für das Einkaufen im Internet bieten die Händler meist unterschiedliche Bezahlverfahren an, wie etwa Überweisung, Lastschrift oder die Abrechnung über eine Kreditkarte. Zudem stehen speziell entwickelte Internetbezahlverfahren zur Wahl, wie „giropay" oder „Sofortüberweisung". Beide Dienste nutzen eine Onlinebanking-Anwendung, um automatisiert eine Überweisung an den Händler zu erstellen. Dadurch müssen die Kunden die für die Bezahlung notwendigen Daten nicht mehr selbst in ein Überweisungsformular eingeben, sondern die Überweisung nur noch mit einer Transaktionsnummer (TAN) bestätigen.

Banken und Buchgeld

Ein anderes weit verbreitetes Internetbezahlverfahren ist „PayPal". Um mit PayPal bezahlen zu können, benötigen Kunden ein PayPal-Benutzerkonto. Der Interneteinkauf wird über dieses Benutzerkonto abgewickelt. PayPal benötigt dafür entweder ein im Vorfeld eingezahltes Guthaben auf dem Benutzerkonto oder es zieht den Zahlungsbetrag entweder direkt oder unter Nutzung eines Kreditkartenkontos vom Bankkonto der Kunden ein.

Das Internet bietet eine Vielzahl verschiedener Bezahlmöglichkeiten.

PayPal wird in vielen Ländern der Welt angeboten und ist daher auch grenzüberschreitend nutzbar. Ein für Kunden vergleichbares Bezahlverfahren bietet „giropay" an, das von deutschen Banken für den heimischen Markt entwickelt wurde. Bei diesem Verfahren wird der Zahlbetrag direkt über die Girokonten bei den jeweiligen Banken ausgeglichen.

Sicherheit im bargeldlosen Zahlungsverkehr

Im bargeldlosen Zahlungsverkehr spielen Sicherheitsaspekte für alle Beteiligten eine wichtige Rolle. Ein zentraler Aspekt ist dabei die Prüfung durch Banken und Anbieter von Zahlungsdiensten, ob die Zahlung tatsächlich von einer berechtigten Person veranlasst wurde. Traditionell wird dafür die persönliche Unterschrift genutzt. Inzwischen gibt es zahl-

Vor einer unbaren Zahlung muss geprüft werden, ob der Auftraggeber dazu berechtigt ist.

reiche weitere Verfahren, die zum Teil auch auf das Online-Banking und Zahlvorgänge im Internet ausgelegt sind. Diese Verfahren stützen sich auf die Kriterien Besitz (Debit- oder Kreditkarte, Mobiltelefon), Wissen (Persönliche Identifikationsnummer (PIN), Passwort) und Biometrie (Fingerabdruck, Iris-Erkennung, Gesichtserkennung). Für eine hohe Sicherheit sollten bei einem Zahlvorgang mindestens zwei dieser Kriterien geprüft werden.

3.3 Geldmenge

Wie viel Geld gibt es eigentlich? Auf diese Frage gibt es keine eindeutige Antwort. Da die Übergänge zwischen den unterschiedlichen Einlagearten und kurzfristigen Finanzinstrumenten fließend sind, gibt es unterschiedlich breit definierte Geldmengen. In der praktischen Geldpolitik wird in der Regel die Geldmenge betrachtet, die zur Erfüllung der geldpolitischen Ziele am besten geeignet erscheint.

Das Eurosystem hat drei verschiedene Geldmengen definiert.

Grundsätzlich gilt: Als Geldmenge wird immer das Bargeld und Buchgeld in Händen von Nichtbanken (Unternehmen, private Haushalte und öffentliche Stellen) bezeichnet. Bargeld, das die Banken in ihren Tresoren verwahren, und ihre Guthaben bei der Zentralbank oder bei anderen Banken zählen nicht dazu. Aufgrund ihres Zusammenhangs mit der gesamtwirtschaftlichen Nachfrage nach Waren und Dienstleistungen ist die Geldmenge eine wichtige ökonomische Größe, die Hinweise auf die zukünftige Preisentwicklung liefert. Weil Geld zum einen als Tausch- und Zahlungsmittel und zum anderen als Wertaufbewahrungsmittel genutzt werden kann, definiert das Eurosystem drei Geldmengen, die aufeinander aufbauen. Sie grenzen sich dadurch voneinander ab, wie schnell das Geld für den Bankkunden verfügbar ist, also wie „liquide" es ist. Bezeichnet werden sie mit den Abkürzungen M1, M2 und M3. Das „M" stammt vom englischen Wort für Geld: money.

Geldmengen M1, M2 und M3

Zur Geldmenge M1 zählen das außerhalb des Bankensektors zirkulierende Bargeld sowie täglich fällige Einlagen (Sichteinlagen) von Nichtbanken. Die Geldmenge M1 bezeichnet also das Geld, über das jederzeit verfügt werden kann. Es beinhaltet folglich die Zahlungsmittel, die eine sehr hohe Liquidität besitzen. Rechnet man zur Geldmenge M1 noch Spareinlagen mit einer Kündigungsfrist von bis zu drei Monaten und Termineinlagen mit einer Laufzeit von bis zu zwei Jahren hinzu, erhält man die Geldmenge M2. Auch diese Komponenten besitzen noch eine vergleichsweise hohe Liquidität.

M1 = Bargeld + Sichteinlagen

Termineinlagen sind Gelder, die bei den Banken für eine bestimmte Zeit zu einem festen Zins angelegt werden. In dieser Zeit kann über sie nicht verfügt werden. Am Ende der Laufzeit werden sie meist wieder auf Girokonten gutgeschrieben, wandeln sich also wieder in Sichteinlagen um.

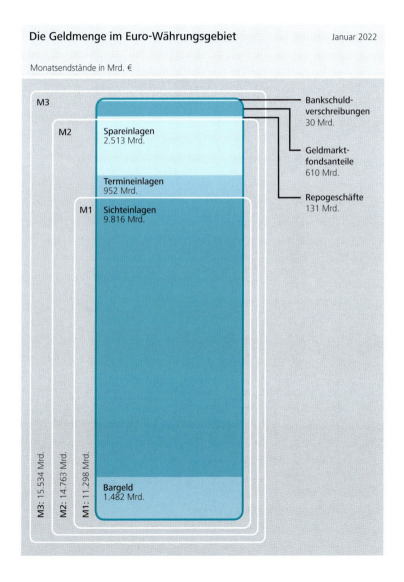

> $M2 = M1$ + kurzfristige Termin- und Spareinlagen

Spareinlagen sind Einlagen, die in der Regel unbefristet sind und über die erst nach einer bestimmten Kündigungsfrist verfügt werden kann. Die Zinssätze sind dabei in der Regel variabel, d. h. sie verändern sich mit der allgemeinen Zinsentwicklung. Termin- und Spareinlagen können also im Gegensatz zu Sichteinlagen nicht jederzeit für Zahlungen eingesetzt werden.

Die Geldmenge M3 beinhaltet zusätzlich zur Geldmenge M2 noch Geldanlagen, die von Banken und Finanzinstituten ausgegeben werden und hinsichtlich des Grads ihrer Liquidität mit den in M2 enthaltenen Bankeinlagen vergleichbar sind: Bankschuldverschreibungen mit einer Ursprungslaufzeit von bis zu zwei Jahren, Anteile an Geldmarktfonds sowie die sogenannten Repogeschäfte.

> $M3 = M2$ + kurzfristige Bankschuldverschreibungen
> + Geldmarktfondsanteile
> + Repogeschäfte

Bankschuldverschreibungen sind Wertpapiere, bei denen sich die ausgebende Bank verpflichtet, nach Ende der Laufzeit den Nennwert der Schuldverschreibung zurückzuzahlen. Käufer bekommen Zinsen auf ihr eingesetztes Kapital. Geldmarktfonds verkaufen Anteilsscheine (Geldmarktfondsanteile) an Anleger und legen die ihnen so zufließenden Mittel in kurzfristige Anlageformen wie Wertpapiere von Unternehmen an. Der Anleger kann die Anteilsscheine jederzeit an den Fonds zurückgeben und erhält dann auf seinem Bankkonto eine Sichteinlage gutgeschrieben.

Ein in die Geldmenge M3 einbezogenes Repogeschäft zwischen einer Bank und einer Nichtbank ist ein Geschäft mit Rückkaufvereinbarung. Es dient der kurzfristigen Mittelbeschaffung der Bank, bei dem diese – ähnlich wie bei einem Pfandleihgeschäft – einen Vermögensgegenstand (z. B. ein Wertpapier) an eine Nichtbank gegen Zahlung einer Geldsumme mit der Verpflichtung verkauft, den Vermögensgegenstand nach einer gewissen Laufzeit wieder zurückzukaufen. Repogeschäfte sind kurzfristige Finanzierungsinstrumente mit einer Laufzeit von in der Regel nicht mehr als einem Jahr, häufig sogar nur wenigen Tagen. Diese kurzfristigen Anlagen können aus Sicht der Anleger in relativ kurzer Zeit in Einlagen umgewandelt werden und stellen daher eine Alternative zu liquiden Bankeinlagen dar.

Zentralbankgeld

Für das Verständnis der Geldpolitik sowie des Zahlungsverkehrs spielt noch eine weitere Gelddefinition eine wichtige Rolle: das Zentralbankgeld. Das Zentralbankgeld beinhaltet das umlaufende Bargeld sowie die Guthaben der Banken bei der Zentralbank. Ganz allgemein versteht man darunter das Geld, das nur von der Zentralbank geschaffen werden kann. Das Zentralbankgeld wird auch als „Geldbasis" oder kurz M0 bezeichnet.

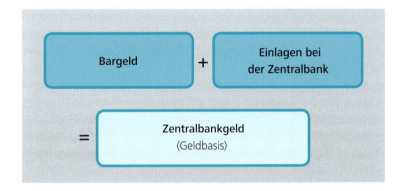

Die Sichteinlagen der Geschäftsbanken bei der Zentralbank sind von besonderer Bedeutung. Die Geschäftsbanken erfüllen mit diesen Guthaben ihre Mindestreserve, die die Zentralbank von jeder Bank einfordert. Zugleich dienen die Sichteinlagen der reibungslosen Abwicklung des Zahlungsverkehrs zwischen den Banken. Außerdem können die Banken ihre Guthaben bei der Zentralbank jederzeit in Bargeld umtauschen, um den Auszahlungswünschen ihrer Kundschaft

Der Bedarf der Geschäftsbanken an Zentralbankgeld ist ein Anknüpfungspunkt für die Geldpolitik.

nachzukommen. Dieser ständige Bedarf der Geschäftsbanken an Zentralbankgeld ist ein wichtiger Anknüpfungspunkt für die Geldpolitik. Wenn davon die Rede ist, dass die Zentralbank den Geschäftsbanken „Liquidität" bereitgestellt oder entzogen habe, ist damit die Bereitstellung bzw. der Entzug von Zentralbankgeld gemeint.

Digitales Zentralbankgeld

Zentralbanken beschäftigen sich damit, wie die von ihnen herausgegebenen Währungen zukunftsgerecht ausgestaltet werden können. Als Antwort auf die Herausforderungen der fortschreitenden Digitalisierung im Zahlungsverkehr wird zunehmend auch über digitales Zentralbankgeld (DZBG) diskutiert. DZBG wäre eine dritte Form des Zentralbankgeldes neben Bargeld und Einlagen der Banken bei der Zentralbank.

In welcher Form und für welche Zwecke DZBG ausgegeben werden könnte, wird zurzeit von mehr als 60 Zentralbanken auf der ganzen Welt untersucht. Denkbar ist, die Herausgabe auf einen bestimmten Nutzerkreis zu beschränken, z.B. Geschäftsbanken oder auch an Privatpersonen und Unternehmen. Ein DZBG für jedermann wurde in einigen wenigen Ländern (z.B. Bahamas) sogar schon eingeführt.

Die Nutzung von Bargeld als Zahlungsmittel ist in den letzten Jahren bereits zurückgegangen. Hier könnte DZBG für Privatpersonen und Unternehmen eine digitale Ergänzung sein. So könnte etwa ein digitaler Euro direkt von Smartphone zu Smartphone übertragen und auch im Onlinehandel oder an der Ladenkasse genutzt werden.

Damit wäre DZBG auch eine Alternative zu privatwirtschaftlich entwickelten digitalen Geldformen wie Krypto-Assets (siehe Abschnitt 1.3). In einigen Ländern könnte DZBG dabei helfen, den Zugang der Bevölkerung zu Finanzdiensten insgesamt zu erhöhen.

Im Juli 2021 hat der EZB-Rat ein Projekt zum digitalen Euro gestartet. In einer zweijährigen Untersuchungsphase werden die mögliche Ausgestaltung und die potenziellen Auswirkungen – unter anderem auf Geldpolitik und Finanzstabilität – genauer untersucht. Dabei soll der digitale Euro das Bargeld nicht ersetzen, sondern höchstens ein zusätzliches Angebot für alltägliche Zahlungen sein. Über die Einführung eines digitalen Euro will der EZB-Rat erst nach Abschluss dieser Untersuchungen entscheiden.

Banken und Buchgeld

Zentral für das Verständnis des Geldsystems ist die Unterscheidung der Zentralbankgeldmenge M0 und der Geldmenge M3, da sie im Prinzip für unterschiedliche Geldmengenkonzepte stehen. Das eine umfasst neben dem Bargeld das Buchgeld der Zentralbank, das sich innerhalb des Bankensystems bewegt. Das andere umfasst neben dem Bargeld das Buchgeld der Geschäftsbanken, das sich aus dem Zusammenspiel von ihnen und ihren Kunden, den Nichtbanken, ergibt. Eine Erhöhung der Zentralbankgeldmenge bedeutet nicht automatisch eine Erhöhung der Geldmenge M3. Letzteres hängt davon ab, inwieweit die Geschäftsbanken ihr Aktivgeschäft (insbesondere die Kreditvergabe) ausweiten und so weiteres Buchgeld schaffen, was dann in der Regel die Geldmenge erhöht.

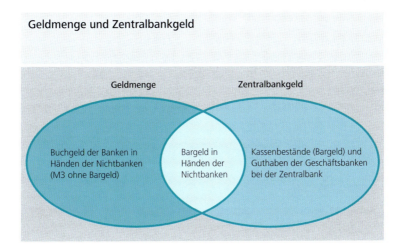

Geldmenge und Zentralbankgeld

3.4 Geldschöpfung

Heutzutage ist viel mehr Buchgeld als Bargeld im Umlauf. Häufig besteht die Vorstellung, dass Buchgeld nur dadurch entsteht, dass Bargeld auf ein Konto eingezahlt wird. Dabei wird aber übersehen, dass Bargeld vorher von einem Konto abgehoben wurde. Das Buchgeld war also vorher schon da. Die Frage ist deshalb, wer das Buchgeld schafft:

Geldschöpfung bezeichnet die Schaffung von Geld.

Es sind die Banken, etwa wenn sie Kredite vergeben. Kurz gesagt: Die Buchgeldschöpfung ist ein Buchungsvorgang.

Buchgeld entsteht durch die Kreditvergabe von Banken.

Wenn die A-Bank einen Kredit gewährt, dann schreibt sie den Kreditbetrag als Sichteinlage auf dem Girokonto gut. Wird beispielsweise ein Kredit über 1.000 Euro gewährt (z. B. Laufzeit 5 Jahre, 5 % p.a.), erhöht sich die Sichteinlage auf dem Girokonto von Kundin 1 bei der A-Bank um 1.000 Euro. Damit ist neues Buchgeld entstanden. In der Bilanz der A-Bank werden die Forderungen gegenüber den Kreditnehmern auf der Aktivseite und die geschaffenen Sichteinlagen als Verbindlichkeit auf der Passivseite erfasst. Wird der Kredit zurückgezahlt, wird Buchgeld entsprechend wieder „vernichtet".

1. Vorgang:
Buchgeldschöpfung durch Kreditgewährung der A-Bank an Kundin 1

Aktiva		A-Bank		Passiva
1.000	Kredit an Kd.1 (5 Jahre; 5 %)	Sichteinlage Kd.1 (täglich fällig; 0 %)		1.000

Stilisierte Bankbilanz, Zinsangaben per annum

Buchgeld entsteht auch, wenn eine Bank einen Vermögenswert abkauft, z. B. ein Wertpapier. Die Buchung läuft dann fast analog. Der Vermögensgegenstand wird auf der Aktivseite bilanziert, der Kaufbetrag wird als Sichteinlage dem Girokonto des Verkäufers gutgeschrieben. Neues Buchgeld wurde geschaffen. Banken schaffen neues Buchgeld also quasi „aus dem Nichts". Aber das geschaffene Geld gehört nicht ihnen, sondern ihren Kunden. Aus Sicht der Bank ist die Sichteinlage ihrer Kunden eine Verbindlichkeit – sie schuldet ihnen dieses Geld. Die Kunden können den gutgeschriebenen Betrag für Überweisungen nutzen oder auch in bar abheben.

Die Schaffung von Zentralbankgeld erfolgt nach dem gleichen Prinzip. Wenn Geschäftsbanken Bedarf an Zentralbankgeld haben (z. B. um Bargeld für Barabhebungen ihrer Kundschaft zu bekommen oder um den Zahlungsverkehr mit anderen Banken durchführen zu können), können sie sich dieses bei der Zentralbank mittels Kredit besorgen. Die Zentralbank prüft dann, ob die Voraussetzungen für eine Kreditvergabe erfüllt sind. Die Zentralbank gewährt in der Regel nur dann Kredit, wenn die Bank ihn durch Hinterlegung von Pfändern (z. B. Wertpapiere) besichert. Ist dies der Fall, schreibt die Zentralbank der Bank den aufgenommenen Betrag auf dem Konto der Bank bei der Zentralbank als Sichteinlage gut. In diesem Fall ist Zentralbankgeld entstanden. Die Geldmenge M0 ist gestiegen. Zahlt die Bank ihren Kredit bei der Zentralbank zurück, sinkt die Geldmenge M0.

Bei der Vergabe von Krediten an Banken durch die Zentralbank entsteht Zentralbankgeld.

Neben „Kreditgewährung und Gutschrift" gibt es auch hier einen zweiten Weg, wie die Zentralbank den Banken zu einer Sichteinlage – also zu Zentralbankgeld – verhelfen kann: Dazu kauft die Zentralbank einer Bank einen Vermögenswert ab, z. B. Wertpapiere, Gold oder Devisen, und schreibt ihr den Verkaufserlös gut. Auch dadurch entsteht Zentralbankgeld.

Grenzen der Buchgeldschöpfung durch Banken

Die Tatsache, dass Geschäftsbanken aktiv Buchgeld schaffen können, bedeutet nicht, dass sie dies unbegrenzt tun können. Denn Voraussetzung für die Geldschöpfung durch die Vergabe von Krediten ist eine entsprechende Nachfrage ihrer Kundinnen und Kunden nach Krediten. Ob Kreditangebote letztlich von den Unternehmen, privaten Haushalten oder öffentlichen Stellen angenommen werden, hängt u. a. von den Kreditkonditionen (z. B. Laufzeit, Zinssatz), der Rentabilität eines Investitionsprojekts oder den Einkommensperspektiven ab. Im Zwang zur Zinszahlung liegt ein finanzieller Anreiz, einen Kredit nur dann aufzunehmen, wenn dies wirtschaftlich gerechtfertigt erscheint. Für ein Unternehmen bedeutet dies, dass der Kreditbetrag so investiert werden muss, dass voraus-

Die Vergabe von Krediten hängt von der Nachfrage ab.

Banken und Buchgeld

sichtlich ein Ertrag erzielt wird, um die Zins- und Tilgungszahlungen zu finanzieren. Mit einem Konsumentenkredit können Verbraucher Anschaffungen (z. B. Immobilien, Auto) vorziehen. Sie brauchen das benötigte Geld nicht zuerst anzusparen. Allerdings muss das für die Zukunft erwartete Einkommen ausreichen, um den Kredit mit Zinsen zurückzahlen zu können.

> *Kredite werden nur vergeben, wenn Aussicht auf Rück- und Zinszahlung besteht.*

Umgekehrt wird auch nicht jede Kreditnachfrage bedient. Wenn die Aussicht auf Rückzahlung nicht besteht, wird die Bank den Kreditantrag nicht bewilligen. Denn bevor eine Bank einen Kreditbetrag auszahlt, prüft sie genau, ob die Kreditnehmer in der Lage sind, die geforderten Zins- und Tilgungszahlungen zu leisten. Die Schöpfung von Buchgeld ist für die Banken mit Erträgen, aber auch mit Risiken und Kosten verbunden. Das hält sie an, Vorsicht walten zu lassen.

Auf den ersten Blick scheint die Kreditvergabe für die Bank ein sehr lohnendes Geschäft zu sein: Sie bekommt die Zinszahlungen für den Kredit, vergütet für die Sichteinlage üblicherweise aber keinen oder nur einen sehr geringen Zins. Allerdings nutzen Kundinnen und Kunden die neu geschaffene Sichteinlage, um sich etwas zu kaufen. Daher läuft es in der Regel darauf hinaus, dass die Kunden ihre frisch erworbenen Guthaben an Kunden einer anderen Bank überweisen oder es sich in bar auszahlen lassen. Daraus ergibt sich für die kreditgebende Bank ein Refinanzierungsbedarf.

2. Vorgang:
Überweisung von Kundin 1 an Kunde 2 bei der B-Bank, Refinanzierung von A-Bank durch Kredit bei B-Bank

A-Bank Aktiva		Passiva	B-Bank Aktiva		Passiva
1.000	Kredit an K1 (5 Jahre; 5 %)	0	1.000	Kredit an A-Bank (tägl. kündbar; 2 %)	1.000 Sichteinl. Kd.2 (tägl. fällig; 0 %)
	Sichteinl. Kd.1 (tägl. fällig; 0 %)				
	VB ggü. B-Bank (tägl. fällig; 2 %)	1.000			

Stilisierte Bankbilanzen, Zinsangaben per annum, "VB" steht für "Verbindlichkeit"

Anknüpfend an das vorherige Beispiel überweist Kundin 1 die 1.000 Euro von ihrem Konto bei der A-Bank auf ein Girokonto von Kunde 2 bei der B-Bank. Für die kreditgebende A-Bank bedeutet dies, dass die Sichteinlage der Kundin, das geschaffene Buchgeld, abfließt und dass sie den Kredit nun in voller Höhe „refinanzieren" muss. Im einfachsten idealtypischen Fall wird ihr dazu die B-Bank einen Kredit gewähren. Die B-Bank gewährt dann beispielsweise einen täglich kündbaren „Tagesgeld"-Kredit, für den sie der A-Bank einen Zins (z. B. 2 % p. a.) in Rechnung stellt. Die A-Bank muss also einen Teil ihres Zinsertrags aus dem Kundenkredit für die Zinszahlung ihres Kredits bei der B-Bank aufwenden. Somit reduziert sich ihr Gewinn aus der Kreditvergabe.

Der Vorgang ist damit aber noch nicht abgeschlossen, da der A-Bank typischerweise daran gelegen ist, ihre Risiken einzugrenzen. Denn mit der Kreditvergabe an ihre Kundin ist die A-Bank mehrere Risiken eingegangen. Kann die Kundin den Kredit nicht mit Zins und Tilgung bedienen, kommt es zu einem Verlust (Kreditausfallrisiko). Aber die Bank muss die eigene Finanzierung (Kredit bei B-Bank) weiterhin bedienen. Zudem besteht das Risiko, dass der Zins steigt (Zinsänderungsrisiko) und die kurzlaufende Refinanzierung (Kredit bei B-Bank) teurer wird.

Dem Gewinn aus der Buchgeldschöpfung stehen Risiken gegenüber.

Das schmälert weiter den verbleibenden Anteil aus dem Zinsertrag des Kundenkredits. Letztlich besteht das Risiko, dass die A-Bank einmal keine andere Bank findet, die bereit ist, die benötigte Refinanzierung zu gewähren (Liquiditätsrisiko).

Um die beiden letztgenannten Risiken zu begrenzen, betreiben die Banken eine Einlagenpolitik. Sie bieten ihrer Kundschaft einen attraktiven Zins, damit sie bei ihr Geld für eine längere Zeit fest anlegt. Im Beispiel nimmt der Kunde der B-Bank das Angebot der A-Bank an: Er überweist seine unverzinste Sichteinlage bei der B-Bank auf ein Sparkonto bei der A-Bank. Im Gegenzug bucht die B-Bank auch ihren Kredit an die A-Bank aus, denn die A-Bank benötigt nun keine täglich kündbare Refinanzierung durch eine andere Bank mehr. Im Beispiel hat

Risiken aus der Kreditvergabe können durch das Einwerben von Einlagen verringert werden.

sie vielmehr den ausgezahlten Kredit durch eine länger laufende Spareinlage refinanziert. Es bedeutet aber auch, dass sie von dem Zinsertrag aus dem Kundenkredit von 5 % p. a. den größeren Teil – im Beispiel 3,5 Prozentpunkte an den Sparer abgeben muss.

3. Vorgang:
Kunde 2 bildet Sparguthaben bei A-Bank

Aktiva	A-Bank		Passiva	Aktiva	B-Bank		Passiva
1.000	Kredit an K1 (5 Jahre; 5 %)	Sichteinl. Kd.1 (tägl. fällig; 0 %)	0	0	Kredit an A-Bank (tägl. kündbar; 2 %)	Sichteinl. Kd.2 (tägl. fällig; 0 %)	0
		VB ggü. B-Bank (tägl. fällig; 2 %)	0				
		Spareinl. Kd.2 (3 Jahre; 3,5 %)	1.000				

Stilisierte Bankbilanzen, Zinsangaben per annum

Im Euroraum gibt es tausende Banken, die Kredite gewähren und Spareinlagen hereinnehmen. Die Vorgänge laufen deshalb in der Realität viel verwickelter ab als im Beispiel geschildert. Gleichwohl verdeutlicht das Beispiel einen wichtigen Sachverhalt: Um die Risiken aus der Kreditgewährung einzugrenzen, muss das Bankensystem bei seiner Kundschaft länger laufende Einlagen einwerben. In diesem Zuge muss es einen Teil des Zinsertrags aus den Krediten – und damit einen Teil des Gewinns aus der Buchgeldschöpfung – an ihre Kunden abgeben. In diesem Sinne stimmt es, dass Banken Ersparnisse ihrer Kunden benötigen, um Kredite vergeben zu können. Eine zwingende Voraussetzung ist es allerdings nicht.

Ein weiterer wesentlicher begrenzender Faktor der Geldschöpfung durch Banken sind bankenaufsichtliche Regelungen. Eigenkapital- und Liquiditätsvorschriften begrenzen die Kreditvergabe, um die Einlagen der Kundinnen und Kunden bei den Banken zu sichern und die Bank jederzeit zahlungsfähig zu halten. So zwingen etwa Eigenkapitalvorschriften die Banken, Kredite in Abhängigkeit von ihren Risiken zu einem gewissen Anteil mit Eigenkapital zu finanzieren.

Außerdem können die Zentralbanken mit Hilfe ihrer Geldpolitik Einfluss auf die Buchgeldschöpfung nehmen. Durch ihre „Leitzinsen" beeinflussen sie das Zinsniveau. Erhöht die Zentralbank den Leitzins, müssen die Banken für Kredite bei der Zentralbank mehr bezahlen und heben meist auch ihrerseits die Zinssätze an, zu denen sie selbst Kredite vergeben.

Geldpolitik und bankenaufsichtliche Regeln begrenzen die Geldschöpfung.

Das aber dämpft in der Tendenz die Nachfrage von Unternehmen und Haushalten nach Krediten. Durch Anhebung oder Senkung des Leitzinses kann die Zentralbank somit Einfluss auf die Nachfrage der Wirtschaft nach Krediten nehmen und damit auch auf die Buchgeldschöpfung.

Kreditvergabe und die damit verbundene Geldschöpfung führen in der Tendenz zu Investitionen und vorgezogenem Konsum. Auf diese Weise werden die gesamtwirtschaftliche Produktion und die volkswirtschaftliche Wertschöpfung tendenziell erhöht.

Kommt es allerdings zu einer übermäßigen Kreditvergabe und damit Geldschöpfung, kann dies zu Fehlentwicklungen führen. Beispielsweise können die Verbraucherpreise zu

Eine übermäßige Geldschöpfung kann die Preisstabilität gefährden.

stark steigen und so die Preisstabilität gefährdet werden. Oder es kann zu Übertreibungen an den Wertpapier- und Immobilienmärkten kommen.

Das Wichtigste im Überblick:

- Buch- oder Giralgeld ist „stoffloses" Geld, das auf Konten liegt und von Konto zu Konto weitergegeben werden kann. Es kann jederzeit in Bargeld umgewandelt werden. Buchgeld auf Bankkonten wird als Einlage bezeichnet.

- Das Bankensystem hat im Geld- und Wirtschaftssystem eine wichtige Rolle. Es setzt sich aus der Zentralbank und den Geschäftsbanken zusammen.

- Geschäftsbanken vergeben Kredite, nehmen Einlagen herein und bieten Dienstleistungen rund ums Geld an. Bankgeschäfte sind im Kreditwesengesetz geregelt.

- Banken sorgen mit dem bargeldlosen Zahlungsverkehr dafür, dass das Geld zwischen Bankkonten „transportiert" wird. Bargeldlose Zahlungen werden zwischen Banken und ihren Gironetzen oder über Clearinghäuser verrechnet.

- Beim Zahlungsverkehr wird zwischen Massen- und Individualzahlungsverkehr unterschieden. Im Massenzahlungsverkehr werden nicht eilige und betragsmäßig niedrige Zahlungen abgewickelt, im Individualzahlungsverkehr hohe und sehr eilige Zahlungen.

- Bei Euro-Zahlungen im SEPA-Raum wird nicht mehr zwischen nationalen und grenzüberschreitenden Zahlungen unterschieden. Für alle Zahlungen ist die Angabe der IBAN erforderlich.

- Über das Zahlungsverkehrssystem TARGET2 werden die meisten eiligen Großbetragszahlungen im Eurosystem abgewickelt. TARGET2-Salden entstehen bei grenzüberschreitenden Zahlungen.

- Für das bargeldlose Bezahlen gibt es die beiden grundlegenden Instrumente Überweisung und Lastschrift. Für diese Instrumente gibt es verschiedene Zugangswege wie das Ausfüllen eines papiergebundenen Formulars, eines Online-Formulars, den Einsatz eines Mobiltelefons sowie einer Debit- oder Kreditkarte.

- Was zur Geldmenge gezählt wird, muss definiert werden. Das Eurosystem hat drei verschiedene Geldmengenbegriffe (M1, M2, M3) festgelegt, die sich nach dem Grad ihrer Liquidität unterscheiden.

- Zentralbankgeld kann nur von der Zentralbank geschaffen werden. Es setzt sich aus dem umlaufenden Bargeld und den Einlagen bei der Zentralbank zusammen. Der ständige Bedarf der Geschäftsbanken an Zentralbankgeld ist ein wichtiger Anknüpfungspunkt für die Geldpolitik.

- Digitales Zentralbankgeld könnte eine weitere Form von Zentralbankgeld werden. Für den Euroraum hat der EZB-Rat eine Untersuchung zu einem möglichen digitalen Euro gestartet.

- Die Schaffung von Geld wird als Geldschöpfung bezeichnet. Sowohl die Zentralbank als auch die Banken können Geld schaffen. Buchgeld entsteht in der Regel durch die Vergabe von Krediten, aber auch beim Ankauf von Vermögenswerten durch die Banken.

Kapitel 4
Der Euro und das Eurosystem

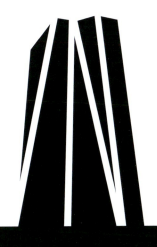

4. Der Euro und das Eurosystem

1999 führten elf europäische Staaten den Euro als ihre gemeinsame Währung ein. Diese Länder, zu denen im Laufe der Zeit weitere hinzukamen, bilden das Euro-Währungsgebiet, auch Euroraum genannt.

Die Vorteile einer Währungsunion liegen auf der Hand. Durch die Einführung des Euro entfallen die Einzelwährungen der nationalen Staaten. Bei Reisen innerhalb der Euro-Länder muss kein Geld mehr gewechselt werden. Einkäufe im Ausland oder das Vergleichen von Preisen sind einfacher. Handelshürden, wie den Umtausch von Währungen, gibt es nicht mehr. Ebenso entfällt die Unsicherheit, wie sich Wechselkurse zukünftig entwickeln. Unternehmen gewinnen Planungssicherheit und können ihre Kosten reduzieren. Dies stärkt den grenzüberschreitenden Handel und fördert Wachstum und Beschäftigung. Zudem ist durch den Euro ein einheitlicher europäischer Finanzmarkt entstanden, der Unternehmen die Kapitalaufnahme und Investoren die Kapitalanlage erleichtert.

Ein einheitlicher Währungsraum bietet viele Vorteile.

4.1 Der Weg zum Euro

Der Weg zu einer gemeinsamen europäischen Währung dauerte mehrere Jahrzehnte. Nach zwei verheerenden Weltkriegen rückten die ehemals verfeindeten Länder Europas in den 1950er-Jahren langsam zusammen.

Im April 1951 gründeten Belgien, Deutschland, Frankreich, Italien, Luxemburg und die Niederlande die Europäische Gemeinschaft für Kohle und Stahl (EGKS), die sogenannte Montanunion. Die EGKS war die erste supranationale europäische Institution.

1957 gründeten diese Länder die Europäische Atomgemeinschaft (Euratom) und die Europäische Wirtschaftsgemeinschaft, mit der ein gemeinsamer europäischer Markt gegründet wurde. Nach dem Ort der Unterzeichnung werden die Beschlüsse als „Römische Verträge" bezeichnet.

Im April 1965 rückte Europa noch weiter zusammen: Die Wirtschaftsunionen – EGKS, Euratom und EWG – wurden unter dem Namen Europäische Gemeinschaften (EG) zusammengeschlossen.

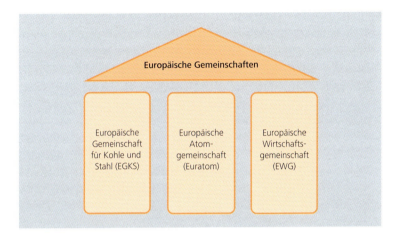

Im Oktober 1970 legte eine Kommission unter dem luxemburgischen Premierminister Pierre Werner einen Plan für eine europäische Wirtschafts- und Währungsunion vor. Dieser sah drei Stufen vor: 1971-73 eine stärkere Koordination der Wirtschafts- und Währungspolitik, 1974-79 eine verbindlichere Harmonisierung der Wirtschafts- und Währungspolitik und 1980 die Übertragung der wirtschaftspolitischen Kompetenzen auf die europäische Ebene und die Einführung einer gemeinsamen Währung.

Mit der schrittweisen Umsetzung des Werner-Plans wurde zunächst 1972 der Europäische Wechselkursverbund geschaffen. Die Wechselkurse der EG-Länder sollten nur in einer Bandbreite von 2,25 % nach oben und unten um einen Leitkurs schwanken. Aufgrund zu häufiger Wechselkursanpassungen zwischen den EG-Ländern verlor der Europäische Wechselkursverbund nicht nur viele Teilnehmer, sondern die zweite Stufe des Werner-Plans wurde gar nicht mehr umgesetzt. Dennoch wuchs die EG weiter. 1973 kamen zu den sechs Gründungsmitgliedern der EG Großbritannien, Irland und Dänemark hinzu.

Der Euro und das Eurosystem

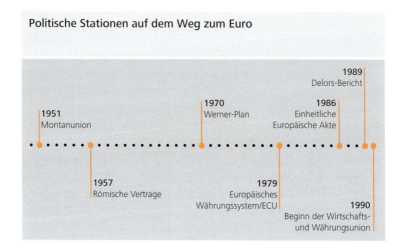

Politische Stationen auf dem Weg zum Euro

- 1951 Montanunion
- 1957 Römische Verträge
- 1970 Werner-Plan
- 1979 Europäisches Währungssystem/ECU
- 1986 Einheitliche Europäische Akte
- 1989 Delors-Bericht
- 1990 Beginn der Wirtschafts- und Währungsunion

Mit der Einführung des Europäischen Währungssystems (EWS) nahmen die EG-Mitgliedsländer 1979 einen neuen Anlauf, ihre Währungspolitik zu koordinieren. Das EWS beruhte auf dem Konzept stabiler, aber anpassungsfähiger Wechselkurse. Innerhalb des EWS wurden Wechselkursschwankungen durch einen Wechselkursmechanismus gesteuert. In dessen Zentrum stand die europäische Währungseinheit „European Currency Unit" (ECU).

Die Pläne zur heutigen Währungsunion wurden 1989 vorgelegt.

Im Februar 1986 unterzeichneten die – nach dem Beitritt von Portugal, Spanien und Griechenland – inzwischen zwölf EG-Mitgliedstaaten die Einheitliche Europäische Akte (EEA). Zu den Zielen zählte die Vollendung des europäischen Binnenmarktes bis 1992 mit freiem Warenverkehr, Personenfreizügigkeit, Dienstleistungsfreiheit und freiem Kapital- und Zahlungsverkehr innerhalb der EG.

Im Frühjahr 1989 legte eine Expertenkommission unter dem Vorsitz des Präsidenten der EG-Kommission, Jacques Delors, einen neuen Drei-Stufen-Plan für eine europäische Wirtschafts- und Währungsunion vor. Daran anknüpfend beschloss der Europäische Rat im Juni 1989, die erste Stufe zur Verwirklichung der Wirtschafts- und Währungsunion am 1. Juni 1990 zu beginnen.

Der Euro und das Eurosystem

4.1.1 Stufenplan der Wirtschafts- und Währungsunion

Die erste Stufe hatte das Ziel, die Geld- und Fiskalpolitik der europäischen Staaten stärker als bisher auf die Erfordernisse von Preisstabilität und Haushaltsdisziplin auszurichten. Um das zu erreichen, wurden Maßnahmen umgesetzt, die die Unabhängigkeit der Zentralbanken von den jeweiligen Regierungen stärkten. Außerdem hoben die teilnehmenden Staaten alle Kapitalverkehrskontrollen auf, um einen uneingeschränkten Kapitalverkehr zu gewährleisten.

Als wichtiger Meilenstein der ersten Stufe der Wirtschafts- und Währungsunion gilt der „Vertrag über die Europäische Union" (auch „Maastricht-Vertrag"), den die EG-Mitgliedstaaten am 7. Februar 1992 unterzeichneten. Der Vertrag setzte die Integration Europas unter dem neuen Namen Europäische Union (EU) fort und konkretisierte den Fahrplan für die Umsetzung der beiden nächsten Stufen bis spätestens Januar 1999.

Die drei Stufen der Wirtschafts- und Währungsunion

Erste Stufe 1. Juli 1990	Zweite Stufe 1. Januar 1994	Dritte Stufe 1. Januar 1999
	Errichtung des EWI	Unwiderrufliche Festlegung der Umrechnungskurse
Verstärkte Zusammenarbeit der Zentralbanken	Verbot der Gewährung von Zentralbankkrediten an öffentliche Stellen	Einführung des Euro: erst Buchgeld – dann Bargeld
Uneingeschränkter Kapitalverkehr	Koordinierung der Geldpolitik und Stärkung der wirtschaftlichen Konvergenz	Inkrafttreten des Stabilitäts- und Wachstumspakts
Verbesserung der wirtschaftlichen Konvergenz	Prozess hin zur Unabhängigkeit der Zentralbanken	Einrichtung des Wechselkursmechanismus II
		Durchführung einer einheitlichen Geldpolitik durch das Eurosystem

Der Euro und das Eurosystem

Die zweite Stufe begann am 1. Januar 1994 mit der Errichtung des Europäischen Währungsinstituts (EWI) in Frankfurt am Main. Das EWI bereitete regulatorisch, organisatorisch und logistisch die dritte Stufe vor. Die Durchführung der Geld- und Wechselkurspolitik blieb jedoch bis 1. Januar 1999 bei den nationalen Zentralbanken – in Deutschland bei der Deutschen Bundesbank.

Im Dezember 1995 einigten sich die Staats- und Regierungschefs der Europäischen Union (Europäischer Rat) in Madrid auf die Bezeichnung „Euro". Im darauffolgenden Jahr stellte das EWI die Siegerentwürfe eines Wettbewerbs für die neuen Euro-Banknoten vor.

Am 17. Juni 1997 verständigte sich der Europäische Rat in Amsterdam auf den Stabilitäts- und Wachstumspakt. Darin verpflichten sich die EU-Länder, auch nach dem Eintritt in die Währungsunion die bereits im Maastricht-Vertrag festgelegte Haushaltsdisziplin zu wahren.

Am 2. Mai 1998 stellte der EU-Rat fest, dass 13 der 15 EU-Mitgliedstaaten die im Maastricht-Vertrag festgelegten Konvergenzkriterien erfüllen. Schweden und Griechenland erfüllten sie zu diesem Zeitpunkt nicht.

Zum 1. Juni 1998 nahmen die Europäische Zentralbank (EZB) und das Europäische System der Zentralbanken (ESZB) ihre Arbeit auf. Sie lösten das EWI ab.

Von den 13 Ländern führten elf Anfang 1999 den Euro als einheitliche Währung ein: Belgien, Deutschland, Finnland, Frankreich, Irland, Italien, Luxemburg, die Niederlande, Österreich, Portugal und Spanien. Dänemark und Großbritannien entschieden sich, die gemeinsame Währung nicht einzuführen und somit an der dritten Stufe der Wirtschafts- und Währungsunion nicht teilzunehmen.

Mit Beginn der dritten Stufe der Wirtschafts- und Währungsunion am 1. Januar 1999 wurden die Wechselkurse der nationalen Währungen der Teilnehmerländer zum Euro unwiderruflich festgelegt. In elf Ländern wurde der Euro die gemeinsame Währung. Der Umrechnungskurs der D-Mark wurde auf 1 Euro = 1,95583 DM festgelegt.

Neuer Name, neues Symbol, neue Banknoten

Die beiden parallel verlaufenden Querstriche im Euro-Zeichen stehen für die Stabilität der Währung.

Auf der Suche nach einem Namen für die gemeinsame Währung wurden auch Vorschläge wie Ecu, Taler und Ducat, Franken und Florin diskutiert. Im Dezember 1995 einigte sich der Europäische Rat auf die Wortschöpfung „Euro". Damit war ein Begriff gefunden, der deutlich auf den Kontinent Europa verweist, in allen Amtssprachen der Europäischen Union gleich lautet und leicht auszusprechen ist. Das Euro-Zeichen (€) entstand aus dem Anfangsbuchstaben des Wortes „Europa". Das Design lehnt sich an den griechischen Buchstaben Epsilon an und schlägt so einen Bogen zum antiken Griechenland, der Wiege der europäischen Zivilisation.

Das Aussehen der Euro-Banknoten wurde im Rahmen eines Gestaltungswettbewerbs festlegt. Es konnten Entwürfe entweder zum Thema „Zeitalter und Stile in Europa" oder nach einem frei wählbaren abstraktmodernen Design eingereicht werden. Aus 44 Vorschlägen wurde der Entwurf von Robert Kalina, einem Grafiker der österreichischen Nationalbank, ausgewählt.

Entwürfe aus dem Wettbewerb © EZB

Den Euro gab es zunächst drei Jahre lang nur als Buchgeld. Als Bargeld dienten weiterhin die Münzen und Banknoten der nationalen Währungen. An den Finanzmärkten notierten die Kurse bereits in Euro und alle Euro-Mitgliedstaaten begaben ihre Staatsschuldtitel seit Anfang 1999 ausschließlich in Euro. Bereits umlaufende Papiere wurden auf Euro umgestellt.

1999 wurde der Euro als Buchgeld, 2002 auch als Bargeld eingeführt.

Zum 1. Januar 2002 wurden die Euro-Banknoten und -Münzen eingeführt und gesetzliches Zahlungsmittel. Die bislang gültigen nationalen Währungen verloren diesen Status. In einer Übergangsphase konnte zunächst sowohl mit altem nationalem Bargeld als auch mit Euro-Bargeld gezahlt werden, viele Geschäfte zeichneten ihre Preise noch in beiden Währungen aus. Die nationalen Zentralbanken gaben jedoch nur noch Euro aus und zogen die nationalen Banknoten und Münzen nach und nach aus dem Verkehr.

4.1.2 Stand der Währungsunion

Von den 27 EU-Ländern gehören dem Euro-Währungsgebiet heute 20 Länder an: Belgien, Deutschland, Finnland, Frankreich, Irland, Italien, Luxemburg, Niederlande, Österreich, Portugal, Spanien, Griechenland, Slowenien, Malta und Zypern, Slowakei, Estland, Lettland, Litauen und Kroatien.

Die EU-Staaten, die den Euro noch nicht als gemeinsame Währung eingeführt haben, sind grundsätzlich verpflichtet, dem Euro-Währungsgebiet beizutreten, sobald sie die Konvergenzkriterien erfüllen. Eine Ausnahme bildet Dänemark, das eine Sonderstellung („Opting-out-Klausel") ausgehandelt hat. Es kann selbst entscheiden, ob es den Euro als Währung übernimmt, sofern es die Konvergenzkriterien erfüllt. Gleiches galt für Großbritannien bis zu seinem Austritt aus der EU (Brexit) zum 1. Februar 2020.

Voraussetzung für den Beitritt zum Euroraum ist die Erfüllung der Konvergenzkriterien.

Der Euro und das Eurosystem

Entwicklungsstand des Euroraums

Konvergenzkriterien

Zur Beurteilung der „Stabilitätsreife" potenzieller Teilnehmerländer sind die sogenannten Konvergenzkriterien festgelegt worden, nach denen entschieden wird, ob ein Land den Euro einführen kann.

Preisstabilität:
Die Inflationsrate darf nicht mehr als 1,5 Prozentpunkte über derjenigen der drei preisstabilsten Mitgliedsländer der Europäischen Union liegen.

Höhe der langfristigen Zinsen:
Die Nominalzinssätze langfristiger Staatsschuldverschreibungen oder vergleichbarer Wertpapiere dürfen nicht mehr als zwei Prozentpunkte über den entsprechenden Zinssätzen der drei preisstabilsten Mitgliedsländer der Europäischen Union liegen.

Haushaltsdisziplin:
Das jährliche Haushaltsdefizit sollte grundsätzlich nicht mehr als 3 %, der öffentliche Schuldenstand nicht mehr als 60 % des Bruttoinlandsprodukts betragen.

Wechselkursstabilität:
Der Beitrittskandidat muss mindestens zwei Jahre am „Wechselkursmechanismus II" – einem Festkurssystem mit dem Euro als Leitwährung – teilgenommen haben. Innerhalb der zwei Jahre darf der Wechselkurs der Währung des Beitrittskandidaten keinen starken Schwankungen gegenüber dem Euro ausgesetzt gewesen sein. Das Land soll so unter Beweis stellen, dass die eigene Wirtschaft nicht auf gelegentliche Abwertungen angewiesen ist.

4.2 Eurosystem, EZB und ESZB

Da nicht alle Mitgliedstaaten der EU zum Euro-Währungsgebiet gehören, wird zwischen dem Europäischen System der Zentralbanken (ESZB) und dem Eurosystem unterschieden.

Das ESZB setzt sich zusammen aus der EZB mit Sitz in Frankfurt am Main und den nationalen Zentralbanken (NZBen) aller Mitgliedstaaten der EU. Zum Eurosystem gehören neben der EZB nur die NZBen der EU-Mitgliedstaaten, die den Euro als gemeinsame Währung eingeführt haben.

> *Eurosystem: Europäische Zentralbank (EZB) und nationale Zentralbanken der Euro-Länder*

Die Europäische Zentralbank (EZB) ist die zentrale Institution des ESZB. Ihre vorrangige Aufgabe ist es, Preisstabilität im Euroraum zu gewährleisten und so die Kaufkraft des Euro zu erhalten. Seit 2014 ist die EZB zudem für die einheitliche Bankenaufsicht im Euroraum zuständig.

4.2.1 Organe der EZB

Der EZB-Rat

Oberstes Entscheidungsorgan des Eurosystems ist der EZB-Rat. Er besteht aus den sechs Mitgliedern des EZB-Direktoriums (mit EZB-Präsident/in) sowie den Präsidenten und Präsidentinnen der nationalen Zentralbanken des Eurosystems. Dementsprechend ist der Präsident oder die Präsidentin der Deutschen Bundesbank Mitglied im EZB-Rat und nimmt an den Ratssitzungen teil. Dies geschieht allerdings nicht als Vertretung der Bundesbank oder der Bundesrepublik Deutschland, sondern unabhängig, da alle Mitglieder im EZB-Rat an keinerlei Weisungen gebunden sind. Damit agiert der EZB-Rat insgesamt bei der Gestaltung der Geldpolitik politisch unabhängig. Jedes EZB-Ratsmitglied soll sich also ausschließlich an den stabilitätspolitischen Erfordernissen des gesamten Euroraums ausrichten.

> *Der EZB-Rat ist das oberste Entscheidungsgremium des Eurosystems.*

Der Euro und das Eurosystem

Der EZB-Rat tagt üblicherweise zweimal pro Monat. Geldpolitische Sitzungen finden in der Regel alle sechs Wochen statt. Die Mitglieder im EZB-Rat tagen um einen runden Tisch. Die Sitzordnung ergibt sich alphabetisch aus den Nachnamen der Mitglieder – und nicht nach der alphabetischen Reihung der Mitgliedsländer.

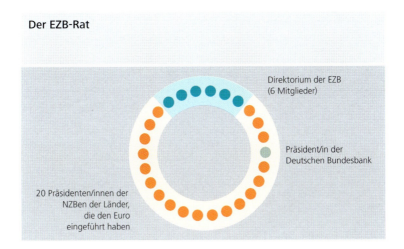

Der EZB-Rat

- Direktorium der EZB (6 Mitglieder)
- Präsident/in der Deutschen Bundesbank
- 20 Präsidenten/innen der NZBen der Länder, die den Euro eingeführt haben

Dem EZB-Rat sind nicht nur die geldpolitischen, sondern auch nahezu alle anderen zentralen Entscheidungskompetenzen zugewiesen. Insbesondere besitzt er das Recht, Leitlinien zu erlassen und Entscheidungen bezüglich der dem Eurosystem übertragenen Aufgaben zu treffen. Seit 2014 obliegt ihm die Beschlussfassung im Rahmen der bankenaufsichtlichen Tätigkeiten der EZB. Der EZB-Rat legt ferner die Geschäftsordnung und die Organisation der EZB und ihrer Beschlussorgane sowie die Beschäftigungsbedingungen für ihr Personal fest.

Der EZB-Rat entscheidet über die Geldpolitik im Euroraum.

Der Großteil der Entscheidungen wird nach dem Prinzip „one member, one vote" getroffen, d. h. die Stimme jedes Mitglieds ist gleich viel wert. Bei einigen Entscheidungen im EZB-Rat richtet sich das Stimmgewicht aber nicht nach Köpfen, sondern nach den voll eingezahlten Anteilen der nationalen Zentralbanken am Eigenkapital der EZB.

Das Eigenkapital der EZB

Um die Unabhängigkeit der EZB von politischer Einflussnahme zu gewährleisten, verfügt sie über ein eigenes Grundkapital, das von den nationalen Zentralbanken gezeichnet wird. Gegenwärtig liegt das gezeichnete Kapital bei 10,83 Mrd. Euro. Jedes Land der EU wird in die Berechnung des Kapitalschlüssels mit einbezogen. Anteilseigner der EZB sind also nicht nur die Zentralbanken der Euro-Mitgliedstaaten, sondern alle NZBen in der EU. Auf jede nationale Zentralbank entfällt davon nach dem „Kapitalschlüssel" ein festgelegter Prozentsatz. Seine Höhe richtet sich danach, wie groß ein Mitgliedstaat im Verhältnis zur gesamten Europäischen Union ist, gemessen jeweils zur Hälfte an der Bevölkerung und am Bruttoinlandsprodukt.

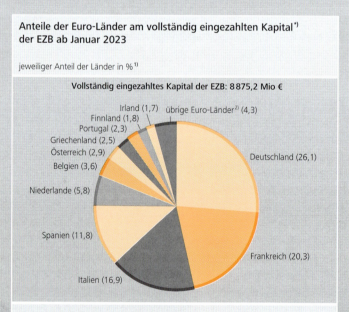

Anteile der Euro-Länder am vollständig eingezahlten Kapital*) der EZB ab Januar 2023

jeweiliger Anteil der Länder in %[1]

Vollständig eingezahltes Kapital der EZB: 8 875,2 Mio €

- Deutschland (26,1)
- Frankreich (20,3)
- Italien (16,9)
- Spanien (11,8)
- Niederlande (5,8)
- Belgien (3,6)
- Österreich (2,9)
- Griechenland (2,5)
- Portugal (2,3)
- Finnland (1,8)
- Irland (1,7)
- übrige Euro-Länder[2] (4,3)

Quelle: EZB. * Die ESZB-Länder, die weiterhin ihre nationale Währung verwenden, haben ihren Kapitalanteil nur zu einem geringen Teil eingezahlt. **1** Summe der Werte kann durch Runden der Zahlen abweichen. **2** Slowakei (1,1), Kroatien (0,8), Litauen (0,6), Slowenien (0,5), Lettland (0,4), Luxemburg (0,3), Estland (0,3), Zypern (0,2) und Malta (0,1).

> Der Anteil der Bundesbank am gezeichneten Kapital beträgt rund 21 %. Das tatsächlich eingezahlte Kapital der EZB beträgt jedoch nur 8,9 Mrd. Euro. Denn nur die Zentralbanken der Euro-Länder müssen ihren Kapitalanteil tatsächlich in voller Höhe einzahlen. Alle übrigen Mitglieder im ESZB müssen nur 3,75 % ihres Anteils leisten, um sich an den Betriebskosten der EZB zu beteiligen. Der Kapitalschlüssel des vollständig eingezahlten Kapitals verteilt sich so nur auf die Zentralbanken der Euro-Mitgliedstaaten. Auf die Bundesbank entfallen 2,32 Mrd. Euro, ein Anteil von rund 26 %.
>
> Da die NZBen der Euro-Mitgliedstaaten ihr gezeichnetes Kapital in voller Höhe eingezahlt haben, sind sie an den Überschüssen oder Defiziten der EZB beteiligt. Verzeichnet die EZB in einem Jahr einen Gewinn, wird dieser entsprechend des Kapitalschlüssels an die NZBen des Euroraums ausgezahlt. So betrug im Jahr 2021 die Gewinnausschüttung an die Bundesbank 50,5 Millionen Euro.

Dazu zählen Entscheidungen über das EZB-Kapital, über die Beiträge der nationalen Zentralbanken zu den Währungsreserven der EZB sowie über Fragen der Gewinnverteilung im Eurosystem. Die Mitglieder des EZB-Direktoriums haben bei diesen Fragen kein Stimmrecht. Der Anteil der Bundesbank am EZB-Eigenkapital beträgt derzeit 26,1 %.

Abstimmungsregeln im EZB-Rat

In den ersten Jahren des Eurosystems hatte im EZB-Rat bei Entscheidungen jedes anwesende Mitglied ein Stimmrecht. Seit dem Beitritt von Litauen zum Euro-Währungsgebiet als 19. Mitgliedstaat zum Jahresbeginn 2015 trat eine neue Regelung in Kraft.

Seither sind neben den sechs Mitgliedern des EZB-Direktoriums maximal 15 Präsidenten oder Präsidentinnen nationaler Zentralbanken stimmberechtigt. Sie üben ihr Stimmrecht auf Basis eines monatlichen Rotationssystems aus. Dafür werden die Euro-Länder gemäß ihrer Wirtschaftskraft und der Größe ihres Finanzsektors in zwei Gruppen eingeteilt: Die NZB-Präsidenten und Präsidentinnen (im folgenden NZB-Präsidenten/innen) der fünf größten Länder bilden die erste Gruppe mit vier Stimmrechten. Jedes Mitglied dieser Gruppe besitzt innerhalb von fünf Monaten also für einen Monat kein Stimmrecht. Die derzeit 15 NZB-Präsidenten/innen aller anderen Euro-Länder bilden die zweite Gruppe mit elf Stimmrechten. Auch in dieser Gruppe ändert sich monatlich die Liste der NZB-Präsidenten/innen, die dann für drei Monate am Stück kein Stimmrecht haben.

Ab 19 Euro-Ländern „rotieren" die Stimmrechte im EZB-Rat.

Bei einer Erweiterung des Euroraums auf mehr als 21 Staaten werden neben den sechs Mitgliedern des EZB-Direktoriums drei Gruppen gebildet. Die NZB-Präsidenten/innen der fünf größten Länder bilden weiterhin die erste Gruppe mit unverändert vier Stimmrechten. Die zweite Gruppe besteht aus den NZB-Präsidenten/innen der mittleren Euro-Länder. Diese Gruppe umfasst die Hälfte aller Euro-Länder und besitzt acht Stimmrechte. Die dritte Gruppe bilden schließlich die NZB-Präsidenten/innen der übrigen kleinsten Euro-Länder mit insgesamt drei Stimmrechten.

Aufgrund dieser Regelungen haben Präsidenten bzw. Präsidentinnen einiger nationalen Zentralbanken zeitweise kein Stimmrecht. Sie nehmen aber trotzdem an den Sitzungen des EZB-Rats teil und haben auch ein Rederecht. Abgestimmt wird mit einfacher Mehrheit. Bei Stimmengleichheit im EZB-Rat gibt die Stimme der EZB-Präsidentin bzw. des EZB-Präsidenten den Ausschlag.

Das EZB-Direktorium

Das Direktorium der EZB führt die laufenden Geschäfte der Europäischen Zentralbank, bereitet die Sitzungen des EZB-Rats vor und ist für die einheitliche Durchführung der Geldpolitik im Eurosystem gemäß den Leitlinien des EZB-Rats verantwortlich.

Neben EZB-Präsident/in und EZB-Vizepräsident/in besteht das Direktorium aus vier weiteren Mitgliedern. Sie werden auf Empfehlung des Rats der Ministerinnen und Minister für Wirtschaft und Finanzen (Ecofin-Rat) nach Anhörung des Europäischen Parlaments und des EZB-Rats vom Europäischen Rat mit qualifizierter Mehrheit ernannt.

Der Euro und das Eurosystem

Rotationsprinzip im EZB-Rat bei 19-21 Mitgliedstaaten

(Beispiel hier mit 20 Mitgliedstaaten)

Rotationsprinzip im EZB-Rat ab 22 Mitgliedstaaten

(Beispiel hier mit 27 Mitgliedstaaten)

Die Direktoriumsmitglieder sollen in Währungs- und Bankfragen anerkannte und erfahrene Persönlichkeiten sein. Der EZB-Präsident bzw. die EZB-Präsidentin repräsentiert die EZB und das Eurosystem und erläutert nach den geldpolitischen Sitzungen des EZB-Rates der Öffentlichkeit auf einer Pressekonferenz die Beschlüsse.

Der Erweiterte Rat

Solange nicht alle Staaten der Europäischen Union den Euro als gemeinsame Währung eingeführt haben, gibt es neben dem EZB-Rat noch den „Erweiterten Rat". Ihm gehören der/die EZB-Präsident/in, der/die EZB-Vizepräsident/in sowie die Präsidenten und Präsidentinnen der nationalen Zentralbanken aller EU-Staaten an. Der Erweiterte Rat ist das Bindeglied zu den Zentralbanken der EU-Staaten, die nicht dem Euro-Währungsgebiet angehören. Geldpolitische Befugnisse hat er nicht. Doch leistet der Erweiterte Rat in Fragen der Erweiterung des Euroraums sowie der Harmonisierung der Statistiken wichtige Vorarbeiten.

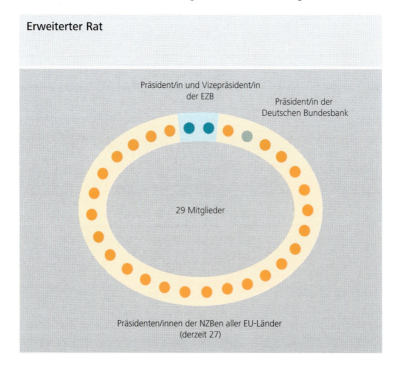

4.2.2 Die Deutsche Bundesbank im Eurosystem und im ESZB

Die Deutsche Bundesbank ist als deutsche Zentralbank mit den anderen NZBen Teil des Eurosystems sowie des ESZB. Sie bringt in Deutschland das Euro-Bargeld in Umlauf, ist an der Bankenaufsicht beteiligt, arbeitet für ein stabiles Finanz- und Währungssystem und sorgt für einen reibungslosen bargeldlosen Zahlungsverkehr. Sie be-

> *Die Deutsche Bundesbank ist Teil des Eurosystems und des ESZB.*

treibt umfangreiche ökonomische Forschung und erstellt Statistiken, die der Öffentlichkeit zur Verfügung gestellt werden.

Darüber hinaus verwaltet die Bundesbank die deutschen Währungsreserven, berät die Regierung in währungspolitischen Fragen und übernimmt als „Hausbank" des Staates für die öffentlichen Haushalte Kontoführung und Abwicklung ihres Geld- und Wertpapierverkehrs. Sie vertritt die deutschen Interessen in zahlreichen internationalen Gremien, darunter beispielsweise im Internationalen Währungsfonds (IWF).

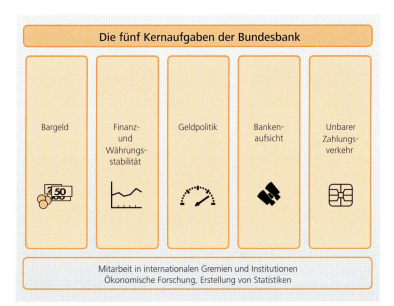

4.3 Der Ordnungsrahmen für eine stabile Währung

Mit der gemeinsamen Währung wurde zwar eine einheitliche Geldpolitik eingeführt, die übrigen Politikbereiche verblieben aber weiterhin in nationaler Verantwortung jedes Euro-Staates. Nun bedeutet eine gemeinsame europäische Geldpolitik aus Sicht eines einzelnen Euro-Landes, dass die Zentralbank geldpolitisch nicht mehr auf ökonomische Schocks reagieren kann, die nur dieses Land treffen. Die Möglichkeit, die eigene Währung im Falle eines Wirtschaftsabschwungs abzuwerten, indem etwa die Geldpolitik sehr locker ausgestaltet wird, entfällt also in einer Währungsunion.

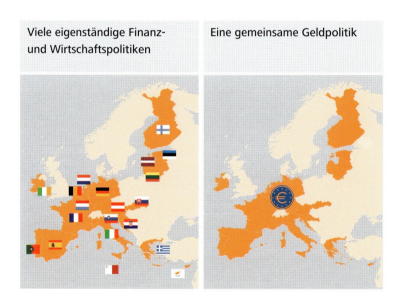

Es war deshalb bei der Gründung der Währungsunion klar, dass alle Euro-Mitgliedstaaten ihre Wirtschafts- und Finanzpolitiken stabilitätsgerecht ausrichten müssen. Und auch die Lohnpolitik der Tarifparteien muss den geänderten Rahmenbedingungen in der Währungsunion Rechnung tragen. Sonst läuft die wirtschaftliche Entwicklung in den Euro-Ländern im Laufe der Zeit auseinander und es kommt zu Konflikten im gemeinsamen Währungsraum – sowohl zwischen den Politikbereichen als auch zwischen den Ländern.

Um dem entgegenzuwirken, soll ein gemeinsamer Ordnungsrahmen aus rechtlichen Vorschriften und Festlegungen die nationalen Wirtschafts- und Finanzpolitiken leiten und koordinieren.

4.3.1 Unabhängigkeit der Zentralbank

Für eine erfolgreiche Stabilitätspolitik braucht eine Zentralbank neben einem klaren Gesetzesauftrag vor allem politische Unabhängigkeit. Sie muss über den Einsatz ihrer geldpolitischen Instrumente frei entscheiden können und darf zu nichts gezwungen werden, was ihrem Auftrag entgegensteht.

> **Art. 130 AEU-Vertrag**
>
> *Bei der Wahrnehmung der ihnen (...) übertragenen Befugnisse, Aufgaben und Pflichten darf weder die Europäische Zentralbank noch eine nationale Zentralbank noch ein Mitglied ihrer Beschlussorgane Weisungen von Organen, Einrichtungen oder sonstigen Stellen der Union, Regierungen der Mitgliedstaaten oder anderen Stellen einholen oder entgegennehmen. Die Organe, Einrichtungen oder sonstigen Stellen der Union sowie die Regierungen der Mitgliedstaaten verpflichten sich, diesen Grundsatz zu beachten und nicht zu versuchen, die Mitglieder der Beschlussorgane der Europäischen Zentralbank oder der nationalen Zentralbanken bei der Wahrnehmung ihrer Aufgaben zu beeinflussen.*

Unabhängige Zentralbanken sind besser in der Lage, den Geldwert zu sichern, weil sie nicht den kurzfristigen Handlungszwängen und wahltaktischen Überlegungen von Regierungen unterliegen.

Die Unabhängigkeit ist in Artikel 130 des Vertrags über die Arbeitsweise der Europäischen Union (AEU-Vertrag) verankert. Der Vertrag und das Statut des ESZB können nicht durch ein einfaches nationales Gesetz geändert werden.

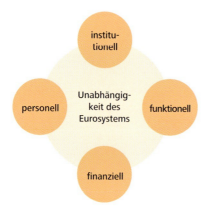

Hierfür wäre die Zustimmung aller EU-Länder nötig. Die Unabhängigkeit beschränkt sich dabei nicht nur auf die EZB. Auch die NZBen mussten spätestens bei der Einführung des Euro in die Unabhängigkeit entlassen worden sein (rechtliche Konvergenz).

Die Unabhängigkeit des Eurosystems ist in mehrfacher Hinsicht gewährleistet: institutionell, funktionell, personell und finanziell. Sie ist **institutionell** dadurch gesichert, dass es nationalen und supranationalen Stellen – wie z. B. der EU-Kommission – verboten ist, der EZB oder den nationalen Zentralbanken Weisungen zu erteilen – selbst der Versuch der Beeinflussung ist untersagt.

Das Eurosystem ist **funktionell** unabhängig, weil es selbst verantwortlich ist für die Wahl seiner Strategien und Maßnahmen, um Preisstabilität zu erreichen. Diese Autonomie darf auch nicht durch eine irgendwie geartete Verpflichtung zur Kreditgewährung an den Staat unterlaufen werden. Den nationalen Zentralbanken ist die Vergabe von Krediten an die Europäische Union, an die nationalen Regierungen und sonstige Einrichtungen des öffentlichen Rechts ebenso verboten wie der unmittelbare Erwerb von Schuldtiteln öffentlicher Stellen. Dieses Verbot der „monetären Staatsfinanzierung" ist in Artikel 123 des AEU-Vertrags festgeschrieben.

Hinsichtlich der funktionellen Unabhängigkeit besteht allerdings eine Einschränkung: Der Ecofin-Rat kann förmliche Vereinbarungen über das Wechselkurssystem treffen. Entsprechende Beschlüsse bedürfen einer vorherigen Empfehlung der EU-Kommission oder der EZB und dürfen das vorrangige Ziel der Preisstabilität nicht gefährden.

Zur **personellen** Unabhängigkeit trägt die lange Amtszeit der Mitglieder des EZB-Rats sowie deren Schutz vor willkürlicher, vorzeitiger Amtsenthebung bei: So werden die Mitglieder des EZB-Direktoriums einmalig auf acht Jahre

> **Art. 123 AEU-Vertrag**
>
> *(1) Überziehungs- oder andere Kreditfazilitäten bei der Europäischen Zentralbank oder den Zentralbanken der Mitgliedstaaten (...) für Organe, Einrichtungen oder sonstige Stellen der Union, Zentralregierungen, (...) sonstige Einrichtungen des öffentlichen Rechts oder öffentliche Unternehmen der Mitgliedstaaten sind ebenso verboten wie der unmittelbare Erwerb von Schuldtiteln von diesen durch die Europäische Zentralbank oder die nationalen Zentralbanken.*

ernannt, wobei eine Wiederernennung nicht zulässig ist. Das stellt sicher, dass sie ihre Entscheidungen nicht an etwaigen Chancen ausrichten, für eine zweite Amtszeit ernannt zu werden. Von der regulären Vertragsdauer von acht Jahren wurde lediglich bei der Gründung der EZB abgewichen, um zu vermeiden, dass nach acht Jahren alle Verträge gleichzeitig auslaufen.

Die Präsidenten und Präsidentinnen der nationalen Zentralbanken haben eine Amtszeit von mindestens fünf Jahren. Sie können wiederernannt werden.

Darüber hinaus ist das Eurosystem auch **finanziell** unabhängig. Die Zentralbanken können frei und unabhängig über ihre finanziellen Mittel verfügen. Eine Übertragung dieser Verantwortung auf nationale Regierungen oder Parlamente ist verboten. Die unabhängigen nationalen Zentralbanken sind zudem die alleinigen Kapitalzeichner der EZB.

Unabhängigkeit bedingt Rechenschaftspflicht

Die Unabhängigkeit des Eurosystems soll sicherstellen, dass die Geldpolitik stabilitätsorientiert handeln kann. Zugleich muss sich das Eurosystem auf diesen Auftrag beschränken – es darf also keine anderen politischen Ziele verfolgen, für die per Gesetz die gewählten Parlamente zuständig sind. Gerade weil die Zentralbanken des Eurosystems politisch unabhängig sind, sind sie zur Offenheit verpflichtet: Sie müssen über ihre Entscheidungen und den Erfolg ihrer

Maßnahmen öffentlich Rechenschaft ablegen. Hierzu berichtet die EZB dem Europäischen Parlament, der Europäischen Kommission und dem Europäischen Rat über die Geld- und Währungspolitik sowie die übrigen Tätigkeiten des Eurosystems. Außerdem muss die EZB mindestens vierteljährlich einen Bericht über ihre Tätigkeiten veröffentlichen. Sie kommt dieser Verpflichtung durch ihre alle sechs Wochen erscheinenden Wirtschaftsberichte nach. Die EZB-Präsidentin oder der EZB-Präsident steht den Medien nach den geldpolitischen Sitzungen des EZB-Rats auf einer Pressekonferenz Rede und Antwort. Seit Anfang 2015 veröffentlicht der EZB-Rat außerdem Zusammenfassungen der geldpolitischen Diskussion der EZB-Ratsmitglieder. Abgesehen von dieser Verpflichtung zur Rechenschaft liegt es ohnehin im Interesse des Eurosystems, der Öffentlichkeit seine Ziele und Maßnahmen verständlich zu machen, um so Glaubwürdigkeit und Unterstützung zu gewinnen und zu bewahren.

4.3.2 Gegenseitiger Haftungsausschluss

Eine Eigenverantwortung der nationalen Finanzpolitik bedeutet in der Währungsunion auch, dass ein Land für die von ihm aufgenommenen staatlichen Schulden alleine geradestehen muss. Deshalb legt Artikel 125 des AEU-Vertrags einen gegenseitigen Haftungsausschluss fest: Weder die Gemeinschaft (EU), noch die Mitgliedstaaten haften für die Schulden eines Mitglieds. In der Fachsprache ist von der „No Bail-out"-Regel die Rede oder dem Verbot eines „Bail-out", also dem Verbot, einem Schuldnerland seine Schulden abzunehmen. Dieses Verbot soll jeden Mitgliedstaat dazu bringen, solide mit seinen Finanzen umzugehen.

> *Kein Mitgliedsland des Euroraums haftet für die Schulden eines anderen („No Bail-out").*

Dieser Haftungsausschluss soll auch bewirken, dass bei einer Geldanlage an den Finanzmärkten die Staatsschulden eines Landes allein nach der Finanzkraft des betreffenden Landes beurteilt werden. Davon wiederum sollte eine disziplinierende Wirkung auf die nationale Politik ausgehen:

> **Art. 125 AEU-Vertrag**
>
> *(1) Die Union haftet nicht für die Verbindlichkeiten der Zentralregierungen (…) oder anderen öffentlich-rechtlichen Körperschaften (…) und tritt nicht für derartige Verbindlichkeiten ein; (…) Ein Mitgliedstaat haftet nicht für die Verbindlichkeiten der Zentralregierungen (…) oder anderen öffentlich-rechtlichen Körperschaften (…) und tritt nicht für derartige Verbindlichkeiten ein; (…).*

Denn kommen die Anleger zu der Einschätzung, dass ein Staat übermäßig viele Schulden macht, sehen sie erhöhte Risiken für die pünktliche Bedienung der Staatsschulden mit Zins und Tilgung. Wegen des erhöhten Risikos gewähren sie diesem Staat dann neue Kredite nur zu höheren Zinsen. Für den Staat verteuert sich also die Kreditaufnahme. Diese „finanzielle Sanktion" sollte dazu führen, weniger Schulden zu machen und damit den Staatshaushalt in der Tendenz wieder ins Lot zu bringen.

4.3.3 Der Stabilitäts- und Wachstumspakt

Solide Staatsfinanzen sind wichtig für eine stabilitätsorientierte Geldpolitik. Denn wenn Zweifel an der Tragfähigkeit der öffentlichen Finanzen bestehen, droht die Geldpolitik unter Druck zu geraten, die übermäßige Verschuldung über die Notenpresse zu finanzieren. In einer Währungsunion aus souveränen Staaten ist der Anreiz eines Euro-Staates, auf solide Staatsfinanzen zu achten, kleiner. Denn wenn sich ein einzelner Staat übermäßig verschuldet, fällt die notwendige geldpolitische Reaktion (Zinserhöhung) für die gesamte Währungsunion geringer aus als im Falle einer nationalen Währung. Andererseits sind alle anderen Mitgliedstaaten von den Auswirkungen einer übermäßigen Verschuldung und der geldpolitischen Reaktion darauf auch betroffen. Daher sind solide Staatsfinanzen in der Währungsunion nötig.

Um auf solide Staatsfinanzen hinzuwirken, wurde im Vertrag über die Europäische Union ein fiskalisches Regelwerk vereinbart. Der Stabilitäts- und Wachstumspakt (SWP) konkretisiert die darin enthaltenen Vorgaben. Er wurde 1997 beschlossen und ist seither mehrfach überarbeitet und ergänzt worden.

Der SWP enthält zum einen das Ziel eines nahezu ausgeglichenen strukturellen Haushalts (präventiver Teil). Das heißt, der um konjunkturelle und vorübergehende Einflüsse bereinigte Saldo des nationalen Haushaltes soll nahe Null sein. Ist dieses Haushaltsziel noch nicht erreicht, soll sich der strukturelle Saldo diesem Ziel annähern. Wenn sich die Mitgliedstaaten über einen längeren Zeitraum nicht an diese Vorgaben halten, können Sanktionen verhängt werden.

> *Im Stabilitäts- und Wachstumspakt verpflichten sich die Euro-Länder zu einer soliden Haushaltsführung.*

Zum anderen gibt der SWP im korrektiven Teil vor, wie zu verfahren ist, wenn die sogenannten Referenzwerte verletzt werden. Der Referenzwert für das Haushaltsdefizit eines Staates liegt bei 3 % des BIP und der für die Verschuldung bei 60 % des BIP. Der Referenzwert für die Verschuldung gilt aber auch bei Schuldenquoten über 60 % als eingehalten, wenn sich die Schuldenquote der 60-%-Grenze rasch genug annähert.

Werden diese Referenzwerte verletzt, ist im Regelfall ein „Verfahren bei einem übermäßigen Defizit" einzuleiten. Dabei werden Vorgaben für die Korrektur gemacht. Insbesondere wird bestimmt, wann der Referenzwert wieder einzuhalten ist. Bei anhaltender Zielverletzung können finanzielle Sanktionen verhängt werden. Wie auch im präventiven Teil, sollen drohende Sanktionen einen Anreiz erzeugen, den Vorgaben Folge zu leisten.

Überprüft wird die Einhaltung dieser Fiskalregeln im Rahmen des Europäischen Semesters (s.u.) durch die Europäische Kommission. Dazu betrachtet sie die Ergebnisse abgelaufener Jahre. Zudem analysiert sie die mittelfristigen Pläne (Stabilitätsprogramme) der nationalen Regierungen sowie deren Haushaltsplanung für das kommende Jahr. Die Kommission hat zwar eine starke Rolle bei der Haushaltsüberwachung. Die endgültige Entscheidung über Verfahrensschritte und Sanktionen liegt jedoch beim Rat der Europäischen Union (in der Regel beim Ecofin).

Die zentralen Vorgaben des präventiven und korrektiven Teils des SWP sind im Prinzip geeignet, auf tragfähige Staatsfinanzen im Euroraum hinzuwirken. Bei nahezu ausgeglichenen strukturellen Salden würden hohe Schuldenquoten in der Regel rasch sinken und es würde eine solide Position erreicht. Im Falle von Verfehlungen würde der grundsätzlich empfohlene fiskalpolitische Kurs dazu führen, dass das Ziel zügig wieder eingehalten wird.

Der Stabilitäts- und Wachstumspakt ist nur wirksam, wenn er konsequent umgesetzt wird.

Tatsächlich haben die Regeln aber nur eine geringe Bindungswirkung. Die Referenzwerte für das Defizit und die Verschuldung wurden seit Beginn der Währungsunion häufig verletzt. Ein annähernd ausgeglichener struktureller Saldo wurde in den Mitgliedsländern nur selten erreicht. Dies liegt an der grundsätzlich zu beobachtenden Verschuldungsneigung der Politik.

Die zahlreichen Ausnahmen, die erhebliche Komplexität und vor allem die Ermessensspielräume in den Bestimmungen haben das Verfehlen erleichtert. So hat die Kommission selbst bei sehr hohen und weiter steigenden Schuldenquoten noch nie Sanktionen verhängt. Außerdem liegen die endgültigen Entscheidungen beim Rat der Europäischen Union. Das heißt bildlich gesprochen: „Sünder richten über Sünder". Denn die darin vertretenen Ministerinnen und Minister könnten jederzeit selber mit den Vorgaben des SWP in Konflikt geraten und von Sanktionen betroffen sein. Dies zeigt, dass Fiskalregeln alleine nicht ausreichen, um solide Staatsfinanzen in der Währungsunion abzusichern. Umso wichtiger ist es, dass über andere Kanäle Anreize zu soliden Staatsfinanzen geschaffen werden. Dabei kommt vor allem den Finanzmärkten eine wichtige Rolle zu, der Verschuldungsneigung der Mitgliedstaaten Grenzen zu setzen. Das gelingt aber nur dann, wenn gewährleistet ist, dass Mitgliedstaaten mit hoher und weiter steigender Verschuldung höhere Zinsen zahlen müssen als die Mitgliedsländer, die den SWP einhalten.

4.3.4 Der Fiskalpakt

Die geringe Bindungswirkung des Stabilitäts- und Wachstumspaktes hat mit dazu beigetragen, dass im Zuge der Finanzkrise Zweifel an der Tragfähigkeit der öffentlichen Finanzen einiger Mitgliedstaaten aufkamen. Die Finanzkrise mündete schließlich in eine Staatsschuldenkrise im Euroraum. In deren Verlauf wurden zunächst temporäre Rettungsmechanismen zur Unterstützung einzelner Euro-Staaten geschaffen. Später wurde der dauerhafte europäische Stabilitätsmechanismus ESM gegründet. Im Gegenzug zu der damit verbundenen Ausweitung der gemeinschaftlichen Haftung innerhalb des Euroraums sollten die Fiskalregeln gestärkt werden. Mit diesem Ziel wurde der sogenannte Fiskalpakt (Vertrag über Stabilität, Koordinierung und Steuerung in der Wirtschafts- und Währungsunion) als zwischenstaatliches Abkommen ins Leben gerufen.

Die Regierungen von 25 der damals 27 EU-Länder einigten sich auf den Fiskalpakt. Dieser sollte die Eigenverantwortung der Mitgliedstaaten für die Einhaltung der gemeinsamen Fiskalregeln stärken. Der Fiskalpakt trat Anfang 2013 in Kraft. Er ergänzt den reformierten Stabilitäts- und Wachstumspakt. Da Großbritannien und Tschechien ihre Teilnahme ablehnten, ist der Fiskalpakt keine Ergänzung des AEU-Vertrags, sondern ein zwischenstaatliches Abkommen.

Der Großteil der EU-Staaten hat eine „Schuldenbremse" vereinbart.

Mit dem Fiskalpakt verpflichtete sich jedes teilnehmende Land, die europäischen Regeln zum strukturell ausgeglichenen Haushalt in seinem nationalen Recht zu verankern. Darin ist auch festzulegen, dass automatisch ein Korrekturmechanismus eingeleitet wird, wenn die Vorgaben verfehlt werden (sogenannte Schuldenbremse). Außerdem sollen auf der nationalen Ebene unabhängige Einrichtungen (sogenannte Fiskalräte) überwachen, ob die Regeln eingehalten werden. Darüber hinaus wurde im Rahmen des Fiskalpakts vereinbart, dass ein Defizitverfahren im SWP nur noch durch eine Zweidrittel-Mehrheit im Rat gestoppt werden kann.

Im Februar 2017 bestätigte die Kommission allen teilnehmenden Mitgliedstaaten, die Anforderungen des Fiskalpakts erfüllt zu haben. Dies ist eine Voraussetzung dafür, dass ein Land überhaupt Finanzhilfen des ESM beantragen kann.

4.3.5 Das Europäische Semester

Das Europäische Semester regelt den Planungs- und Berichtszyklus zur wirtschaftspolitischen Steuerung und Haushaltsüberwachung. Innerhalb dieser Zyklen werden die nationalen wirtschaftspolitischen Entwicklungen sowie die Reform- und Stabilitätsprogramme der Mitgliedstaaten koordiniert und abgestimmt. Darüber hinaus erhalten die Mitgliedstaaten im Vorfeld ihrer nationalen Haushaltsverfahren politische Leitlinien und länderspezifische Empfehlungen.

Das Europäische Semester soll erstens dazu beitragen, eine übermäßige Staatsverschuldung zu vermeiden. Dazu prüft die Kommission, ob die Haushaltsplanungen im Einklang mit dem SWP stehen. Hierfür reichen die Mitgliedstaaten jeweils bis Mitte Oktober ihre Haushaltspläne für das darauffolgende Jahr ein. Im April legen die Euro-Länder ihre nationalen Stabilitätsprogramme und die Nicht-Euro-Länder (mit Ausnahme von Dänemark) ihre nationalen Konvergenzprogramme vor. Darin erläutern sie ihre mittelfristige Haushaltsplanung.

Das Europäische Semester soll übermäßige Staatsverschuldung vermeiden.

Um wirtschaftspolitische Fehlentwicklungen zu vermeiden, enthält das Europäische Semester zweitens ein Verfahren, mit dem gesamtwirtschaftliche Ungleichgewichte frühzeitig erkannt werden sollen (Macroeconomic Imbalance Procedure, MIP).

Drittens soll das Europäische Semester der ganzjährigen Koordinierung der Wirtschaftspolitik dienen, um wirtschaftlichen Herausforderungen, die die ganze EU betreffen, möglichst gemeinsam zu begegnen. Hierfür legen die Mitgliedstaaten jeweils im April ihre nationalen Reformprogramme vor. Diese enthalten geplante strukturelle Reformen zur Förderung von Wachstum und Beschäftigung. Die Kommission bewertet die nationalen Reformprogramme und erarbeitet länderspezifische Empfehlungen, die vom Rat verabschiedet werden.

4.3.6 Der europäische Stabilitätsmechanismus (ESM)

Im Zuge der Staatsschuldenkrise beschloss der Europäische Rat, einen permanenten Stabilitätsmechanismus einzurichten. Dem hierfür gegründeten Europäischen Stabilitätsmechanismus (ESM) gehören alle 20 Euro-Länder an. Im Oktober 2012 nahm er seine Arbeit auf.

Der ESM steht bereit, die Finanzstabilität des Euroraums insgesamt und seiner Mitgliedstaaten zu sichern. Dazu kann er im Krisenfall Finanzhilfen an Euro-Länder vergeben, die schwerwiegende Finanzierungsprobleme haben oder denen solche drohen.

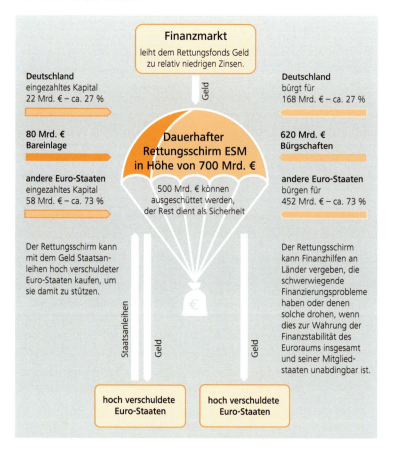

Um den gegenseitigen Haftungsausschluss zu wahren, ist die Kreditvergabe an bestimmte Voraussetzungen geknüpft. Erstens muss mit dem betroffenen Land ein Anpassungsprogramm vereinbart werden. Die darin enthaltenen Reformen sollen geeignet sein, die aufgetretenen Probleme zu beheben. Zweitens dürfen die Finanzhilfen nur an Staaten vergeben werden, deren Staatsverschuldung grundsätzlich tragfähig ist. Sofern dies nicht der Fall ist, muss die Tragfähigkeit zuvor durch eine angemessene Beteiligung des Privatsektors wiederhergestellt werden (Schuldenschnitt).

Drittens einigten sich alle am ESM teilnehmenden Länder darauf, Umschuldungsklauseln („Collective Action Clauses") in ihre Staatsanleihebedingungen mit einer Laufzeit von mehr als einem Jahr aufzunehmen. Im Falle eines staatlichen Zahlungsausfalls erleichtern diese Klauseln die Einigung über die Umschuldung der staatlichen Verbindlichkeiten – wie etwa einen Schuldenschnitt. Dies entspricht dem Ordnungsrahmen der Währungsunion demzufolge ein staatlicher Zahlungsausfall im Prinzip auch für die Mitgliedsländer der Währungsunion möglich ist und staatliche Tragfähigkeitsprobleme nicht durch den ESM oder andere Mitgliedstaaten übernommen werden.

Der ESM wurde als „permanenter Rettungsschirm" eingerichtet.

Dem ESM stehen für Finanzhilfen an die Mitgliedstaaten insgesamt 500 Milliarden Euro zur Verfügung. Er beschafft sich diese Mittel größtenteils über die Ausgabe von Anleihen am Kapitalmarkt. Damit sich der ESM zu günstigen Konditionen verschulden kann, ist das von den Mitgliedstaaten gezeichnete Stammkapital höher als das maximale Ausleihvolumen (Überzeichnung). Das Stammkapital beträgt 700 Milliarden Euro. Davon haben die Euro-Länder insgesamt 80 Milliarden Euro in bar eingezahlt. Die restlichen 620 Milliarden Euro können bedarfsweise abgerufen werden. Deutschland ist am Stammkapital des ESM mit rund 27 % beteiligt. Das Haftungsrisiko Deutschlands entspricht somit rund 190 Milliarden Euro.

Bisher nahmen Griechenland, Zypern und Spanien ESM-Hilfen in Anspruch. Griechenland, Portugal und Irland erhielten zudem Hilfskredite aus den vorangegangenen temporären Rettungsmechanismen.

Der Euro und das Eurosystem

Am 27. Januar 2021 haben die Mitglieder des ESM eine Reform des Stabilitätsmechanismus beschlossen. Diese tritt in Kraft sobald das entsprechende ESM-Änderungsabkommen durch alle Mitgliedstaaten ratifiziert wurde.

Die beschlossene Reform zielt darauf ab, den ESM als Krisenbewältigungsinstrument fortzuentwickeln, um Gefahren für die Stabilität des Euro-Währungsgebiets insgesamt und seiner einzelnen Mitgliedstaaten effektiver abwenden zu können. Wesentliche Elemente sind eine Reform der vorsorglichen Kreditlinien des ESM sowie der Umschuldungsklauseln in künftigen Staatsanleihebedingungen, die Einführung des ESM als Letztsicherung für den Einheitlichen Abwicklungsfonds (SRF) sowie eine stärkere Rolle des ESM in der Krisenvorsorge und bei der Gestaltung und Überwachung künftiger Hilfsprogramme.

Was ist neu an dem geänderten ESM-Vertrag?

4.4 Die Europäische Bankenunion für stabile Finanzmärkte

In Reaktion auf die Finanz- und Wirtschaftskrise hat die EU die gesetzlichen Grundlagen für eine „Bankenunion" geschaffen, ein Gefüge neuer europäischer Institutionen. Die Bankenunion umfasst neben dem Einheitlichen Aufsichtsmechanismus auch einen Einheitlichen Abwicklungsmechanismus sowie ein gemeinsames System der Einlagensicherung. Alle Euro-Länder nehmen an der Bankenunion teil. Weitere EU-Länder können freiwillig beitreten.

Die Bankenunion besteht aus drei Säulen.

Die Bankenunion soll die Aufsicht über die Banken in den teilnehmenden Staaten vereinheitlichen und verbessern, die Finanzstabilität im Euroraum erhöhen und die enge Verknüpfung der Verschuldung von Finanzsektor und Staaten lockern.

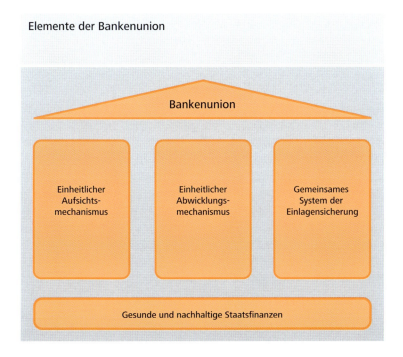

Elemente der Bankenunion

4.4.1 Der Einheitliche Aufsichtsmechanismus

Der Einheitliche Aufsichtsmechanismus (Single Supervisory Mechanism, SSM) hat einen neuen Rahmen für die Bankenaufsicht in Europa geschaffen. Hauptzweck ist, die Sicherheit und Solidität des europäischen Bankensystems zu gewährleisten sowie die Finanzintegration und -stabilität in Europa zu stärken. Verflechtungen zwischen Banken und Staaten sollen reduziert, Einleger und Gläubiger der Finanzinstitute vor Verlusten geschützt sowie das Vertrauen der Bürgerinnen und Bürger in den europäischen Bankensektor gestärkt werden.

Der SSM nahm am 4. November 2014 seine Arbeit auf. Als unabhängiges Organ der EU nimmt die EZB die Bankenaufsicht aus europäischer Perspektive wahr, indem sie einen gemeinsamen Ansatz für die laufende Aufsicht entwickelt, vereinheitlichte Aufsichts- und Korrekturmaßnahmen ergreift und die konsequente Anwendung der Verordnungen und Aufsichtspolitik sicherstellt.

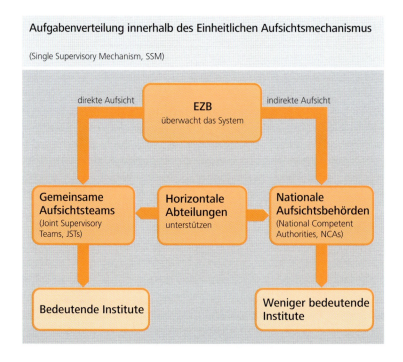

Die EZB ist gemeinsam mit den nationalen Aufsichtsbehörden dafür verantwortlich, dass die europäische Bankenaufsicht wirksam und reibungslos funktioniert.

Damit die Trennung zwischen den aufsichtsrechtlichen und geldpolitischen Funktionen der EZB sichergestellt ist, wurden neue Gremien geschaffen. Höchstes Entscheidungsgremium des SSM ist das Aufsichtsgremium (Supervisory Board), dem hochrangige Vertreter und Vertreterinnen der EZB und der nationalen Aufsichtsbehörden angehören. Das Aufsichtsgremium bereitet die Entscheidungen des EZB-Rats vor, der letztlich alle Entscheidungen genehmigen muss.

Das Aufsichtsgremium unterbreitet dem EZB-Rat Beschlussentwürfe, die dieser nicht verändern kann. Er kann ihnen nur zustimmen oder sie an das Aufsichtsgremium zurückgeben. Der oder die Vorsitzende des Supervisory Board wird von den teilnehmenden Mitgliedstaaten für eine einmalige Amtszeit bestellt. Die Stellvertretung wird von einem Mitglied des EZB-Direktoriums wahrgenommen. Weitere Mitglieder im Aufsichtsgremium kommen von der EZB (insgesamt vier) sowie aus den nationalen Aufsichtsbehörden der Mitgliedstaaten (jeweils eins). Für Deutschland stellt die Bundesanstalt für Finanzdienstleistungsaufsicht (BaFin) ein Mitglied, das einen Vertreter oder eine Vertreterin der Bundesbank zu den Sitzungen mitbringen kann. Das Gremium wird von einem Lenkungsausschuss unterstützt, in dem die Mitglieder des Aufsichtsgremiums in kleinerer Zusammensetzung Sitzungen und Beschlüsse vorbereiten.

Aufgaben der EZB im Bereich der Bankenaufsicht übernimmt das Aufsichtsgremium.

Die EZB ist für die direkte Aufsicht über aktuell 115 bedeutende Banken in den teilnehmenden Mitgliedstaaten zuständig. Auf diese Banken entfallen mehr als 80 % der Bankaktiva in den teilnehmenden Mitgliedstaaten. Die Entscheidung, ob eine Bank als „bedeutend" eingestuft wird, richtet sich nach ihrer Größe (Gesamtaktiva von mehr als 30 Milliarden Euro oder über 20% des BIP, jedoch nicht unter 5 Milliarden Euro) oder ihrer Bedeutung für die Wirtschaft des Landes, in dem sie ansässig ist. In jedem teilnehmenden Mitgliedstaat unterliegen zumindest die drei bedeutendsten Banken ungeachtet ihrer absoluten Größe der direkten Aufsicht durch die EZB.

Zur laufenden Beaufsichtigung der bedeutenden Banken bildet die EZB gemeinsame Aufsichtsteams (Joint Supervisory Teams, JSTs), die aus Mitarbeiterinnen und Mitarbeitern der EZB und der nationalen Aufsichtsbehörden, wie der Bundesbank, bestehen. Für jede bedeutende Bank gibt es ein eigenes JST. Die Aufsicht über die weniger bedeutenden Banken liegt bei den nationalen Aufsichtsbehörden. Im Euroraum gibt es aktuell ungefähr 2.500 weniger bedeutende Banken. Darunter sind rund 1.600 Banken in Deutschland. Sie werden gemeinsam von der Bundesanstalt für Finanzdienstleistungsaufsicht (BaFin) und der Bundesbank beaufsichtigt.

Die EZB arbeitet in der Bankenaufsicht eng mit den nationalen Aufsichtsbehörden zusammen.

Die Bundesbank verantwortet dabei die laufende Aufsicht und prüft die Banken vor Ort. Sie nimmt dort die Unternehmensführung und die Risikosteuerung unter die Lupe und kontrolliert die Einhaltung der Regeln zu Eigenkapital und Liquidität. Neben der laufenden Aufsicht beteiligt sich die Bundesbank auch an der Weiterentwicklung bankenaufsichtlicher Vorschriften, insbesondere im internationalen „Baseler Ausschuss für Bankenaufsicht".

Die Bankenaufsicht setzt quantitative Rahmenbedingungen, welche von ihr überprüft werden.

Die Bankenaufsicht greift nicht direkt in einzelne Geschäfte der Banken ein. Sie setzt vielmehr quantitative Rahmenvorschriften, u. a. durch Vorgaben für die Mindestausstattung mit Eigenkapital. Damit die Aufsichtsbehörden die Einhaltung dieser Vorschriften prüfen können, müssen ihnen die Banken hierüber regelmäßig Meldungen erstatten. Neben den quantitativen Vorgaben müssen die Banken qualitative Anforderungen insbesondere an ihre Organisation und Steuerung erfüllen. Ergänzt wird die staatliche Aufsicht durch die Kontrolle anderer Marktteilnehmer, beispielsweise durch Bankenverbände oder Ratingagenturen, und durch die Offenlegung der Bilanzen gegenüber anderen Marktteilnehmern.

Baseler Eigenkapital- und Liquiditätsregeln (Basel III)

Im Baseler Ausschuss für Bankenaufsicht arbeiten Zentralbanken und Bankenaufsichtsbehörden der wichtigsten Industrie- und Schwellenländer – darunter die Deutsche Bundesbank – zusammen. Im Jahre 2007 trat auf Initiative des Ausschusses „Basel II" in Kraft. Dieses Regelwerk schreibt den Banken eine Mindestausstattung an Eigenkapital vor.

Zudem verlangt das Regelwerk, dass die Banken ausreichend Kapital vorhalten, um die Verluste aus den eingegangenen Risiken decken zu können, und es definiert bestimmte Offenlegungspflichten.

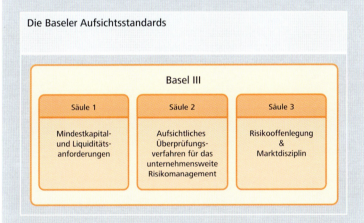

Die Baseler Aufsichtsstandards

Als Reaktion auf die Finanzkrise wurden viele Regulierungen verschärft oder neu entwickelt. 2010 beschloss der Baseler Ausschuss strengere Vorschriften. Das Regelwerk „Basel III" schreibt die Basel-II-Vorschriften fort, indem den Banken unter anderem vorgeschrieben wird, mehr und qualitativ höherwertiges Kapital vorzuhalten. Banken sollen deutlich besser in der Lage sein, mögliche Verluste – zum Beispiel aus Kreditausfällen – zu verkraften. Weitere Vorschriften betreffen die Liquiditätsausstattung der Banken, die Mindestgröße des Verhältnisses von Eigen- und Fremdkapital (Leverage Ratio) und einen antizyklischen

> Kapitalpuffer, den die Aufsichtsbehörden bei Bedarf zur Verbesserung der Finanzstabilität einsetzen können. Die Basel-III-Vorschriften sind wesentliche Bestandteile eines Richtlinien- und Verordnungspaketes der Europäischen Union, das unter "CRD/CRR" bekannt ist (Capital Requirements Directive/Capital Requirements Regulation). Sie sind auch Grundlage für die Bankenaufsicht in Europa.

4.4.2 Der Einheitliche Abwicklungsmechanismus

Im Jahr 2016 wurde mit dem einheitlichen Abwicklungsmechanismus (Single Resolution Mechanism, SRM) die zweite Säule der Bankenunion geschaffen. Der SRM schafft einen Rahmen für die geordnete Abwicklung von Banken, die in Schieflage geraten sind. Dies soll geordnete Marktaustritte von Banken ohne Gefährdung der Finanzstabilität ermöglichen und damit dem marktwirtschaftlichen Prinzip der Haftung für eigene Verluste auch bei Banken Geltung verschaffen.

Der Einheitliche Abwicklungsmechanismus trat 2016 in Kraft.

Denn in der Finanzkrise 2007/2008 bewahrte die Politik zahlreiche Banken mit Hilfe von Steuergeldern vor der Insolvenz, weil befürchtet wurde, dass ein ungeordneter Zusammenbruch die Finanzstabilität gefährden könnte. Die Eigentümer und Gläubiger dieser Banken wurden damit aber teilweise oder ganz von Verlusten verschont, das Haftungsprinzip somit verletzt.

Der SRM findet grundsätzlich auf alle Banken Anwendung, die auch vom SSM umfasst sind. Zwei Elemente kennzeichnen den institutionellen Aufbau des SRM: Zum einen die Einheitliche Abwicklungsbehörde (Single Resolution Board, SRB), die Entscheidungen zur Abwicklung von Banken trifft. Dabei arbeitet sie nicht alleine, sondern zusammen mit den nationalen Abwicklungsbehörden, in Deutschland der BaFin. Zum anderen der Einheitliche Abwicklungsfonds (Single Resolution Fund, SRF), der von den Banken finanziert wird und die für eine Abwicklung benötigten finanziellen Mittel bereitstellt. Der SRF soll bis Ende 2023 mit einem Volumen von rund 70-75 Milliarden Euro befüllt werden.

Seit 2022 wird der SRF zusätzlich durch die Einrichtung einer Letztsicherung (sog. Common Backstop) gestärkt. Hierbei handelt es sich um eine Kreditlinie des ESM gegenüber dem SRF. Sie darf eine nominale Obergrenze von 68 Milliarden Euro nicht überschreiten. Die Letztsicherung deckt alle Verwendungszwecke des SRF ab und stärkt somit die Schlagkraft des SRB, um auch die Abwicklung komplexer Banken unter schwierigen Marktbedingungen mit möglichst minimalen Auswirkungen auf Wirtschaft, Finanzstabilität und öffentliche Mittel durchzuführen.

4.4.3 Gemeinsame Einlagensicherung

Der dritte Baustein der Bankenunion – ein gemeinsames System der Einlagensicherung (Deposit Guarantee Scheme, DGS) – wurde zunächst von der Politik vertagt. Grundgedanke ist der Aufbau eines europäischen Einlagensicherungsfonds, der die Gläubiger einer Bank im Falle deren Konkurses bis zu einer bestimmten Höhe gegen Verluste abschirmt. Derzeit gelten die EU-weiten gemeinsamen Regeln zur Vereinheitlichung der nationalen Einlagensicherungssysteme.

Eine gemeinsame Einlagensicherung ist bisher noch nicht umgesetzt.

Die aktuelle rechtliche Grundlage ist die EU-Einlagensicherungsrichtlinie von 2014, durch die nationale Einlagensicherungssysteme in jedem EU-Mitgliedstaat garantieren, dass pro Kunde und Bank Einlagen bis zu einer Höhe von 100.000 Euro gesichert sind. Die Richtlinie wurde in Deutschland durch das Einlagensicherungsgesetz (EinSiG) umgesetzt. Davor bestand in Deutschland aber auch schon seit vielen Jahren ein gesetzlicher Einlagenschutz.

Gemäß EinSiG müssen alle Banken mit Einlagengeschäft einem Einlagensicherungssystem angeschlossen sein. Dazu gehören gesetzliche Entschädigungseinrichtungen und sogenannte institutsbezogene Sicherungssysteme. Letzteren sind Genossenschaftsbanken und Sparkassen angeschlossen.

Der Euro und das Eurosystem

Umfang der gesetzlich geregelten europäischen Einlagensicherung

100.000 € | Pro Kunde | Pro Bank

Die deutschen Banken haben einen umfassenden Einlagenschutz.

Diese schützen bei drohenden oder bestehenden wirtschaftlichen Schwierigkeiten innerhalb ihres jeweiligen Verbunds mittels Bürgschaften und Garantien vor Insolvenz und Liquidation. Einlagen bei unselbständigen Niederlassungen von Banken aus anderen EU-Staaten in Deutschland sind gemäß der Einlagensicherungsrichtlinie über das Einlagensicherungssystem des jeweiligen Herkunftslandes abgesichert.

Der gesetzliche Einlagenschutz sichert Guthaben auf Girokonten, Sparbüchern, Termin- und Festgeldkonten bis zur harmonisierten Sicherungsgrenze von 100.000 Euro je Kunde und je Bank (erhöhter Schutzumfang von bis zu 500.000 Euro für besonders schutzwürdige Einlagen). Geht eine Bank in Konkurs, sind Einlagen bis zu dieser Höhe durch die gesetzliche Einlagensicherung abgesichert. Die einem Einlagensicherungssystem zugeordneten Banken sind zur Finanzierung der Entschädigungszahlungen verpflichtet. Dazu werden von ihnen Beiträge erhoben.

Die privaten Banken in Deutschland haben eine die gesetzliche Einlegerentschädigung ergänzende, freiwillige Einlagensicherung, die zusätzlich Einlagen von privaten Kunden, Personengesellschaften und manchen Stiftungen sichert. Der Schutzumfang wird bis 2030 schrittweise auf eine Million Euro für private Kunden und zehn Millionen Euro für Unternehmen reduziert. Einlagen von öffentlichen Stellen, Wertpapierfirmen und Finanzinstituten fallen nicht unter die freiwillige Einlagensicherung. Dem freiwilligen Einlagensicherungsfonds gehören die meisten, aber nicht alle privaten Banken in Deutschland an. Auch unselbständige Niederlassungen von Banken aus anderen EU-Staaten können Mitglied in dieser freiwilligen Einlagensicherung der privaten Banken sein und damit die europäisch-harmonisierte Einlagensicherung im Heimatland ergänzen.

Die privaten Banken haben neben der gesetzlichen eine ergänzende Einlagensicherung.

Der Euro und das Eurosystem

Das Wichtigste im Überblick:

- In der dritten Stufe der Wirtschafts- und Währungsunion haben Anfang 1999 elf EU-Länder den Euro als ihre gemeinsame Währung eingeführt. Den Euro gab es zunächst nur als Buchgeld, 2002 folgte die Einführung des Euro-Bargelds.

- Das Eurosystem umfasst die Europäische Zentralbank (EZB) und die Zentralbanken der Euro-Länder. Das ESZB besteht aus der EZB und den Zentralbanken aller EU-Länder. Die Deutsche Bundesbank ist damit Teil von beidem.

- Bevor ein EU-Staat den Euro als Währung einführen darf, muss er vier Konvergenzkriterien hinsichtlich Preisstabilität, Höhe der langfristigen Zinsen, Haushaltsdisziplin und Wechselkursstabilität erfüllen.

- Der EZB-Rat ist oberstes Beschlussorgan des Eurosystems. Er entscheidet über die Geldpolitik im Euroraum. Er setzt sich aus dem sechsköpfigen EZB-Direktorium sowie den Präsidenten und Präsidentinnen der nationalen Zentralbanken des Eurosystems zusammen, darunter dem Präsidenten der Deutschen Bundesbank.

- Im Euro-Währungsgebiet ist die Geldpolitik zentralisiert, während die Finanzpolitik in der jeweiligen nationalen Verantwortung liegt. Die Geldpolitik muss von einer stabilitätsorientierten Finanzpolitik begleitet werden.

- Für eine erfolgreiche stabilitätsorientierte Geldpolitik muss eine Zentralbank erfahrungsgemäß unabhängig sein. Das Eurosystem ist institutionell, funktionell, finanziell und personell unabhängig.

- Es ist vertraglich festgelegt, dass in der Europäischen Union weder die Gemeinschaft noch ein Mitgliedstaat für die Schulden eines anderen haftet („No Bail-out").

- Im Stabilitäts- und Wachstumspakt haben sich die Euro-Länder verpflichtet, mittelfristig einen ausgeglichenen Haushalt zu erreichen. Zudem wurde von den meisten EU-Staaten eine „Schuldenbremse" beschlossen.

- Im Zuge des „Europäischen Semesters" müssen die EU-Regierungen die Planungen für ihre Staatshaushalte frühzeitig den europäischen Gremien mitteilen und ihre Planungen ggf. anpassen.

- Im Zuge der Schuldenkrise wurden zahlreiche Gegenmaßnahmen zur Stärkung der gemeinsamen Währung ergriffen. Unter anderem wurde der permanente „Rettungsschirm" (ESM) errichtet, der Mitgliedsländern bei Bedarf Kredite unter strengen Auflagen gewährt.

- Die 2014 von den EU-Mitgliedstaaten beschlossene Bankenunion umfasst einen Einheitlichen Aufsichtsmechanismus, einen Einheitlichen Abwicklungsmechanismus sowie grundsätzlich ein gemeinsames System der Einlagensicherung. Teilnehmer sind alle Euro-Länder sowie EU-Länder, die freiwillig teilnehmen.

- Der Einheitliche Aufsichtsmechanismus (Single Supervisory Mechanism, SSM), der auch als europäische Bankenaufsicht bezeichnet wird, ist bei der Europäischen Zentralbank angesiedelt.

- Daneben sind nationale Aufsichtsbehörden in den Euro-Ländern für die Bankenaufsicht zuständig. In Deutschland ist das die Bundesbank zusammen mit der BaFin.

- In Deutschland existiert ein Einlagenschutz für Sicht-, Spar- und Termineinlagen von Nichtbanken. Neben der gesetzlichen Einlagensicherung gehören die meisten Banken auch privaten Einlagensicherungssystemen an.

Kapitel 5
Der Wert stabilen Geldes

5. Der Wert stabilen Geldes

Geld ist ein Tauschmittel, das dazu dient, mit ihm etwas zu kaufen. Ob die Geldscheine und Münzen im Portemonnaie oder das Guthaben auf der Bank jedoch viel oder wenig wert sind, hängt nicht von den Beträgen im Geldbeutel oder auf dem Konto ab. Der Wert des Geldes bemisst sich allein daran, wie viel Waren und Dienstleistungen man sich für einen gegebenen Geldbestand kaufen kann. Der Wert des Geldes liegt also in seiner Kaufkraft und diese wiederum hängt von den Preisen ab. Je höher die Preise sind, desto geringer ist die Kaufkraft eines gegebenen Geldbetrags. Das Eurosystem hat den gesetzlichen Auftrag, Preisstabilität zu gewährleisten und somit die Kaufkraft des Geldes zu erhalten.

Preisstabilität ist das vorrangige Ziel des Eurosystems.

§ Artikel 127 AEU-Vertrag

(1) Das vorrangige Ziel des Europäischen Systems der Zentralbanken (im Folgenden „ESZB") ist es, die Preisstabilität zu gewährleisten. Soweit dies ohne Beeinträchtigung des Zieles der Preisstabilität möglich ist, unterstützt das ESZB die allgemeine Wirtschaftspolitik in der Union (…). Das ESZB handelt im Einklang mit dem Grundsatz einer offenen Marktwirtschaft mit freiem Wettbewerb, wodurch ein effizienter Einsatz der Ressourcen gefördert wird (…).

5.1 Preisstabilität, Inflation, Deflation

Beim geldpolitischen Ziel, Preisstabilität zu gewährleisten, geht es nicht um die Stabilität einzelner Preise. Vielmehr sollen die Preise nur im Durchschnitt stabil bleiben. Das heißt, Preisanstiegen bei einigen Gütern sollen Preisrückgänge bei anderen Gütern gegenüberstehen, sodass das Preisniveau in der Volkswirtschaft insgesamt unverändert und die Kaufkraft somit erhalten bleibt.

Der Wert stabilen Geldes

Preisbildung durch Angebot und Nachfrage

Damit eine Marktwirtschaft reibungslos funktioniert, müssen die Preise für Waren und Dienstleistungen beweglich sein. Nur so zeigen sie die Knappheit von Gütern an (Signalfunktion) und bringen Angebot und Nachfrage zum Ausgleich (Markträumungsfunktion).

In einer Marktwirtschaft müssen die Preise beweglich sein.

Die meisten Menschen achten bei ihren Kaufentscheidungen auf Qualität, Aussehen und Funktionalität der gewünschten Güter. Genauso wichtig ist jedoch oft der Preis. In der Regel gilt: Je günstiger ein Produkt ist, desto stärker wird es nachgefragt. Dies zeigen zum Beispiel Sonderangebote. Somit kann man festhalten: Sinkt der Preis, dann steigt üblicherweise die nachgefragte Menge, sofern alle sonstigen Bedingungen gleichbleiben. Und umgekehrt gilt: Steigt der Preis, geht die Nachfrage entsprechend zurück.

Was für die Nachfrageseite gilt, trifft auch auf die Angebotsseite zu – jedoch mit entgegengesetztem Vorzeichen: Steigt der Preis, so steigt in der Regel auch die angebotene Menge. Bestehende Anbieter werden bei steigenden Verkaufspreisen ihre Produktion ausweiten. Gleichzeitig kommen mittelfristig auch neue Anbieter auf den Markt, um von den verbesserten Geschäftsmöglichkeiten zu profitieren. Sinkt hingegen der Preis, dann ist die Produktion des entsprechenden Gutes nicht mehr so gewinnbringend, folglich sinkt auch das Angebot. Einige weniger wettbewerbsfähige Anbieter werden ihr nun unrentables Angebot sogar ganz einstellen.

Sofern sich Preise frei bewegen können, sorgt dieser „Preismechanismus" für einen Ausgleich von angebotener und nachgefragter Menge: Der Preis wird sich auf derjenigen Höhe einpendeln, bei der genau diejenige Menge des Gutes angeboten wird, für die es eine entsprechende Nachfrage gibt. Angebotene und nachgefragte Menge befinden sich bei freier Preisbildung im Gleichgewicht.

Bewegliche Preise sorgen für den Ausgleich von Angebot und Nachfrage.

Preisstabilität

Von Preis- oder Preisniveaustabilität spricht man dann, wenn sich das Preisniveau im Zeitablauf nur wenig ändert, auch wenn einzelne Preise steigen oder fallen.

Preisstabilität: Das Preisniveau soll stabil bleiben.

Ein Anstieg des Preisniveaus wird als Inflation bezeichnet (von lat. „inflare": aufblasen). Den prozentualen Anstieg des Preisniveaus zwischen zwei Zeitpunkten nennt man Inflationsrate, Preissteigerungsrate oder auch Teuerungsrate. Sie wird in der Regel im Jahresvergleich angegeben und gibt somit die Veränderung gegenüber dem Zustand zwölf Monate zuvor wieder. Wenn also zum Beispiel in der Zeitung steht, dass die Inflationsrate im Januar 2022 4,9 % betragen habe, dann bedeutet dies, dass das Preisniveau im Januar 2022 um 4,9 % höher lag als im Januar 2021.

Verbraucherpreise steigen kräftig
Die Inflationsrate lag im Januar bei 4,9 %

Den entgegengesetzten Prozess, also einen Rückgang des Preisniveaus, nennt man Deflation. Den prozentualen Rückgang des Preisniveaus zwischen zwei Zeitpunkten bezeichnet man dementsprechend als Preissenkungs- oder Deflationsrate. Oft ist aber auch – eigentlich paradox – von einer „negativen Preissteigerungsrate" oder einer „negativen Inflationsrate" die Rede. Deflation herrscht allerdings nur dann, wenn das Preisniveau nicht bloß kurzzeitig, sondern über einen längeren Zeitraum sinkt.

Ist eine positive Inflationsrate über einige Zeit hinweg rückläufig – sie sinkt zum Beispiel von 3,6 % über 2,5 % auf 1,3 % – und bleibt dabei aber positiv, wird von sinkenden Inflationsraten, abnehmender Inflation oder „Disinflation" gesprochen.

Preisniveau und Kaufkraft

Wenn das Preisniveau steigt, dann sinkt der Wert des Geldes. Mit anderen Worten: Die Kaufkraft des Geldes nimmt bei steigendem Preisniveau ab, weil man für einen gegebenen Geldbetrag weniger Waren und Dienstleistungen kaufen kann als zuvor. Man sagt auch: Der reale, das heißt der in Gütereinheiten gemessene Geldwert, geht infolge von Inflation zurück. Über einen längeren Zeitraum betrachtet kann der Kaufkraftverlust beträchtliche Ausmaße annehmen, auch wenn die Inflationsrate auf den ersten Blick als recht gering erscheinen mag. Wie die Grafik zeigt, haben 100 Euro bei einer jährlichen Inflationsrate von 4 % in zehn Jahren nur noch eine Kaufkraft von knapp 68 Euro heute. Nach 50 Jahren erhält man bloß noch Güter im heutigen Gegenwert von 14 Euro.

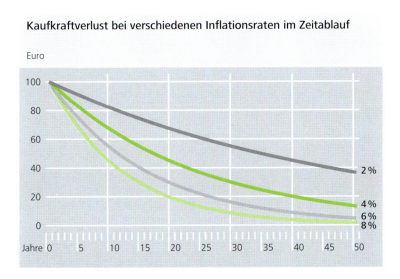

Kaufkraftverlust bei verschiedenen Inflationsraten im Zeitablauf

Ursachen von Inflation und Deflation

Ursachen für Veränderungen des Preisniveaus sind in der kürzeren Frist die gesamtwirtschaftliche Nachfrage und das entsprechende Angebot. Nimmt die gesamtwirtschaftliche Nachfrage zu, führt dies zu einem Preisdruck, also zu Inflation, sofern alle sonstigen Bedingungen in der Volkswirtschaft unverändert bleiben. Man spricht in diesem Kontext von nachfrageinduzierter Inflation.

Hierfür kann es verschiedene Gründe geben. Zum Beispiel könnten Unternehmen zuversichtlicher in die Zukunft blicken, neue Geschäftsmöglichkeiten entdecken und dementsprechend ihre Investitionen in Maschinen und Anlagen oder auch in Forschung und Entwicklung steigern. Denkbar ist auch, dass die gestiegene Investitionsnachfrage der Unternehmen auf gesunkene Zinssätze zurückzuführen ist. Hierdurch sind kreditfinanzierte Investitionen günstiger und werden somit eher getätigt als bei höheren Zinssätzen. Auch private Haushalte reagieren mit ihren Ausgaben oftmals auf Änderungen ihrer Finanzierungsbedingungen. Sinken die Zinssätze, steigt in der Regel die Nachfrage der Haushalte ebenfalls. Dieser Zusammenhang ist volkswirtschaftlich insbesondere dann relevant, wenn die sinkenden Zinssätze die Nachfrage nach höherpreisigen, langlebigen Gütern ansteigen lässt, wie zum Beispiel nach Küchen oder Autos. Um diese Anschaffungen zu finanzieren, braucht es nämlich in der Regel erhebliche Geldbeträge, die häufig als Kredit aufgenommen werden. Schließlich ist auch denkbar, dass eine steigende gesamtwirtschaftliche Nachfrage auf eine höhere Nachfrage des Staates für Konsum- und Investitionszwecke oder auf eine steigende Nachfrage des Auslands (Exporte) zurückgeht.

> *Auf kürzere Frist wird Inflation von Angebot und Nachfrage bestimmt.*

Nimmt die gesamtwirtschaftliche Nachfrage hingegen ab, gilt das Gegenteil. Eine sinkende Nachfrage führt tendenziell zu einem verringerten Preisdruck und somit auch zu einer sinkenden Inflation oder – im seltenen Extremfall – zu einer anhaltenden, krisenhaften Deflation.

Einfluss auf das Preisniveau haben auch Änderungen auf der Angebotsseite. Da diese angebotsseitigen Änderungen in der Regel mit Kostenänderungen einhergehen, spricht man in diesem Zusammenhang von kosteninduzierter Inflation. Zu denken ist hierbei zum Beispiel an höhere Produktionskosten infolge steigender Energiepreise, da Energie als Vorleistung für nahezu jedes Gut einer Volkswirtschaft benötigt wird. Auch gestörte Lieferketten können die Vorleistungskosten für Unternehmen deutlich erhöhen. Gleichfalls sind Löhne für Unternehmen ein wichtiger Kostenblock. Unternehmen werden in der Regel versuchen, ihre steigenden Kosten auf die Verbraucherinnen und Verbraucher zu überwälzen. Auf steigende Produktionskosten folgen also oftmals steigende Preise, es kommt zur Kostendruckinflation.

Langfristig beeinflusst das Wachstum der Geldmenge die Preisniveauentwicklung. Es kann nämlich nur dann zu einer anhaltenden gesamtwirtschaftlichen Preissteigerung kommen, wenn der Anstieg der Preise durch eine entsprechende Geldvermehrung „finanziert" wird. Zwar führt nicht jeder übermäßige Anstieg der Geldmenge zwingend zu höherer Inflation, jedoch geht – aus der anderen Richtung betrachtet – eine anhaltend höhere Inflation immer mit einem übermäßigen Wachstum der Geldmenge einher. Daher lautet eine seit Jahrzehnten bekannte volkswirtschaftliche Erkenntnis, dass Inflation auf lange Sicht letztlich stets und überall ein monetäres Phänomen ist (monetär = geldlich, von lat. moneta: Münzprägestätte, geprägtes Geld). Inflation hat also langfristig betrachtet immer mit Geld und der Entwicklung der Geldmenge zu tun – eine Erkenntnis, die vielfach durch wissenschaftliche Untersuchungen belegt wird.

Auf längere Frist ist Inflation stets ein monetäres Phänomen.

Hyperinflation: Geldentwertung außer Kontrolle

Eine Phase, in der die Inflation bereits ausgesprochen hoch ist, jedoch zusätzlich noch weiter steigt und schließlich außer Kontrolle gerät, wird als Hyperinflation bezeichnet. Mit einer Hyperinflation geht einher, dass das Geldwesen zerstört wird. In einer solchen Phase verliert das Geld seine Funktionen, es ist nicht mehr als Zahlungsmittel, als Recheneinheit oder zur Wertaufbewahrung geeignet und wird von den meisten Menschen nicht mehr akzeptiert. Obwohl es keine einheitliche Definition gibt, gelten Inflationsraten von mehr als 50 % pro Monat als Zeichen einer Hyperinflation. Eine monatliche Inflationsrate in Höhe von 50 % bedeutet, dass das Preisniveau im Laufe eines Jahres auf mehr als das Hundertfache ansteigt, das Geld also mehr als 99 % seiner Kaufkraft verliert.

In Deutschland kam es im Jahr 1923 zu einer Hyperinflation, die zur prägenden Erfahrung einer ganzen Generation wurde. Vorangegangen war der Erste Weltkrieg, in dem die Regierung die Reichsbank anwies, ihr unbeschränkt Kredite zu gewähren. Dadurch konnte sie rund ein Drittel der Kriegskosten mit der Banknotenpresse finanzieren, also durch das Drucken von Geld. Als Folge erhöhte sich der Umlauf an Reichsbanknoten zwischen 1914 und 1918 von 2,6 auf 22,2 Milliarden Mark. Der Geldwert sank und die Preise stiegen. Nach dem Krieg setzte die Weimarer Republik die Schuldenpolitik fort. Etwa drei Viertel ihrer Ausgaben finanzierte die Regierung über den Verkauf von Schuldpapieren an die Reichsbank. Die Geldmenge wuchs immer weiter. Gleichzeitig verlor die Mark ihre Kaufkraft. Mitte November 1923 – auf dem Höhepunkt der Hyperinflation – kostete ein Brot mehr als 230 Milliarden Mark. Während der Hyperinflation stiegen die Preise so schnell, dass die Reichsbank mit dem Drucken neuer Banknoten nicht nachkam. Deshalb begannen Städte, Gemeinden und Unternehmen, Notgeld herzustellen – teils mit Genehmigung der Reichsbank, teils ohne. Am Ende der Inflation im November 1923 waren 496 Trillionen Mark in Reichsbanknoten und 727 Trillionen Mark in Form von Notgeldscheinen in Umlauf.

Um die Inflation zu beenden, führte die deutsche Regierung im November 1923 eine Währungsreform durch. Die eigens dafür gegründete Deutsche Rentenbank gab Rentenmark-Scheine aus. Das Gesamtvolumen war auf 3,2 Milliarden Rentenmark begrenzt. Ab 20. November 1923 konnte die inflationäre Mark-Währung im Verhältnis von einer Billion zu eins in Rentenmark getauscht werden. Eine strikt am Erhalt des Geldwerts orientierte Geldpolitik und die Sanierung der öffentlichen Haushalte hielten die Rentenmark stabil.

Eine Hyperinflation ist jedoch kein Phänomen lediglich aus der fernen Vergangenheit. Sie kann auch heutzutage jederzeit wieder auftreten. So erlebte beispielsweise Simbabwe im November 2008 eine Phase, in der sich die Preise alle 24,7 Stunden verdoppelten. Die Regierung ließ Geldscheine mit immer größeren Nominalwerten drucken (zuletzt mit einem Wert von 100 Billionen Simbabwe-Dollar), heizte dadurch die Geldentwertung immer mehr an und musste schließlich im Februar 2009 den Simbabwe-Dollar aufgeben. Auch in Venezuela schritt die Geldentwertung einige Jahre lang rasant voran. Im Jahr 2018 lag die Inflationsrate laut venezolanischer Zentralbank dann bei gut 130.000 %.

5.2 Messen der allgemeinen Preisentwicklung

Ob sich das Preisniveau und somit die Kaufkraft des Geldes verändert, kann nicht mithilfe einiger weniger Preise gemessen werden. Ausschlaggebend ist vielmehr, wie sich sämtliche Preise einer Volkswirtschaft im Durchschnitt entwickeln. Jedoch ist es faktisch unmöglich, Millionen Einzelpreise aller Waren und Dienstleistungen erheben zu wollen. Daher wird die Veränderung des Preisniveaus stattdessen mithilfe der Preisentwicklung einer geeigneten Auswahl von Gütern ermittelt.

Änderungen des Preisniveaus lassen sich nicht anhand einzelner Preise messen.

Warenkorb als Basis des Verbraucherpreisindex (VPI)

Für die passende Güterauswahl stellt das Statistische Bundesamt auf Basis einer regelmäßigen Einkommens- und Verbrauchsstichprobe einen repräsentativen „Warenkorb" zusammen. Er umfasst rund 650 Güterarten in 12 Güterkategorien. Dieser Korb enthält ganz verschiedene Waren und Dienstleistungen, die für das Konsumverhalten eines durchschnittlichen Haushalts in Deutschland typisch sind. Er enthält solch unterschiedliche Dinge wie Lebensmittel und Kleidung, Wohnungsmieten und Versicherungsprämien, ebenso Dienstleistungen wie etwa Friseurbesuche, aber auch selten gekaufte Güter wie Autos und Waschmaschinen. Auch Dinge, die nicht alltäglich sind, sind Teil des Warenkorbes, beispielsweise eine Seilbahnfahrt, ein Fischereiberechtigungsschein oder Bestattungsleistungen.

Die Preisniveauentwicklung wird mithilfe eines Warenkorbs ermittelt.

Um immer die aktuell relevanten Produktvarianten in die Preismessung einzubeziehen, wird der Warenkorb laufend aktualisiert. Innerhalb einer Güterart werden also die konkreten Einzelprodukte, deren Preise erfasst werden (die sogenannten Preisrepräsentanten), regelmäßig ausgetauscht. Insgesamt erfasst das Statistische Bundesamt jeden Monat über 300.000 Einzelpreise in Geschäften, Katalogen und im Internet. Für die Preismessung werden jeweils die Anschaffungspreise einschließlich Mehrwertsteuer und Verbrauchssteuern erhoben.

Beispielberechnung für einen Preisindex

Ein vereinfachtes Beispiel illustriert die Berechnung eines Preisindex und die Messung der allgemeinen Preisentwicklung: Angenommen, ein repräsentativer Warenkorb der jährlichen Ausgaben eines Haushalts besteht aus 100 Tafeln Schokolade, 50 Flaschen Apfelsaft, 10 Kinobesuchen und einem Paar Schuhe, dann würde sich der Preisindex anhand dieses Warenkorbs wie in der Tabelle errechnen.

Der Preis des Warenkorbs ergibt sich dadurch, dass man die Menge mit den jeweiligen Preisen multipliziert und diese Ergebnisse addiert (Ausgabensumme). Da es bei sehr vielen Preisen in einem Warenkorb nicht mehr zweckmäßig ist, mit dessen Ausgabensumme zu arbeiten, werden die Veränderungen mithilfe des Preisindex angegeben. Dafür wird die Ausgabensumme des ersten Jahres (Basisjahr) auf 100 gesetzt (300 € entsprechen 100). Dieser Wert dient als Bezugsgröße für die folgenden Jahre. Die Preissteigerungsrate (Inflationsrate) stellt die relative Preisänderung bezogen auf das Vorjahr dar. Wie aus dem Beispiel hervorgeht, kann der Preisindex auch steigen, obwohl einzelne Preise fallen.

Preise im	Menge	Jahr 1 Basisjahr	Jahr 2	Jahr 3	Jahr 4
Tafel Schokolade	100	0,50 €	0,75 €	0,75 €	0,80 €
Flasche Apfelsaft	50	1,20 €	1,00 €	1,50 €	1,20 €
Kinobesuch	10	10,00 €	12,00 €	18,00 €	15,00 €
Paar Schuhe	1	90,00 €	115,00 €	120,00 €	115,00 €
Wert des Warenkorbs		300,00 €	360,00 €	450,00 €	405,00 €
Preisindex		100	120	150	135
Jährl. Preissteigerungsrate			+20 %	+25 %	-10 %

Der Wert stabilen Geldes

In diesem Zusammenhang berücksichtigt die amtliche Preismessung nicht bloß den ausgewiesenen Preis, sondern auch etwaige Mengenänderungen. Falls sich beispielsweise der Packungsinhalt eines Produkts geändert hat, während Qualität und Preis gleichgeblieben sind, führen die Statistiker für die korrekte Preismessung eine Mengenbereinigung durch. Das heißt: Hat dasselbe Produkt zum Beispiel trotz verringerter Menge (etwa geringerer Packungsinhalt) denselben Preis wie zuvor, wird dieser Umstand als „versteckte" Preiserhöhung erfasst. Die hier geschilderte Preisbereinigungsmethode wird typischerweise im Bereich der Nahrungsmittel und anderer Verbrauchsgüter angewandt.

Bei der Preismessung werden auch Mengenänderungen berücksichtigt.

Auf Basis der ermittelten Preise der Güter im Warenkorb berechnet das Statistische Bundesamt (Destatis) monatlich den Verbraucherpreisindex (VPI) in Deutschland. Dieser misst die durchschnittliche Preisentwicklung aller Waren und Dienstleistungen, die private Haushalte für Konsumzwecke kaufen. Die Veränderung des Verbraucherpreisindex zum Vorjahresmonat, also gegenüber dem Zustand zwölf Monate zuvor, wird in Prozent ausgedrückt und als Inflationsrate bezeichnet. Die Veränderung des VPI ist derjenige Wert, der in den Nachrichten gemeint ist, wenn von der Inflationsrate in Deutschland die Rede ist.

Das Wägungsschema

Bei der Berechnung des Verbraucherpreisindex fließen die Preisänderungen der einzelnen Güterarten mit unterschiedlichem Gewicht in den Gesamtwert ein. Je höher der Anteil der Konsumausgaben ist, der auf eine bestimmte Güterkategorie entfällt, desto deutlicher spiegeln sich deren Preisänderungen folglich im Preisindex wider. Die jeweiligen Ausgabenanteile und somit die Gewichte der einzelnen Güterkategorien für die Indexberechnung werden im Wägungsschema zusammengefasst.

Je höher der Ausgabenanteil pro Güterkategorie, desto größer die Auswirkung auf den Preisindex.

Der Warenkorb wird auf der Ebene der Einzelprodukte laufend aktualisiert. Hingegen hält das Statistische Bundesamt beim Berechnen des Verbraucherpreisindex das Wägungsschema eines Basisjahres bewusst für fünf Jahre kon-

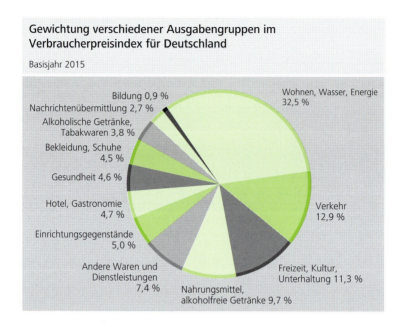

stant, denn der Preisindex soll nur die Preisänderungen und nicht geänderte Konsumgewohnheiten widerspiegeln. Preisänderungen ließen sich nicht mehr isoliert erkennen, sofern bei der amtlichen Preismessung auch die Ausgabengewichte monatlich geändert würden, falls sich also das „Einkaufsverhalten" ständig änderte.

Wie die Preismessung Qualitätsänderungen berücksichtigt

In der amtlichen Preisstatistik soll die Veränderung von Preisen so gemessen werden, dass sie von Änderungen der Qualität der Ware oder Dienstleistung möglichst unbeeinflusst bleibt. Der technische Fortschritt führt nun aber dazu, dass viele Produkte stetig weiterentwickelt und oftmals verbessert werden. Daher kann man zahlreiche Güter nach einer gewissen Zeit in ihrer ursprünglichen Variante gar nicht mehr kaufen – man denke zum Beispiel an die technischen Fortschritte des Mobiltelefons im Verlauf der vergangenen 20 Jahre. Tritt ein weiterentwickeltes Produkt an die Stelle des bislang beobachteten, müssen die Statistiker spezielle Methoden der Qualitätsbereinigung anwenden, um die gemessene Preisveränderung aussagekräftig bewerten zu können.

Für die korrekte Inflationsmessung bedeuten Qualitätsänderungen folgendes: Steigt mit den Preisen gleichzeitig auch die Qualität der betrachteten Güter, muss zwischen der reinen Preiserhöhung und demjenigen Preisanstieg unterschieden werden, der auf die verbesserte Produktgüte zurückgeht. In diesen Fällen wird der durch die Qualitätsänderung hervorgerufene Preisunterschied abgeschätzt und bei der Berechnung des Verbraucherpreisindex herausgerechnet. Mit anderen Worten: Falls der Preis lediglich qualitätsbedingt gestiegen ist, bedeutet dies keinen Kaufkraftverlust, da die Konsumenten mit dem neuen, qualitätsverbesserten Produkt nun auch „mehr für ihr Geld" bekommen als zuvor. Durch Qualitätsbereinigungsverfahren wird also gewährleistet, dass bei der Preismessung trotz Produktänderungen „Gleiches mit Gleichem" verglichen wird. Auf diese Weise können die ermittelten Preisänderungen dann als „reine" Preisentwicklung interpretiert und von der qualitätsbedingten Preisänderung unterschieden werden.

Für die korrekte Preismessung müssen Qualitätsänderungen herausgerechnet werden.

Verfahren zur Qualitätsbereinigung

Die Statistikämter haben verschiedene Verfahren entwickelt, um die gemessene Preisentwicklung vor dem Hintergrund der sich oftmals ändernden Produktqualität zu bereinigen. Nicht alle Bereinigungsverfahren werden gleichzeitig angewandt. Stattdessen bedient man sich jeweils einer geeigneten Auswahl von Methoden.

Eine Qualitätsbereinigung lässt sich beispielsweise durch das Ermitteln geldwerter Vorteile erreichen. Das heißt, dass sich bei manchen Produkten durch das Einbeziehen ergänzender Informationsquellen bestimmen lässt, welchen konkreten, in Geld bemessenen zusätzlichen Nutzen ein neues Produktmodell bietet. Typische Fälle für diesen Zusatznutzen sind sinkende Verbrauchswerte technischer Geräte. Statistiker rechnen zum Beispiel bei einer neuen Waschmaschine den geringeren Strom- und Wasserverbrauch als geldwerten Vorteil aus dem Preis für die Waschmaschine heraus.

Eine andere Methode, um Qualitätsänderungen zu berücksichtigen, besteht darin, Preise von Zusatzoptionen zu nutzen. Die Statistiker wenden dieses Bereinigungsverfahren meist dann an, wenn ein bestimmtes Produktmerkmal ursprünglich ein Extra war, inzwischen jedoch zum Standard geworden ist, zum Beispiel die Einparkhilfe bei Autos. In solchen Fällen kann ein Teil des Betrages, der früher laut Listenpreis für die Zusatzoption zu zahlen war, als Geldwert des Qualitätsunterschiedes angesetzt und somit aus der Preisänderung herausgerechnet werden.

Mittels „hedonischer" Verfahren wird berechnet, welchen Einfluss einzelne Produktmerkmale (etwa Speichergröße oder Prozessorleistung) auf den Produktpreis haben. Sie werden insbesondere dort zur Qualitätsbereinigung der Preismessung angewandt, wo die beobachteten Produkte in kurzer Zeit einer starken Veränderung unterliegen, beispielsweise Computer und Smartphones. Bei diesen Produkten gehen mit den häufig stattfindenden Preisänderungen vielfach auch Produktwechsel einher. Durch hedonische Verfahren kann man den Geldwert des Qualitätsunterschieds zwischen altem und neuem Modell ermitteln und von der „reinen" Preisänderung trennen.

Der HVPI als Maß für Preisstabilität im Euroraum

Das vorrangige Ziel der Geldpolitik des Eurosystems ist es, Preisstabilität im Euroraum zu gewährleisten. Hierfür wird ein Maß benötigt, mit dem sich die durchschnittliche Preisentwicklung im gesamten Währungsraum messen lässt. Dies ist der Harmonisierte Verbraucherpreisindex (HVPI). Dieser wird von jedem Euro-Land aus dem jeweiligen nationalen Verbraucherpreisindex nach gemeinsam abgestimmten Methoden abgeleitet. Die Veränderungsrate des HVPI unterscheidet sich in Deutschland meist nur um ein oder zwei Zehntelprozentpunkte von der anhand des VPI gemessenen Teuerungsrate.

Die einzelnen Euro-Mitgliedsländer melden ihre monatlich erhobenen Ergebnisse zum HVPI an das Statistische Amt der Europäischen Union (Eurostat). Dieses berechnet daraus den HVPI für den Euroraum. Nicht der EZB-Rat oder das Eurosystem messen also die Preisentwicklung, sondern Eurostat als die von der Geldpolitik unabhängige europäische Statistikbehörde. Beim Aggregieren der Länderdaten zum HVPI des Euroraums wird berücksichtigt, welchen Anteil jedes Land an den gesamten Konsumausgaben des Euro-Währungsgebiets hat. Die nationalen Inflationsdaten fließen also mit unterschiedlichen Gewichten in den HVPI des Euroraums ein.

Der HVPI ist das zentrale Maß für Preisstabilität im Euroraum.

Die Veränderungsrate des HVPI gegenüber dem Vorjahresmonat ergibt die Inflationsrate im Euroraum. Der HVPI ist somit auch die Messlatte, mit der die Öffentlichkeit überprüfen kann, ob es dem Eurosystem gelingt, Preisstabilität zu gewährleisten und somit seinen gesetzlichen Auftrag zu erfüllen. Der HVPI als Inflationsmaß hat sich seit Beginn der Währungsunion bewährt. Der EZB-Rat hat im Sommer 2021 seine Eignung abermals unterstrichen. Gleichzeitig hat er empfohlen, den Index weiterzuentwickeln, indem die Kosten für selbstgenutztes Wohneigentum perspektivisch in die Berechnung einfließen sollen.

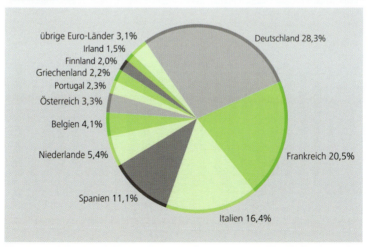

Anteile der Länder am Harmonisierten Verbraucherpreisindex für den Euroraum

Stand 2022

- Deutschland 28,3%
- Frankreich 20,5%
- Italien 16,4%
- Spanien 11,1%
- Niederlande 5,4%
- Belgien 4,1%
- Österreich 3,3%
- Portugal 2,3%
- Griechenland 2,2%
- Finnland 2,0%
- Irland 1,5%
- übrige Euro-Länder 3,1%

Entwicklung der Inflationsrate im Euroraum

Seit Einführung des Euro hat die jährliche Inflationsrate im Euroraum von Jahr zu Jahr geschwankt. Im Jahr 2008 trieben insbesondere die steigenden Energiepreise die Inflationsrate nach oben. Doch schon im Jahr darauf führte der durch die Finanzkrise verursachte Einbruch der globalen Wirtschaftstätigkeit zu einem starken Rückgang des Inflationsdrucks. Kurzzeitig ging im zweiten Halbjahr 2009 das Preisniveau sogar zurück.

In den Jahren nach 2012 waren es dann maßgeblich die sinkenden Energiepreise, die für einen deutlichen Rückgang der Inflationsrate im Euroraum sorgten. Hinzu kam die Wirtschaftskrise in einigen Euro-Ländern, die den Preisdruck ebenfalls erheblich dämpfte. In den Jahren 2015 und 2016 betrug die Inflationsrate lediglich 0,2 %, das Preisniveau im Euroraum war in diesem Zeitraum also nahezu unverändert gegenüber dem jeweiligen Vorjahr. Auch im Jahr 2020 war die Inflationsrate sehr niedrig, was den Wirtschaftseinbruch infolge der Corona-Pandemie widerspiegelte. Jedoch bereits im darauffolgenden Jahr 2021 sorgten angebotsseitige Engpässe und stark steigende Energiepreise für einen wieder deutlich höheren allgemeinen Preisdruck. Im Verlauf des Jahres 2022 stieg die Inflationsrate weiter an und erreichte im Herbst 10 %.

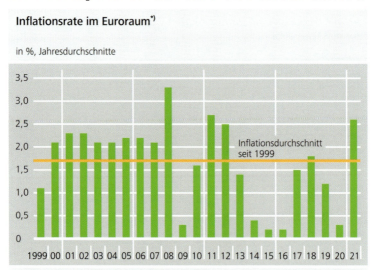

Quelle: Eurostat. * Berechnet als prozentuale Veränderung des Harmonisierten Verbraucherpreisindex (HVPI) gegenüber dem Vorjahr.

Um die Inflation zu dämpfen, begann der EZB-Rat im Juli 2022 mit Leitzinserhöhungen.

Die Inflationsraten der einzelnen Euro-Länder weichen oftmals vom euroraumweiten Durchschnitt ab. In diesen Abweichungen spiegelt sich unter anderem wider, dass die wirtschaftliche Entwicklung in den einzelnen Ländern unterschiedlich verläuft. Während beispielsweise das eine Land einen konjunkturellen Aufschwung mit sinkender Arbeitslosigkeit und höherem Lohn- und Preisdruck erlebt, kann sich die Wirtschaftsentwicklung gleichzeitig in einem anderen Land abschwächen, die Arbeitslosigkeit steigt und der Preisauftrieb lässt nach.

Inflationsraten im Euroraum

Land	2009	2012	2015	2018	2021
Euroraum	**0,3**	**2,5**	**0,2**	**1,8**	**2,6**
Belgien	0,0	2,6	0,6	2,3	3,2
Deutschland	0,2	2,2	0,7	1,9	3,2
Estland	0,2	4,2	0,1	3,4	4,5
Finnland	1,6	3,2	-0,2	1,2	2,1
Frankreich	0,1	2,2	0,1	2,1	2,1
Griechenland	1,3	1,0	-1,1	0,8	0,6
Irland	-1,7	1,9	0,0	0,7	2,4
Italien	0,8	3,3	0,1	1,2	1,9
Kroatien	2,2	3,4	-0,3	1,6	2,7
Lettland	3,3	2,3	0,2	2,6	3,2
Litauen	4,2	3,2	-0,7	2,5	4,6
Luxemburg	0,0	2,9	0,1	2,0	3,5
Malta	1,8	3,2	1,2	1,7	0,7
Niederlande	1,0	2,8	0,2	1,6	2,8
Österreich	0,4	2,6	0,8	2,1	2,8
Portugal	-0,9	2,8	0,5	1,2	0,9
Slowakei	0,9	3,7	-0,3	2,5	2,8
Slowenien	0,8	2,8	-0,8	1,9	2,0
Spanien	-0,2	2,4	-0,6	1,7	3,0
Zypern	0,2	3,1	-1,5	0,8	2,3

Jahr des Beitritts zum Euroraum: Estland 2011, Lettland 2014, Litauen 2015, Kroatien 2023

5.3 Vorteile von Preisstabilität

Preisstabilität hat eine hohe wirtschaftliche sowie soziale Bedeutung.

Preisstabilität ist auf längere Sicht eine grundlegende Voraussetzung dafür, dass eine Marktwirtschaft reibungslos funktioniert, die Wirtschaft nachhaltig wächst und die Einkommens- und Vermögensverteilung nicht durch Inflation verzerrt wird. Stabiles Geld ist auch konkrete Sozialpolitik, da Geldwertstabilität insbesondere die „kleinen Leute" vor inflationsbedingten Vermögensverlusten und somit vor schleichender Enteignung schützt.

Die wirtschaftliche Bedeutung stabilen Geldes

Wenn das Preisniveau insgesamt weitgehend stabil bleibt, sind Veränderungen der relativen Preise – also der Verhältnisse der Güterpreise zueinander – leicht zu erkennen. Die Preisbewegungen signalisieren dann unverfälscht, ob ein Gut knapper wird oder reichhaltiger vorhanden ist, ob es stärker oder schwächer nachgefragt wird. Diese Preissignale sind wichtig für die Produktions- und Konsumentscheidungen von Unternehmen und privaten Haushalten. Das Auf und Ab der Güterpreise lenkt die knappen volkswirtschaftlichen Ressourcen jeweils dorthin, wo die Nachfrage groß ist.

Stabiles Geld ist für das Funktionieren des Preismechanismus wichtig.

Inflation verzerrt die Signal- und Lenkungsfunktion des Preismechanismus und stört somit den zentralen Steuerungsmechanismus einer Marktwirtschaft. Preisstabilität sicherzustellen und damit zur Planungssicherheit von Unternehmen und Haushalten beizutragen, ist daher der beste Beitrag, den die Geldpolitik zu nachhaltigem Wirtschaftswachstum und hohem Beschäftigungsstand leisten kann.

Hinzu kommt: Bei höheren Inflationsraten verlangen Geldgeber oft einen Aufschlag auf den Zinssatz als Entschädigung für die Unsicherheit bezüglich der Höhe der kommenden Geldentwertung. In einem weitgehend preisstabilen Umfeld ist diese sogenannte Inflationsrisikoprämie hingegen gering und somit sind die Zinssätze insgesamt niedriger. Niedrigere Zinssätze ihrerseits fördern Investitionen, Wirtschaftswachstum und das Entstehen von Arbeitsplätzen.

Die soziale Bedeutung stabilen Geldes

Stabiles Geld sichert den realen Wert der Einkommen und Ersparnisse und wirkt hierdurch einer inflationsbedingten, willkürlichen Umverteilung entgegen. Die Erfahrung lehrt, dass Inflation besonders zu Lasten wirtschaftlich schwächerer Bevölkerungsgruppen geht. Vor allem diejenigen, die feste Zahlungen wie Rente oder Sozialleistungen erhalten, sind oftmals benachteiligt, denn diese Zahlungen werden zumeist nicht regelmäßig und im gleichen Maße an die Geldentwertung angepasst.

Auch verfügen Bevölkerungsgruppen mit kleinem Einkommen in aller Regel nicht über bedeutendes Sachvermögen, sondern lediglich über Erspartes. Sie können somit den negativen Wirkungen der Inflation nur schlecht ausweichen. Kommt es nämlich zu unerwarteten Preissteigerungen, verlieren solche Sparguthaben an Kaufkraft. Zwar steigen mit der Inflation tendenziell auch die Zinssätze für Kontoguthaben. Dies passiert in der Regel aber nur zeitverzögert und auch nicht in demselben Ausmaß, wie die Inflation steigt. In realer Rechnung – also nachdem man vom Zinssatz die Inflationsrate abgezogen hat – kann die Verzinsung dann schnell negativ werden.

Stabiles Geld schützt diejenigen, die den Folgen von Inflation oft nur schlecht ausweichen können.

Inflation erschwert dadurch den Vermögensaufbau breiter Bevölkerungsschichten und führt auch dazu, dass die Kaufkraft der privaten Altersvorsorge schwindet. Das dämpft die Attraktivität der privaten Vorsorge, was langfristig zu einer Zunahme der Altersarmut führen kann und somit negative Auswirkungen auf Wirtschaft und Gesellschaft hätte.

Durch Inflation werden auch diejenigen benachteiligt, die Steuern zahlen, da sie der sogenannten kalten Progression ausgesetzt sind. Dies bedeutet, dass in einem Steuersystem wie dem deutschen, das nominale Größen (wie Einkommen) besteuert, auch bei rein inflationsbedingten Einkommenszuwächsen höhere Steuersätze zum Tragen kommen, ohne dass sich das Einkommen in realer Betrachtung erhöht hätte. Anders formuliert: Selbst dann, wenn das Einkommen bloß im selben Maße wie die Inflation steigt, nimmt infolge der kalten Progression die durchschnittliche Steuerlast zu. Der Staat hat preisbereinigt folglich mehr Geld zur Verfügung, die privaten Haushalte und Unternehmen weniger. Auch das fördert auf lange Sicht nicht die Wirtschaftsdynamik in einem Land.

Den Kaufkraftverlusten, die Sparer im Fall einer unerwartet hohen Inflation erleiden, stehen die Kaufkraftgewinne der Schuldner gegenüber. Letztere werden tendenziell begünstigt, da ihre nominal fixierten Schulden bei höherer Inflation in realer Betrachtung – also um den Preisanstieg bereinigt – abnehmen. Mit anderen Worten: Der Rückzahlungsbetrag bestehender Schulden bleibt gleich, auch wenn die Inflation deutlich steigt, während das zurückgezahlte Geld inflationsbedingt weniger Kaufkraft hat, also weniger wert ist.

Aber auch aus Sicht der Schuldner ist Inflation häufig mit negativen Folgen verbunden. Denn gerade in Zeiten sich beschleunigender Inflationsraten entstehen Anreize für eine höhere Schuldenaufnahme, um zum Beispiel Sachwerte wie Immobilien zu finanzieren. Eine derartige kreditfinanzierte „Flucht in Sachwerte" ist aber weder aus individueller noch aus gesamtwirtschaftlicher Sicht optimal. Unternehmen und Haushalte treffen bei Inflationsfurcht oftmals Entscheidungen, die nicht aus sich heraus wirtschaftlich sinnvoll sind. Stattdessen sollen diese Entscheidungen dazu dienen, den negativen Folgen der Inflation möglichst auszuweichen. Hierfür wird zum Beispiel in Immobilien investiert, nicht aber in die Anschaffung neuer Maschinen, mit denen sich die Produktion ausweiten ließe. Volkswirtschaftliche Ressourcen werden somit fehlgeleitet. Wenn es dann noch zu Preisblasen am Immobilienmarkt kommt und diese schließlich platzen, kann das nicht nur hohe Verluste für die Investoren bedeuten, sondern auch mit einer massiven Wirtschaftskrise einhergehen.

Stabiles Geld nützt letztlich allen.

Zusammenfassend gilt also: Andauernde und womöglich ausufernde Inflation greift die Grundlagen der marktwirtschaftlichen Ordnung gleich von mehreren Seiten an. Sie verschärft Verteilungskonflikte in der Gesellschaft und führt auf Dauer zu Verlusten bei Wachstum und Beschäftigung. Daher gilt: Stabiles Geld nützt allen.

Negative Wirkungen von Deflation

Auch Deflation, also ein dauerhaft sinkendes Preisniveau, kann gesamtwirtschaftlich schädlich sein. Denn auch dann wird – ähnlich wie bei Inflation – die Signalwirkung der Preise verzerrt und es kann zu unerwünschten Umverteilungseffekten zwischen Sparern und Schuldnern kommen.

Von Deflation im engeren, volkswirtschaftlich schädlichen Sinne spricht man im Falle einer wirtschaftlichen Krisensituation mit einem sich ver-

> *Auch Deflation kann gesamtwirtschaftlich schädlich sein.*

stärkenden Rückgang von Preisen und Löhnen. Rückläufige Preise erscheinen im ersten Moment aus Sparer- und Verbrauchersicht positiv. Allerdings kann diese Entwicklung dazu führen, dass Konsumausgaben in Erwartung weiter sinkender Preise aufgeschoben werden. Dadurch können Unternehmen gezwungen werden, ihre Produktion einzuschränken und ihre Verkaufspreise weiter zu reduzieren, verbunden mit sinkenden Löhnen und Arbeitsplatzabbau. Dies kann im Extremfall zu einer gesamtwirtschaftlichen Abwärtsspirale führen, bei der sich Preis- und Lohnsenkungen, Produktionsrückgänge und zunehmende Arbeitslosigkeit gegenseitig verstärken.

Außerdem kann sich in einer Deflation die reale Schuldenlast von Unternehmen, aber auch von privaten Haushalten, deutlich erhöhen und am Ende sogar erdrückend werden. Während in einer Deflation die Preise für die von den Unternehmen angebotenen Güter zurückgehen und die Löhne tendenziell sinken, bleiben die Rückzahlungsbeträge für Kredite unverändert. Die reale Belastung bestehender Rückzahlungsverpflichtungen nimmt in einem Umfeld allgemein sinkender Preise also zu. Eine solche Entwicklung kann zu vermehrten Insolvenzen und einem Anstieg der notleidenden Kredite in den Bilanzen von Banken führen. Dies wiederum kann die Stabilität des Finanzsystems gefährden und die Volkswirtschaft zusätzlich belasten.

5.4 Geldpolitische Zielsetzung: 2 %

Vorrangiges Ziel der Geldpolitik des Eurosystems ist es, Preisstabilität zu gewährleisten. Nach Auffassung des EZB-Rats kann dies am besten erreicht werden, wenn er eine Inflationsrate in Höhe von 2 % in der mittleren Frist anstrebt. Dieses im Juli 2021 veröffentlichte Inflationsziel ist symmetrisch angelegt, das heißt, negative Abweichungen von diesem Zielwert sind ebenso unerwünscht wie positive. Der Grund für die mittelfristige Ausrichtung liegt darin, dass geldpolitische Maßnahmen erst mit einer bestimmten Zeitverzögerung die Preisniveauentwicklung beeinflussen – oftmals geht man von circa eineinhalb Jahren aus. Einer unerwünschten Preisentwicklung kurzfristig mit den Mitteln der Zentralbank entgegenwirken zu wollen, ist somit gar nicht möglich. Mittelfristig könnte ein solcher Ansatz unbeabsichtigte Preisentwicklungen sogar noch verstärken.

Mit dem Zielwert von 2 % bekommt die Öffentlichkeit einen Maßstab, um die Geldpolitik zu beurteilen.

Das symmetrische Inflationsziel stellt klar, dass für den Euroraum als Ganzes betrachtet eine länger anhaltende Geldentwertung in Höhe von mittelfristig mehr als 2 % genauso wenig mit Preisstabilität zu vereinbaren ist wie eine Inflationsrate von mittelfristig weniger als 2 %. Dies gilt erst recht für eine Deflation, also einen länger anhaltenden Rückgang des allgemeinen Preisniveaus. Indem der EZB-Rat sein geldpolitisches Ziel transparent darlegt, liefert er der Öffentlichkeit einen Maßstab, anhand dessen der Erfolg seiner Geldpolitik beurteilt werden kann.

Gründe für die gewählte geldpolitische Ausrichtung

Auf den ersten Blick mag es überraschen, dass der EZB-Rat nicht ein völlig stabiles Preisniveau und somit eine Inflationsrate in Höhe von 0 % anstrebt. Doch für den Ansatz, im Euroraum auf einen moderaten Anstieg des Harmonisierten Verbraucherpreisindex gegenüber dem Vorjahr abzuzielen, gibt es gute Gründe.

Zum einen bietet ein moderater Preisanstieg insbesondere einen „Sicherheitsabstand" gegen eine deflationäre Entwicklung. Dies ist deshalb geboten, da Deflation ebenso schädlich sein kann wie Inflation. Einer Deflation ist allerdings mit geldpolitischen Mitteln schwerer zu begegnen, weshalb es ratsam ist, es möglichst gar nicht erst dazu kommen zu lassen. Denn während die Zentralbank ihren Leitzins grundsätzlich unbegrenzt erhöhen kann, um die Wirtschaft und somit auch den Preisanstieg zu dämpfen, kann sie den Leitzins allenfalls leicht in den negativen Bereich senken, um die Wirtschaft anzukurbeln und die Inflation zu erhöhen (siehe Abschnitt 6.1). Falls nämlich die Zentralbank den Leitzins deutlich unter 0 % senkte, fielen wohl auch die Zinssätze für Sicht-, Termin- und Spareinlagen deutlich unter 0 %. Sparer müssten dann für ihre Kontoguthaben de facto eine Gebühr zahlen. Um dieser Gebühr zu entgehen, könnten sie dazu übergehen, sich ihre Bankeinlagen in großem Stil in bar auszahlen zu lassen und das Geld zuhause aufzubewahren. Die geldpolitisch beabsichtigte Wirkung der Zinssenkung, nämlich Konsum und Investitionen aufseiten der privaten Haushalte und Unternehmen anzukurbeln, liefe dann ins Leere.

Zum anderen bietet eine leicht positive Preissteigerungsrate einen gewissen Spielraum für einen möglichen kleinen statistischen Messfehler bei der Preismessung. Dieser könnte dazu führen, dass die amtliche Inflationsrate etwas höher ausfällt als die Inflation in Wirklichkeit ist (also ohne diesen Messfehler). Ein Inflationsziel von 0 % würde bei Vorliegen eines Messfehlers die Gefahr bergen, dass sich dann die tatsächliche Inflation bereits im negativen Bereich bewegt. Dies gilt es zu vermeiden.

Außerdem stellt eine Inflationsrate im Euroraum von mittelfristig 2 % auch sicher, dass einzelne Euro-Länder, in denen die Infla-

Es gibt gute Gründe dafür, eine moderate Inflation anzustreben.

tionsrate von der des gesamten Euroraums etwas nach unten abweicht, nicht gleich in eine Deflation geraten. Eine Inflation im Euroraum von 0 % anzustreben, würde nämlich zwingend bedeuten, dass einige Mitgliedsländer negative Inflationsraten haben müssten, wenn in anderen Ländern positive Inflationsraten vorherrschen, damit im Euroraum insgesamt 0 % erreicht werden.

Die Ausrichtung der Geldpolitik des Eurosystems auf eine moderate Inflationsrate in Höhe von 2 % gleicht im Übrigen der gegenwärtigen Ausrichtung anderer Zentralbanken wie zum Beispiel der Bank of England oder des US-amerikanischen Federal Reserve Systems. Auch diese streben eine Inflationsrate in Höhe von 2 % an.

Der Wert stabilen Geldes

Das Wichtigste im Überblick:

- Das vorrangige Ziel des Eurosystems ist, Preisstabilität zu gewährleisten. Preisstabilität bedeutet nicht, dass einzelne Preise stabil bleiben. Vielmehr geht es um die Entwicklung des Preisniveaus insgesamt, also um den Durchschnitt sämtlicher Waren- und Dienstleistungspreise in einer Volkswirtschaft.

- Damit eine Marktwirtschaft reibungslos funktioniert, müssen die Preise für Waren und Dienstleistungen beweglich sein. Nur so zeigen sie die Knappheit der Güter an (Signalfunktion) und bringen Angebot und Nachfrage zum Ausgleich (Markträumungsfunktion).

- Wenn das Preisniveau steigt, dann sinkt die Kaufkraft des Geldes. Für einen gegebenen Geldbetrag kann man sich bei steigendem Preisniveau also weniger Waren und Dienstleistungen kaufen. Der in Gütereinheiten ausgedrückte (reale) Geldwert geht somit infolge von Inflation zurück.

- Da es unmöglich ist, alle Preise einer Volkswirtschaft zu erfassen, nutzt das Statistische Bundesamt (Destatis) für die Preismessung einen repräsentativen „Warenkorb". Auf dieser Basis wird monatlich der Verbraucherpreisindex (VPI) in Deutschland ermittelt.

- Der Verbraucherpreisindex misst die durchschnittliche Preisentwicklung aller Waren und Dienstleistungen, die private Haushalte in Deutschland für Konsumzwecke kaufen. Die Veränderung des Index gegenüber dem Vorjahresmonat wird in Prozent ausgedrückt und als Inflationsrate bezeichnet.

- Der Harmonisierte Verbraucherpreisindex (HVPI) misst die durchschnittliche Preisentwicklung im Euroraum. Er ist der zentrale Gradmesser, um den Erfolg der Geldpolitik im gemeinsamen Währungsgebiet zu beurteilen.

- Preisstabilität ist eine grundlegende Voraussetzung dafür, dass eine Marktwirtschaft reibungslos funktioniert, nachhaltiges Wirtschaftswachstum möglich ist und dass die Vermögensverteilung nicht durch Inflation verzerrt wird.

- Stabiles Geld erfüllt eine wirtschaftliche, aber auch eine soziale Funktion. Preisstabilität schützt insbesondere die „kleinen Leute" vor schleichender Enteignung durch Inflation.

- Eine anhaltende Inflation hingegen führt auf Dauer zu Wachstumsverlusten, gleichzeitig verschärft sie Verteilungskonflikte in der Gesellschaft. Daher gilt: Stabiles Geld nützt allen.

- Nach Auffassung des EZB-Rats kann Preisstabilität am besten gewährleistet werden, wenn er eine Inflationsrate in Höhe von 2 % in der mittleren Frist anstrebt. Dieses Inflationsziel ist symmetrisch angelegt, das heißt, negative Abweichungen von diesem Zielwert sind ebenso unerwünscht wie positive.

- Für eine moderate Teuerungsrate als geldpolitisches Ziel gibt es gute Gründe. Ein leichter Preisanstieg bietet unter anderem einen „Sicherheitsabstand" gegen eine deflationäre Entwicklung. Dies ist deshalb geboten, da Deflation ebenso schädlich sein kann wie Inflation.

Kapitel 6
Die Geldpolitik des Eurosystems

6. Die Geldpolitik des Eurosystems

Vorrangiges Ziel der Geldpolitik ist es, Preisstabilität zu gewährleisten.

Das vorrangige Ziel der Geldpolitik des Eurosystems ist es, Preisstabilität zu gewährleisten. Um dies zu erreichen, beeinflusst die Geldpolitik die Preise aber nicht direkt. Die geldpolitischen Maßnahmen des Eurosystems beeinflussen die Entwicklung des Preisniveaus nur auf mittelbare Weise. Über die einzelnen Maßnahmen entscheidet der EZB-Rat auf Grundlage seiner geldpolitischen Strategie.

6.1 Die Wirkungsweise der Geldpolitik

In einer Marktwirtschaft müssen die Preise der einzelnen Waren und Dienstleistungen beweglich sein, um hierdurch möglichst unverzerrte Signale über die Angebots- und Nachfragesituation auf den Märkten zu geben. Auf diese Art werden die begrenzten Ressourcen der Volkswirtschaft dorthin gelenkt, wo sie gebraucht und am ertragreichsten eingesetzt werden können. Die Preisbildung soll möglichst frei von staatlichen Eingriffen erfolgen. Aus diesem Grund steuert die Zentralbank mit ihrer Geldpolitik nicht die einzelnen Preise. Stattdessen nimmt sie Einfluss auf die gesamtwirtschaftliche Nachfrage, um hierdurch das Preisniveau indirekt zu beeinflussen. Das Preisniveau beschreibt den Durchschnitt aller Preise und bildet sich – vergleichbar mit den Preisen einzelner Güter – durch Angebot und Nachfrage. Es steigt tendenziell, wenn die gesamtwirtschaftliche Nachfrage höher ist als das entsprechende Angebot. Im umgekehrten Fall sinkt es.

Die Geldpolitik beeinflusst das Preisniveau indirekt über die gesamtwirtschaftliche Nachfrage.

Eine wichtige Rolle für die gesamtwirtschaftliche Nachfrage spielen die Zinssätze. Höhere Zinssätze stärken den Anreiz zum Sparen und verteuern die Kreditaufnahme. Wenn dadurch weniger Geld ausgegeben wird, also weniger Waren oder Dienstleistungen gekauft werden, dämpft dies tendenziell die gesamtwirtschaftliche Nachfrage und somit die Preisentwicklung. Umgekehrt führen niedrigere Zinssätze in der Tendenz zu einer steigenden (auch kreditfinanzierten) Nachfrage und somit zu einem höheren Preisniveau.

Die Zinssätze auf dem Kredit- und Kapitalmarkt haben als Preis für die Kreditaufnahme bzw. als Vergütung für das Sparen somit eine wichtige Signal- und Lenkungsfunktion. Sie werden von der Zentralbank allerdings nicht direkt bestimmt. Das klassische geldpolitische Instrumentarium setzt vielmehr bei den Zinssätzen an, zu denen sich die Geschäftsbanken Zentralbankgeld bei der Zentralbank leihen. Änderungen dieser Zinssätze wirken sich dann mittelbar auf die Zinssätze auf dem Kredit- und Kapitalmarkt und damit am Ende auch auf die gesamtwirtschaftliche Nachfrage aus.

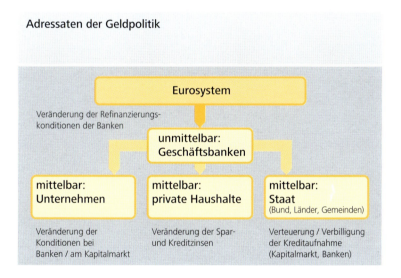

Ansatzpunkt der Geldpolitik: Der Bedarf an Zentralbankgeld

Ein wichtiger Ansatzpunkt der Geldpolitik ist der Bedarf der Geschäftsbanken an Zentralbankgeld – das sind das Buchgeld der Geschäftsbanken auf dem Konto einer Zentralbank sowie das umlaufende Bargeld. Dieser sogenannte Refinanzierungsbedarf ergibt sich aus drei Gründen: aus dem Bargeldbedarf, aus der Abwicklung des bargeldlosen Zahlungsverkehrs über Zentralbankkonten sowie aus der Pflicht zum Halten einer Mindestreserve auf dem Zentralbankkonto.

Die Bankkunden fragen Zentralbankgeld in Form von Bargeld nach, um mit dem Bargeld ihre Einkäufe zu bezahlen oder um es zur Wertaufbewahrung zu nutzen. Das Bargeld bekommen sie in der Regel von Geschäftsbanken, indem sie es beispielsweise am Geldautomaten abheben. Das dafür benötigte Bargeld müssen sich die Banken bei der Zentralbank beschaffen. Hierfür lassen sie sich Geld vom Guthaben auf ihrem Zentralbankkonto in bar auszahlen.

Außerdem benötigen Geschäftsbanken Zentralbankgeld, um den bargeldlosen Zahlungsverkehr abzuwickeln. Die Geschäftsbanken führen diese unbaren Zahlungen in der Regel über Konten bei der Zentralbank aus. Banken können Überweisungen untereinander aber nur dann ausführen, wenn sie auf ihrem Konto bei der Zentralbank über ein ausreichend hohes Guthaben verfügen.

Zudem können Zentralbanken die Geschäftsbanken verpflichten, eine Mindestreserve zu halten. Dies bedeutet, dass eine Geschäftsbank auf ihrem Konto bei der Zentralbank ein Mindestguthaben halten muss. Auch hieraus erwächst den Banken ein Bedarf an Zentralbankgeld (siehe Abschnitt 6.3.1).

Zentralbankgeld kann nur die Zentralbank schaffen. Diese Monopolstellung ist ein wichtiger Hebel der Geldpolitik. Zentralbankgeld erhalten die Banken üblicherweise als Kredite von der Zentralbank. Den Kreditbetrag schreibt die kreditgewährende Zentralbank der Geschäftsbank auf deren Zentralbankkonto als Einlage gut. Die Geschäftsbanken müssen für den Kredit Zinsen zahlen. Die Höhe dieses Zinssatzes beeinflusst über den sogenannten Transmissionsmechanismus indirekt alle anderen Zinssätze im Finanzsystem. Er wird deshalb „Leitzins" genannt.

Der Geldmarkt

Obwohl jede Geschäftsbank Zentralbankgeld benötigt, nehmen im Euroraum längst nicht alle von ihnen an den Verfahren teil, mit denen das Eurosystem mittels Kreditvergabe Zentralbankgeld gewährt (sogenannte Refinanzierungsgeschäfte). Die meisten Banken überlassen dies den größeren Instituten. Diese verleihen dann einen Teil des erhaltenen Zentralbankgeldes gegen Zinsen an andere Banken. Der Markt, auf dem Angebot und Nachfrage nach diesen Interbankenkrediten an Zentralbankgeld zusammentreffen, heißt Geldmarkt (Kurzform für „Markt für Zentralbankgeld"). Der Zinssatz, der beim Handel von Zentralbankgeld zwischen den Geschäftsbanken bezahlt wird, hat auch eine Signalfunktion. Er spiegelt wider, ob Zentralbankgeld im Bankensektor insgesamt reichlich (Interbankenzinssatz unter dem Hauptrefinanzierungssatz) oder eher begrenzt verfügbar ist (Interbankenzinssatz über dem Hauptrefinanzierungssatz, siehe hierzu „Geldmarktsteuerung" unter 6.3.3).

Am häufigsten wird am Geldmarkt „Tagesgeld" gehandelt. Bei diesen Interbankenkrediten verleihen Geschäftsbanken mit einem Überschuss an Zentralbankgeld einen bestimmten Betrag an andere Geschäftsbanken, die einen Bedarf an Zentralbankgeld haben. Die Laufzeit solcher Geschäfte beträgt lediglich einen Tag. Es handelt sich bei Tagesgeld also um Übernachtkredite: Bereits am nächsten Tag werden diese Kredite samt Zinsen zurückgezahlt. Auf dem Geldmarkt werden aber neben Tagesgeld auch Interbankenkredite mit Laufzeiten von einer Woche oder von einem oder mehreren Monaten gehandelt.

Bis zum Ausbruch der Banken- und Finanzkrise 2007/2008 haben sich die Geschäftsbanken über den Geldmarkt meistens unbesicherte Kredite gewährt, sie haben also keine gesonderten Kreditsicherheiten von ihren Kreditnehmern verlangt. Als plötzlich die Befürchtung aufkam, dass Banken über Nacht insolvent werden könnten, versiegte dieser Kredithandel zeitweilig. Mittlerweile hat sich die Kreditvergabe zwischen den Geschäftsbanken wieder erholt, besicherte Kredite bleiben jedoch die Regel.

Der Transmissionsmechanismus

Zentralbanken versuchen klassischerweise, über das „Drehen an der Leitzinsschraube" Geldwertstabilität sicherzustellen. Eine vereinfachte Darstellung des Transmissionsmechanismus illustriert, wie eine Änderung des Leitzinses auf die Preisentwicklung und damit auf die Inflationsrate üblicherweise wirkt:

Transmission geldpolitischer Impulse

(schematische und stark vereinfachte Darstellung)

Leitzins	↑	↓
Geldmarktzinsen	↑	↓
Bankzinsen Kapitalmarktzinsen	↑	↓
Nachfrage nach Krediten Geldmenge	↓	↑
Nachfrage auf Gütermärkten	↓	↑
Preisentwicklung	↓	↑

Ausgangspunkt der dargestellten geldpolitischen Wirkungskette – hier des sogenannten Zinskanals – ist der von der Zentralbank festgelegte Zinssatz (also der Preis), zu dem sich Banken von der Zentralbank Geld leihen können. Erhöht die Zentralbank den Leitzinssatz, dann steigen normalerweise auch die Zinssätze am Interbankenmarkt (Geldmarkt), auf dem Zentralbankgeld in Form von Kontoguthaben bei der Zentralbank zwischen den Geschäftsbanken gehandelt wird. Den gestiegenen Preis für Zentralbankgeld geben die Banken üblicherweise an ihre Kunden weiter, indem sie ihre Zinssätze für Kredite an

Unternehmen und Privatpersonen anheben. Wenn diese Bankkredite teurer werden, geht die Nachfrage nach solchen Krediten in der Regel zurück. In der Folge wird die kreditfinanzierte Nachfrage nach Gütern und Dienstleistungen in der Volkswirtschaft schwächer. Die Unternehmen haben in einem solchen Umfeld weniger Spielraum, Preiserhöhungen durchzusetzen. In der Folge wird der gesamtwirtschaftliche Preisauftrieb gedämpft, die Inflationsrate geht zurück.

Der geldpolitische Transmissionsprozess beginnt mit einer Änderung des Leitzinses.

Umgekehrt verhält es sich, wenn die Zentralbank ihren Leitzinssatz senkt: Für Unternehmen und Haushalte wird es günstiger, Bankkredite aufzunehmen. Dies wiederum regt die kreditfinanzierte Investitionstätigkeit der Unternehmen an und erhöht gleichzeitig die Nachfrage der Verbraucher nach langlebigen Konsumgütern. Die gesamtwirtschaftliche Nachfrage steigt. Unternehmen können ihre Preise einfacher und gleichzeitig stärker erhöhen. Die Inflationsrate nimmt tendenziell zu.

Auswirkungen von Leitzinsänderungen auf die Kapitalmarktzinsen

Auf dem Kapitalmarkt verschaffen sich große Unternehmen und staatliche Stellen langfristig finanzielle Mittel, indem sie Anleihen (auch Schuldverschreibungen genannt) verkaufen und somit einen Kredit aufnehmen. Der Herausgeber der Anleihe bezahlt dem Käufer (Inhaber) regelmäßig Zinsen. Am Ende der Laufzeit wird die Anleihe durch den Emittenten zurückgekauft (getilgt). Anleihen werden täglich an Börsen gehandelt.

Die langfristigen Kapitalmarktzinsen, also die Zinssätze auf dem Anleihemarkt, folgen nicht zwingend einer Leitzinsänderung. Senkt beispielsweise die Zentralbank ihren Leitzins,

Die Kapitalmarktzinsen folgen nicht zwingend der Leitzinsänderung.

dann sinken die langfristigen Kapitalmarktzinsen nicht unbedingt im gleichen Ausmaß. Sie könnten sogar steigen, wenn die Anleger fürchten, dass es infolge der Leitzinssenkung mittelfristig zu höherer Inflation kommt. In einem solchen Fall verlangen die Anleger für den erwarteten, also durch die höhere Inflation bedingten Kaufkraftverlust ihrer Geldanlage einen Ausgleich – und zwar in Form höherer Zinssätze. Auch eine solche unerwünschte Reaktion muss die Zentralbank bei Auswahl und Dosierung ihrer geldpolitischen Instrumente berücksichtigen. Damit die Zentralbank mit ihren geldpolitischen Entscheidungen möglichst den gewünschten Effekt auf das Zinsniveau hat, kommt es entscheidend auf ihre Glaubwürdigkeit und Stabilitätsorientierung an.

Wechselkurseinflüsse

Ein weiterer wichtiger Wirkungskanal der Geldpolitik ist der Wechselkurskanal. Der Wechselkurs ist der Preis einer Währung ausgedrückt in Einheiten einer anderen Währung. Auch er reagiert auf geldpolitische Änderungen. Steigen beispielsweise die inländischen Zinssätze stärker als die ausländischen, so wird eine Geldanlage am heimischen Kapitalmarkt tendenziell attraktiver – sowohl für inländische als auch für ausländische Anleger. Dadurch entsteht eine höhere Nachfrage nach inländischer Währung, wodurch sie sich relativ zur ausländischen Währung verteuert. Voraussetzung hierfür ist, dass der Wechselkurs staatlicherseits nicht fest vorgegeben ist. Umgekehrt verläuft der Prozess, wenn die Zinssätze im Inland im Vergleich zum Ausland sinken.

Solche Wechselkursänderungen haben Auswirkungen auf die gesamtwirtschaftliche Nachfrage und damit auch auf die Entwicklung des Preisniveaus. Gewinnt beispielsweise der Euro gegenüber einer anderen Währung an Wert („Aufwertung des Euro"), werden Produkte aus dem anderen Währungsraum für Käufer im Euroraum günstiger (Importpreise sinken) und daher stärker nachgefragt. In der Folge geht die Nachfrage im Euroraum nach eigenen Produkten tendenziell zurück, was den Preisdruck und somit die Inflationsrate dämpft. Gleichzeitig müssen die ausländischen Nachfrager – in ausländischer Währung gerechnet – nach einer Aufwertung des Euro mehr für die Güter aus dem Euroraum bezahlen (Exportpreise steigen). So nimmt auch die ausländische Nachfrage nach solchen Gütern in der Tendenz ab. Dies dämpft ebenfalls den Preisanstieg im Euroraum.

Auch Wechselkursänderungen beeinflussen die Nachfrage und somit die Preisentwicklung.

Umgekehrt verhält es sich bei einer Abwertung des Euro: Aus Sicht des Euroraums verteuern sich die Einfuhren ausländischer Güter (Importpreise steigen), was die Nachfrage nach diesen Gütern dämpft. Die Nachfrage nach heimischen Gütern nimmt dadurch im Gegenzug tendenziell zu. In der Folge steigen die Preise – und damit die Inflationsrate. Gleichzeitig verbessern sich durch die Abwertung die Absatzmöglichkeiten für Lieferungen ins Ausland (Exportpreise sinken). Die Folge: Auch die ausländische Nachfrage nach Gütern im Euroraum steigt, was ebenfalls zu höheren Preisen und einer steigenden Inflationsrate führt.

Auswirkungen von Wechselkursveränderungen auf die Verbraucherpreise

(schematische und stark vereinfachte Darstellung)

	Aufwertung	Abwertung
Importpreise	↓	↑
Exportpreise	↑	↓
Güternachfrage im Inland	↓	↑
Preisentwicklung	↓	↑

Die Wirkung der Geldpolitik ist nicht immer klar vorherzusehen

Der Übertragungsprozess geldpolitischer Impulse ist komplex. Es gibt mehrere Wirkungsketten, die sich auf unterschiedliche Art und Weise gegenseitig beeinflussen können. Manche dieser Prozesse laufen schnell ab: Die Finanzmärkte zum Beispiel reagieren meist unmittelbar auf Änderungen des Leitzinssatzes. Bei Banken dauert es hingegen oft einige Zeit, bis sie eine Leitzinssenkung an ihre Kunden in Form niedrigerer Kreditzinssätze weitergeben. Wie schnell sich die gesamtwirtschaftliche Nachfrage und die Preise verändern, hängt zudem nicht allein von der Veränderung des Leitzinssatzes ab. Relevant sind auch viele andere Faktoren, wie etwa die Entwicklung der Weltwirtschaft oder die Intensität des Wettbewerbs. Hinzu kommt, dass das Verhalten von Unternehmen, Konsumenten, Banken und Staat einem ständigen Wandel unterliegt.

Eine Zentralbank muss die langen und variablen Wirkungsverzögerungen der Geldpolitik stets im Blick behalten und möglichst vorausschauend handeln. Das stellt insbesondere für das Eurosystem eine hohe Anforderung an die geldpolitische Analysefähigkeit dar, da es in den einzelnen Euro-Ländern unterschiedliche Finanzierungsgewohnheiten, Konjunkturzyklen und Wirtschaftsstrukturen gibt.

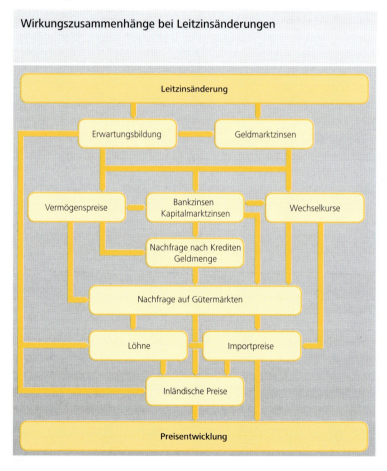

Wirkungszusammenhänge bei Leitzinsänderungen

Inflationserwartungen

Aus geldpolitischer Perspektive sind die Inflationserwartungen in der Öffentlichkeit von besonderer Bedeutung. Sind die Preise gestiegen und erwarten die Menschen, dass die Inflation dauerhaft zunimmt, werden die Gewerkschaften typischerweise versuchen, dem erwarteten Kaufkraftverlust mithilfe höherer Löhne entgegenzuwirken. In der Folge werden die Unternehmen versuchen, die erhöhten Lohnkosten auf die Preise ihrer Güter und Dienstleistungen zu überwälzen. So kann im ungünstigsten Fall eine Preis-Lohn-Spirale entstehen, bei der sich die Preis- und Lohnanstiege gegenseitig aufschaukeln. Wenn infolgedessen die Inflation dauerhaft deutlich steigt, gefährdet dies das Ziel der Preisstabilität.

> *Die erwartete Inflation beeinflusst die spätere tatsächliche Inflation.*

Das erwartete Ausmaß der Inflation hat also erheblichen Einfluss darauf, wie hoch die Inflation mittelfristig tatsächlich sein wird. Die Geldpolitik muss deshalb durch eine überzeugende Stabilitätspolitik und eine transparente Kommunikation Vertrauen in die Wertbeständigkeit des Geldes schaffen. Es gilt, die Inflationserwartungen im Einklang mit dem Ziel der Preisstabilität zu halten. Auch die Glaubwürdigkeit einer Zentralbank kann daran gemessen werden, wie hoch die Inflationserwartungen in der Öffentlichkeit sind. Ist die Glaubwürdigkeit hoch, sind die Inflationserwartungen auf Höhe des Preisstabilitätsziels verankert.

6.2 Die geldpolitische Strategie

Um sein vorrangiges Ziel zu erreichen, Preisstabilität im Euroraum zu gewährleisten, folgt der EZB-Rat einer geldpolitischen Strategie. Sie legt das Ziel fest und beschreibt, welche geldpolitischen Instrumente und Indikatoren hierfür geeignet sind. Die Strategie bildet damit ein systematisches Rahmenwerk, innerhalb dessen der EZB-Rat seine geldpolitischen Entscheidungen trifft. Gleichzeitig dient die Strategie dazu, geldpolitische Entscheidungen gegenüber der Öffentlichkeit klar und nachvollziehbar zu machen.

Im Juli 2021 gab der EZB-Rat seine neue geldpolitische Strategie bekannt. Ein wesentliches Element der Strategie ist das symmetrische Inflationsziel von mittelfristig 2 %. Symmetrie bedeutet, dass negative Abweichungen von diesem Zielwert ebenso unerwünscht sind wie positive (siehe Abschnitt 5.4). Der Harmonisierte Verbraucherpreisindex (HVPI) bleibt weiterhin die Messgröße für Preisstabilität im Euroraum (siehe Abschnitt 5.2).

Im Juli 2021 gab der EZB-Rat seine neue geldpolitische Strategie bekannt.

Das primäre geldpolitische Instrument des Eurosystems sind die Leitzinsen. Falls notwendig, wird der EZB-Rat auf andere Instrumente wie den Ankauf von Wertpapieren, längerfristige Refinanzierungsgeschäfte und Forward Guidance zurückgreifen (siehe Abschnitt 6.3).

Innerhalb seines Mandats wird das Eurosystem künftig die Implikationen des Klimawandels berücksichtigen. Auch wenn die Verantwortung für den Klimaschutz primär in den Händen der Politik liegt, wirkt sich der Klimawandel auch auf die gesamtwirtschaftliche Preisentwicklung aus. Der EZB-Rat hat sich daher vorgenommen, neben der umfassenden Berücksichtigung von Klimafaktoren in seiner geldpolitischen Beurteilung auch seinen geldpolitischen Handlungsrahmen in Bereichen wie Risikobewertung, Ankäufe von Wertpapieren und Sicherheitenrahmen anzupassen.

Grundlage der geldpolitischen Beschlüsse ist eine umfassende Bewertung sämtlicher Faktoren, die für die Preisentwicklung von Bedeutung sind. Hierfür stützt sich der EZB-Rat auf zwei ineinandergreifende Analysestränge: die „wirtschaftliche Analyse" und die „monetäre und finanzielle Analyse". Im Rahmen dieses integrierten Analyseansatzes prüft der EZB-Rat auch die Verhältnismäßigkeit und mögliche Nebenwirkungen seiner geldpolitischen Entscheidungen. Dementsprechend breit fällt die Analyse aus.

Der integrierte Analyserahmen des Eurosystems

Mit der wirtschaftlichen Analyse macht sich das Eurosystem anhand einer Fülle gesamtwirtschaftlicher Indikatoren ein umfassendes Bild von den wirtschaftlichen Entwicklungen, die für die Inflationsaussichten bedeutend sind.

Der EZB-Rat stützt seine Geldpolitik auf zwei ineinandergreifende Analyseansätze.

Die Geldpolitik des Eurosystems

Bei der monetären und finanziellen Analyse liegt der Fokus auf der geldpolitischen Transmission von der Zentralbank über den Finanzsektor bis in die Realwirtschaft. Zudem werden Risiken für die Preisstabilität analysiert, die sich aus monetären und finanziellen Faktoren ergeben können.

Der integrierte Analyserahmen berücksichtigt die vielfältigen Verflechtungen zwischen wirtschaftlichen, monetären und finanziellen Entwicklungen. In der Gesamtschau ergibt sich ein umfassendes und robustes Bild, mit dessen Hilfe Inflationsrisiken frühzeitig und verlässlich erkannt werden können.

Wirtschaftliche Analyse

Ziel der wirtschaftlichen Analyse ist es, die zukünftige Preisentwicklung umfassend einschätzen und mögliche Risiken für die Geldwertstabilität vorab erkennen zu können. Hierfür wird die wirtschaftliche Entwicklung in den Blick genommen und laufend bewertet. Zu den Faktoren, von denen Gefahren für die Preisstabilität ausgehen können, zählen beispielsweise die konjunkturelle Entwicklung (Zusammenspiel von Güterangebot und Güternachfrage), die binnenwirtschaftliche Kostensituation (Löhne und Lohnverhandlungen) und die außenwirtschaftliche Lage (Wechselkurse und Rohstoffpreise). Dabei wird zwischen den sogenannten Erst- und Zweitrundeneffekten von Preisänderungen unterschieden. Die wirtschaftliche Analyse berücksichtigt zudem strukturelle Trends, denen die Volkswirtschaft unterliegt (z.B. Globalisierung, demografische Alterung, Digitalisierung oder Klimawandel). Ferner geben Finanzmarktpreise und entsprechende Umfragen Anhaltspunkte für die Inflationserwartungen der Wirtschaftsteilnehmer.

Die wirtschaftliche Analyse soll Risiken für die Preisstabilität frühzeitig erkennen.

Darüber hinaus liefern die „gesamtwirtschaftlichen Projektionen" des Eurosystems ein zusammenhängendes Bild der aktuellen und voraussichtlichen Entwicklung der Wirtschaft. Diese Projektionen werden zweimal jährlich gemeinsam von Fachleuten der EZB und der nationalen Zentralbanken erstellt und im Juni und Dezember veröffentlicht. Im März und September eines jeden Jahres werden die Projektionen von Experten der EZB aktualisiert.

Im Zentrum der Projektionen stehen Vorausschätzungen zur gesamtwirtschaftlichen Leistung (Bruttoinlandsprodukt) und der Verbraucherpreisentwicklung (gemessen am Harmonisierten Verbraucherpreisindex). Der Begriff „Projektion" bringt zum Ausdruck, dass es sich hierbei um das Ergebnis eines Szenarios handelt, das auf einer Reihe von Annahmen basiert, zum Beispiel hinsichtlich der Entwicklung des Ölpreises oder der Wechselkurse.

Erst- und Zweitrundeneffekte

In der geldpolitischen Analyse wird zwischen den Erst- und Zweitrundeneffekten unterschieden. Der Erstrundeneffekt beschreibt, wie sich Preisänderungen einzelner Produkte oder Dienstleistungen in der allgemeinen Preisentwicklung niederschlagen. Nehmen wir als Beispiel einen Anstieg des Rohölpreises: Dieser Anstieg führt zu unmittelbaren Preissteigerungen bei vielen Ölprodukten, wie zum Beispiel Benzin (direkter Erstrundeneffekt). Dieser Rohölpreisanstieg hat aber auch Preissteigerungen anderer Waren und Dienstleistungen zur Folge, in denen Ölprodukte ein wichtiger Kostenfaktor sind, wie etwa Flugreisen (indirekter Erstrundeneffekt).

Allerdings ist keinesfalls sicher, in welchem Ausmaß und für wie lange ein Anstieg des Rohölpreises auf die nachgelagerten Preise durchschlägt. Denn dies hängt zum einen von Faktoren wie der konjunkturellen Lage der Volkswirtschaft sowie der Marktmacht der betroffenen Unternehmen ab, also davon, wie leicht Unternehmen höhere Kosten mittels höherer Preise an die Verbraucher weitergeben können. Zum anderen spielen auch die Reaktionen der Verbraucher auf die Preiserhöhungen eine Rolle. Es kommt darauf an, ob die Verbraucher den Konsum der verteuerten Produkte und Dienstleistungen einschränken oder die verteuerten Güter durch andere ersetzen, die billiger sind. Oder aber sie ändern ihre Konsumgewohnheiten nicht und bauen zur Finanzierung der erhöhten Ausgaben ihre Ersparnisse ab oder Schulden auf.

Die Geldpolitik ist typischerweise nicht in der Lage, Einfluss auf die ursprüngliche Preisänderung der ersten Runde und auf den daraus resultierenden Effekt auf die Inflationsrate zu nehmen. Viele Zentralbanken verfolgen deshalb den Ansatz, durch diese Erstrundeneffekte „hindurchzuschauen". Das heißt, sie konzentrieren sich stattdessen auf den allgemeinen Preistrend. In diesem Zusammenhang ist auch relevant, dass Erstrundeneffekte nur einen vorübergehenden Einfluss auf die Teuerungsrate haben. Dies rührt daher, dass eine einmalige Preisänderung nach einem Jahr nicht mehr in der Inflationsrate zu messen ist, da diese die Preisveränderung im 12-Monats-Vergleich misst.

Die Geldpolitik muss aber im Auge behalten, dass die Preisänderungen der ersten Runde keine späteren Zweitrundeneffekte nach sich ziehen, die zu einem anhaltenden Anstieg der Inflationsrate führen können. Unter Zweitrundeneffekten sind Reaktionen von Marktteilnehmern auf die Preissteigerung in der ersten Runde zu verstehen. Im Zentrum steht hier die Entwicklung der Löhne. Sind beispielsweise nach einem Anstieg des Rohölpreises die Gewerkschaften bestrebt, den hierdurch ausgelösten Kaufkraftverlust durch eine kräftige Lohnerhöhung auszugleichen, entsteht die Gefahr einer Preis-Lohn-Spirale. In einem solchen Fall würden sich steigende Preise und steigende Löhne wechselseitig aufschaukeln. Als Folge könnte es zu einer sich weiter beschleunigenden Inflation kommen.

Monetäre und finanzielle Analyse

Zu Beginn der Währungsunion stand bei der monetären Analyse im Vordergrund, dass es in der langen Frist einen vielfach belegten, recht engen Zusammenhang zwischen Geldmengenwachstum und Inflation gab. Danach führte – stark vereinfacht ausgedrückt – eine übermäßige Ausweitung der Geldmenge auf Dauer zu einem übermäßigen allgemeinen Preisanstieg. Im Umfeld niedriger und relativ stabiler Inflationsraten der vergangenen Jahre hat sich der Geldmengen-Preis-Zusammenhang allerdings abgeschwächt. Die unmittelbare Aussagekraft des Geldmengenwachstums als Indikator für die künftige Preisentwicklung hat deshalb auch im Euroraum abgenommen.

Dennoch enthalten monetäre und finanzielle Größen weiterhin wichtige Informationen über mögliche Inflationsrisiken. Dies gilt nicht nur für die Entwicklung der Geldmenge und ihrer Komponenten, sondern auch für die Kreditvergabe der Banken und die weiteren Finanzierungsbedingungen und Finanzierungsstrukturen der Wirtschaft. Die Zusammenhänge zwischen diesen Einflussfaktoren und dem Preisniveau sind jedoch komplex und bedürfen deshalb einer gründlichen Analyse. Das Eurosystem nutzt daher ein breites Spektrum an Modellen, um aus der Entwicklung dieser Größen Aussagen über künftige Preisrisiken abzuleiten.

Die monetäre und finanzielle Analyse nimmt insbesondere den Transmissionsmechanismus in den Blick.

Die monetäre Analyse wurde seit Beginn der Währungsunion stetig weiterentwickelt und um finanzielle Aspekte ergänzt, daher spricht der EZB-Rat seit Sommer 2021 von der monetären und finanziellen Analyse. Ihr Schwerpunkt liegt heute vor allem darin, die Transmission geldpolitischer Maßnahmen durch den Bankensektor in die Realwirtschaft zu analysieren (siehe Kapitel 6.1). So liefert zum Beispiel die Analyse der Kreditentwicklung Informationen darüber, ob eine geldpolitische Zinsänderung überhaupt ihren Weg über die Banken zu den privaten Haushalten und Unternehmen findet. Denn es kann zum Beispiel auch Situationen geben, in denen Leitzinssenkungen nicht von den Banken weitergegeben werden. In diesem Fall sind trotz niedrigerer Leitzinsen gar keine Auswirkungen auf das Ausgabeverhalten der privaten Haushalte und Unternehmen zu erwarten. Informationen über die geldpolitische Transmission helfen auch dabei, die Wirksamkeit geldpolitischer Maßnahmen abseits der klassischen Leitzinsänderungen – wie zum Beispiel der Ankaufprogramme – zu beurteilen und ihre Ausgestaltung an ein sich änderndes Umfeld anzupassen.

Die monetäre und finanzielle Analyse blickt zudem auch auf Aspekte der Finanzstabilität. Die Stabilität der Finanzmärkte und Finanzintermediäre (zum Beispiel der Banken, Versicherer und Fonds) ist eine wichtige Voraussetzung für die Geldwertstabilität. Aus Sicht der Geldpolitik stellt sich insbesondere die Frage, ob sich in der längeren

Auch Aspekte der Finanzstabilität werden in der monetären und finanziellen Analyse berücksichtigt.

Die Geldpolitik des Eurosystems

Vorrangiges Ziel: Preisstabilität

Geldpolitische Strategie des Eurosystems
Symmetrisches Inflationsziel von mittelfristig 2 %

Der EZB-Rat trifft geldpolitische Entscheidungen auf Grundlage einer Bewertung aller relevanten Faktoren.

Wirtschaftliche Analyse
- Wirtschaftliche Entwicklungen, Schocks und strukturelle Trends (wie Klimawandel und Globalisierung)
- Risiken für Wirtschaft und Preisstabilität

Monetäre und finanzielle Analyse
- Geldpolitischer Transmissionsmechanismus
- Informationen zu Preisrisiken aus Geldmengen, Krediten und finanziellen Größen
- Aspekte der Finanzstabilität

Der integrierte Analyserahmen berücksichtigt wechselseitige Abhängigkeiten zwischen beiden Analysen.

Frist finanzielle Fehlentwicklungen aufbauen. Hierzu zählen beispielsweise eine zu hohe Verschuldung von Unternehmen oder privaten Haushalten sowie spekulative Preisblasen an den Anleihe-, Aktien- oder Immobilienmärkten. Aus solchen Fehlentwicklungen können sich gravierende Risiken für die Finanzstabilität ergeben. Ein mögliches Szenario wäre beispielsweise ein Anstieg der Unternehmensinsolvenzen, daraus resultierende Ertragsprobleme bei den kreditvergebenden Banken und in der Folge eine Unterversorgung der Wirtschaft mit Krediten. Die Geldpolitik muss solche Risiken in ihre Überlegungen einbeziehen, wenn sie Auswirkungen auf die Preisstabilität haben könnten.

Darüber hinaus untersucht die monetäre und finanzielle Analyse, ob die Geldpolitik unerwünschte Nebenwirkungen für die Finanzstabilität hat. Denn Geldpolitik kann ihrerseits die Finanzstabilität belasten, zum Beispiel, wenn sie zu einem anhaltend zu niedrigen Zinsniveau beiträgt. Derartige Nebenwirkungen können gegebenenfalls durch Anpassungen des geldpolitischen Instrumentariums verringert werden.

6.3 Die geldpolitischen Instrumente

Die geldpolitischen Entscheidungen werden im EZB-Rat getroffen. Die operative Durchführung der Geldpolitik liegt bei den nationalen Zentralbanken, in Deutschland also bei der Bundesbank. Bei ihnen unterhalten die Geschäftsbanken ihre Zentralbankkonten und darauf die Mindestreserve. Die geldpolitischen Refinanzierungsgeschäfte (Offenmarktgeschäfte) und das Management der Sicherheiten werden ebenfalls von den nationalen Zentralbanken durchgeführt. In Ausnahmefällen darf die EZB Geldmarktgeschäfte mit ausgewählten Geschäftspartnern direkt abwickeln.

Die Nutzung der geldpolitischen Instrumente durch das Eurosystem und die Art der Geldmarktsteuerung haben sich seit Ausbruch der Banken- und Finanzkrise 2007/2008 deutlich verändert. Während der Zentralbankgeldbedarf der Geschäftsbanken vor der Krise vor allem mittels kurzlaufender Hauptrefinanzierungsgeschäfte gedeckt wurde, stehen mittlerweile vor allem langfristige Refinanzierungsgeschäfte und dauerhafte Wertpapierkäufe durch das Eurosystem im Mittelpunkt der geldpolitischen Operationen.

6.3.1 Mindestreserve

Die Banken sind verpflichtet, Mindestguthaben bei der Zentralbank zu halten.

Die Mindestreservepflicht ist ein Bestandteil des geldpolitischen Handlungsrahmens des Eurosystems. Um sie zu erfüllen, müssen Geschäftsbanken eine Mindesteinlage auf ihrem Zentralbankkonto halten. Dadurch haben die Banken einen stabilen Bedarf an Zentralbankgeld. Über die Höhe der zu haltenden Mindestreserven kann der EZB-Rat den Bedarf der Geschäftsbanken an Zentralbankgeld beeinflussen.

Berechnung der Mindestreserve

Die Höhe der Mindestreserve ergibt sich aus den reservepflichtigen Verbindlichkeiten einer Geschäftsbank, gemessen am Ende ausgewählter Monate (Monatsultimo). Reservepflichtig sind beispielsweise täglich fällige Kundeneinlagen, Termin- und Spareinlagen, aber auch von den Banken begebene Schuldverschreibungen mit vereinbarter Laufzeit von bis zu zwei Jahren sowie Geldmarktpapiere. Diese reservepflichtigen Verbindlichkeiten werden mit dem Mindestreservesatz multipliziert. Die Geschäftsbank muss den sich so ergebenden Betrag als Einlage bei der Zentralbank halten. Die Mindestreserveperiode beginnt jeweils am Mittwoch nach der geldpolitischen EZB-Ratssitzung und dauert – abhängig von der zeitlichen Lage der Sitzung – typischerweise 42 oder 49 Tage. Der Mindestreservesatz beträgt derzeit 1 %.

> *Die Höhe der Mindestreserve berechnet sich aus Verbindlichkeiten der Bank.*

Pufferfunktion der Mindestreserve

Die Banken müssen die vorgeschriebene Mindestreserve nicht an jedem Tag in voller Höhe als Einlage auf ihrem Zentralbankkonto halten, sondern nur im Durchschnitt über die gesamte Mindestreserveperiode. Das verschafft den Banken Flexibilität, da das Reserveguthaben wie ein Puffer wirken kann: Fließt einer Bank beispielsweise durch den Zahlungsverkehr ihrer Kundschaft an einem Tag Zentralbankgeld ab, mindert das die bestehende Zentralbankgeld-Einlage und somit auch die Anrechnung für die Mindestreservehaltung. Der Bank steht es dann frei, ihre Einlage durch Kreditaufnahme am Geldmarkt noch am gleichen Tag wieder zu erhöhen oder aber abzuwarten, ob ihr an den folgenden Tagen Zentralbankgeld zufließt.

> *Die Mindestreserve muss nicht ständig in voller Höhe, sondern nur im Durchschnitt gehalten werden.*

Durch die Möglichkeit, die Mindestreserve nur im Durchschnitt der Mindestreserveperiode erfüllen zu müssen, ist es für die Banken nicht nötig, ständig am Geldmarkt aktiv zu sein. Das wiederum trägt zur Stabilisierung der Geldmarktzinssätze bei, da diese somit nicht nachfragebedingt permanent schwanken. Jede Geschäftsbank muss jedoch sicherstellen, dass sie am letzten Tag der Mindestreserveperiode das Mindestreserve-Soll im Durchschnitt erfüllt hat.

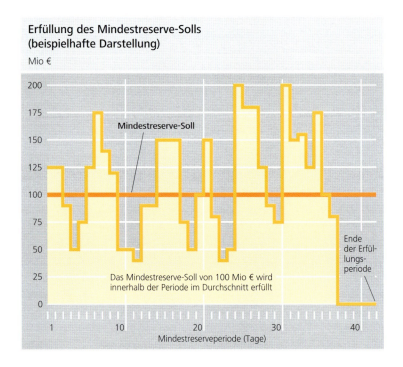

Die als Mindestreserve gehaltenen Guthaben der Geschäftsbanken bei den nationalen Zentralbanken werden verzinst. Seit Mitte Dezember 2022 ist hierfür der Zinssatz der Einlagefazilität relevant. Zuvor wurden die Mindestreserveguthaben mit dem (höheren) Hauptrefinanzierungssatz verzinst. Der EZB-Rat beschloss diese Änderung, da unter den vorherrschenden Marktbedingungen der Einlagesatz besser diejenigen Zinssätze widerspiegelt, zu denen Banken am Geldmarkt Geld aufnehmen oder anlegen können.

Der Betrag einer Bank auf ihrem Zentralbankkonto, der ihr Mindestreserve-Soll übersteigt, wird als „Überschussreserven" bezeichnet. Diese Überschussreserven werden nicht verzinst.

6.3.2 Offenmarktgeschäfte

Um dem Bankensektor Zentralbankgeld zur Verfügung zu stellen, nutzt das Eurosystem sogenannte Offenmarktgeschäfte. Dabei vergibt es Kredite an die Geschäftsbanken gegen Hinterlegung von Sicherheiten. In geldpolitisch normalen Zeiten stehen diese Geschäfte im Zentrum der geldpolitischen Operationen des Eurosystems.

Gewährt die Zentralbank einer Geschäftsbank einen Kredit oder kauft ihr Wertpapiere ab, so schreibt sie der Geschäftsbank den entsprechenden Kredit- oder Kaufbetrag als Sichteinlage auf deren Zentralbankkonto gut: Es wird Zentralbankgeld geschaffen, über das die Geschäftsbank verfügen kann. Zahlt die Geschäftsbank den Kredit zurück oder kauft sie der Zentralbank Wertpapiere ab, wird die Sichteinlage der Geschäftsbank bei der Zentralbank um den entsprechenden Betrag vermindert. Zuvor geschaffenes Zentralbankgeld wird so wieder vernichtet.

> *In normalen Zeiten stehen Offenmarktgeschäfte im Zentrum der geldpolitischen Operationen.*

Die Zentralbank kann Wertpapiere endgültig („Outright-Geschäfte") oder nur für eine bestimmte Zeit („befristete Transaktion") ankaufen. Bei einer befristeten Wertpapiertransaktion kauft die Zentralbank den Geschäftsbanken Papiere ab, doch müssen sich diese verpflichten, die Papiere nach einer bestimmten Zeit (z. B. nach einer Woche) wieder zurückzukaufen. Solch ein Offenmarktgeschäft mit Rückkaufvereinbarung nennt man Pensionsgeschäft, auf Englisch: „repurchase agreement" oder kurz „Repo". Diese kurzlaufenden Geschäfte erleichtern es dem Eurosystem, das Volumen des bereitgestellten Zentralbankgeldes sowie dessen Zinssatz kurzfristig zu verändern. Im Gegensatz zu endgültigen An- und Verkäufen haben Repos keinen direkten Einfluss auf die Wertpapierkurse am Markt.

Hauptrefinanzierungsgeschäfte

Das Eurosystem stellt Zentralbankgeld im Normalfall größtenteils über befristete Geschäfte mit kurzer Laufzeit bereit. Diese Hauptrefinanzierungsgeschäfte haben eine Laufzeit von sieben Tagen. Bei der Zuteilung eines neuen Geschäfts kann das Eurosystem einen veränderten Bedarf der Geschäftsbanken an Zentralbankgeld berücksichtigen, beispielsweise weil die Wirtschaft wegen des Weihnachtsgeschäfts mehr Bargeld benötigt. Der Zinssatz für das Hauptrefinanzierungsgeschäft (Hauptrefinanzierungssatz) ist der wichtigste Leitzins des Eurosystems. Hebt der EZB-Rat diesen Leitzinssatz an, wird dies oft als „Straffung" der Geldpolitik bezeichnet. Bei einer Leitzinssenkung ist von einer „Lockerung" die Rede.

Der Zinssatz des Hauptrefinanzierungsgeschäfts ist der wichtigste Leitzins.

Längerfristige Refinanzierungsgeschäfte

Mit längerfristigen Refinanzierungsgeschäften stellt das Eurosystem den Banken für einen Monat oder länger Zentralbankgeld zur Verfügung. Im Zuge der Banken- und Finanzkrise 2007/2008 hat das Eurosystem den Anteil des längerfristig bereitgestellten Zentralbankgelds erstmalig deutlich ausgeweitet, da sich die Banken untereinander keine unbesicherten Kredite mehr gewährten. Durch die längerfristigen Refinanzierungsgeschäfte wurde der Bankensektor mit ausreichend Zentralbankgeld versorgt. Die Laufzeiten dieser Geschäfte wurden auf bis zu vier Jahre ausgeweitet.

Um die Kreditvergabe der Banken an den privaten Sektor zu erhöhen und die Funktionsfähigkeit des Transmissionsmechanismus zu verbessern, führte der EZB-Rat von September 2014 bis November 2021 eine Serie von „Gezielten längerfristigen Refinanzierungsgeschäften" (Targeted Longer-Term Refinancing Operations, TLTRO) durch. Die Grundidee der TLTROs war, die Zinskonditionen dieser Geschäfte für Geschäftsbanken grundsätzlich umso günstiger zu gestalten, je mehr Kredite diese an den nichtfinanziellen Sektor vergaben.

Infolge der Corona-Krise wurden im März 2020 zusätzliche längerfristige Refinanzierungsgeschäfte und im April 2020 die „Pandemic emergency longer-term refinancing operations" (PELTROs) beschlossen. Diese dienten dazu, das reibungslose Funktionieren der Geldmärkte während der Pandemie sicherzustellen.

Die Geldpolitik des Eurosystems

Feinsteuerungsoperationen

Feinsteuerungsoperationen kann das Eurosystem einsetzen, um auf unerwartete Schwankungen des Zentralbankgeldbedarfs zu reagieren. Mit solchen Operationen kann Zentralbankgeld auf verschiedene Weise kurzfristig zugeführt oder abgeschöpft werden. Ziel der Maßnahmen ist es, unerwünschten Schwankungen der Interbankenzinssätze auf dem Geldmarkt entgegenzuwirken.

Strukturelle Operationen

Die strukturellen Operationen dienen dazu, den Bedarf der Geschäftsbanken an Zentralbankgeld langfristig zu beeinflussen. Sind die Banken aufgrund besonderer Entwicklungen kaum noch auf Refinanzierungsgeschäfte angewiesen, greifen die geldpolitischen Instrumente nicht mehr in gewohnter Form. Dann könnte das Eurosystem beispielsweise durch den Verkauf eigener Schuldverschreibungen an die Geschäftsbanken deren Bestand an Zentralbankgeld dauerhaft verringern, da sie den Kaufpreis in Zentralbankgeld entrichten müssen. Die Geschäftsbanken sind dann zur Deckung ihres Bedarfs an Zentralbankgeld wieder stärker auf die Refinanzierungsgeschäfte des Eurosystems angewiesen und die geldpolitischen Instrumente können wieder besser greifen.

Verfahrensweise bei Tendergeschäften

Das Eurosystem wickelt die Offenmarktgeschäfte entweder als „Tender" (Versteigerungsverfahren) oder als bilaterale Geschäfte (direkt mit Geschäftspartnern) ab. Im Regelfall nutzt das Eurosystem das Versteigerungsverfahren. Für solche Auktionen gibt es mehrere Varianten.

Beim „Zinstender mit Mindestbietungssatz" teilt das Eurosystem vorab mit, wie viel Zentralbankgeld es insgesamt bereitstellen wird und welchen Zinssatz eine Geschäftsbank mindestens bieten muss, um bei der Versteigerung berücksichtigt zu werden. Die Geschäftsbanken geben ihre Gebote dann „im verschlossenen Umschlag" ab, d. h. keine kennt die Gebote der anderen. Jede Bank nennt die gewünschte Menge an Zentralbankgeld und den Zinssatz, den sie dafür zu zahlen bereit ist. Das Eurosystem sichtet alle Gebote und teilt dann „von oben" zu, d. h. die Banken, die den höchsten Zinssatz

Mittels Tenderverfahren wird Zentralbankgeld „versteigert".

bieten, werden als erste berücksichtigt, dann die Gebote mit den nächsthöchsten Zinssätzen – bis das vom Eurosystem geplante Zuteilungsvolumen ausgeschöpft ist. Gebote zum letzten noch zum Zuge kommenden Zinssatz werden gegebenenfalls nur anteilig bedient. Beim Zinstender mit Mindestbietungssatz zahlen die Banken entweder alle den gleichen Zinssatz (holländisches Verfahren) oder ihre individuell gebotenen Zinssätze (amerikanisches Verfahren).

Bis zum Herbst 2008 setzte das Eurosystem bei seinen Hauptrefinanzierungsgeschäften üblicherweise den Zinstender mit Mindestbietungssatz, begrenztem Zuteilungsvolumen und Zuteilung nach dem amerikanischen Verfahren ein.

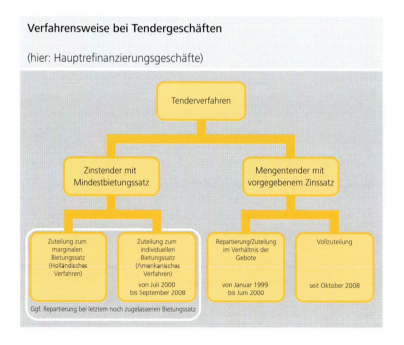

Ein alternatives Versteigerungsverfahren ist der Mengentender. Hier werden Zinssatz und die Menge an Zentralbankgeld, die insgesamt zugeteilt werden soll, vorab festgelegt. Die Banken nennen in ihren Geboten lediglich die Menge an Zentralbankgeld, die sie zu diesem Zinssatz erhalten möchten. Übersteigt die Summe der Gebote das von der Zentralbank anvisierte Zuteilungsvolumen, werden die Einzelgebote anteilig bedient („repartiert").

Die Geldpolitik des Eurosystems

Nach Ausbruch der Banken- und Finanzkrise 2007/2008 funktionierte der Interbankenmarkt nicht mehr so reibungslos wie zuvor. Viele Banken befürchteten, Verluste zu erleiden, falls einer ihrer Geschäftspartner über Nacht illiquide oder insolvent würde. Die Banken hielten sich deshalb mit Kreditgeschäften untereinander zurück. Um sicherzustellen, dass durch diese Entwicklung nicht eine Vielzahl von Banken gleichzeitig in Liquiditätsnot gerät, ging das Eurosystem im Oktober 2008 bei seinen Refinanzierungsgeschäften zum Mengentender mit Vollzuteilung über. Bei diesen Geschäften erhalten die Geschäftsbanken zu einem vom EZB-Rat festgelegten Zinssatz jeden von ihnen gewünschten Betrag an Zentralbankgeld, sofern sie ausreichend Sicherheiten stellen können, die den Anforderungen des Eurosystems genügen.

Notenbankfähige Sicherheiten

Um beim Eurosystem die benötigten Zentralbankgeld-Kredite zu bekommen, müssen die Geschäftsbanken Sicherheiten als Pfand hinterlegen. Hierdurch soll das Eurosystem gegen mögliche Verluste aus seinen geldpolitischen Geschäften geschützt werden: Zahlt eine Bank den Kredit nicht zurück, kann das Eurosystem durch den Verkauf der hinterlegten Sicherheiten die entgangene Rückzahlung ausgleichen. Sobald das Eurosystem eine Sicherheit akzeptiert, gilt diese als notenbankfähig.

Für Kredite im Rahmen der geldpolitischen Geschäfte müssen notenbankfähige Sicherheiten hinterlegt werden.

Der Sicherheitenrahmen besteht aus an Wertpapiermärkten handelbaren Sicherheiten – beispielsweise Anleihen bestimmter Bonitätsklassen – sowie aus nicht-handelbaren Sicherheiten, wie etwa Kreditforderungen der Banken gegenüber ihren Kunden.

Das Eurosystem ermittelt fortlaufend den Wert der hinterlegten Sicherheiten. Für ihre Eignung zum Besichern der Refinanzierungsgeschäfte ist nicht der Nominalwert der Sicherheiten entscheidend, sondern ihr Marktwert abzüglich einer Sicherheitsmarge. Verliert eine Sicherheit während der Laufzeit des Kredits an Wert, muss die Bank zusätzliche Sicherheiten stellen.

Vom Eurosystem akzeptierte marktfähige Sicherheiten

Mrd €

Kategorien (von oben nach unten in den Balken):
- sonstige marktfähige Sicherheiten
- Asset-backed securities (ABS)
- Unternehmensanleihen
- gedeckte Bankschuldverschreibungen
- ungedeckte Bankschuldverschreibungen
- Schuldverschreibungen von Regionalregierungen
- Schuldverschreibungen von Zentralregierungen

Jahre: 2004 05 06 07 08 09 10 11 12 13 14 15 16 17 18 19 20 2021

6.3.3 Ständige Fazilitäten

Neben den Offenmarktgeschäften können Banken vom Eurosystem kurzfristig Zentralbankgeld erhalten (Spitzenrefinanzierungsfazilität) oder bei ihm anlegen (Einlagefazilität). Diese „ständigen Fazilitäten" können von den Geschäftsbanken auf eigene Initiative und nach eigenem Ermessen in Anspruch genommen werden. Auch die beiden Zinssätze der ständigen Fazilitäten zählen zu den Leitzinsen des Eurosystems. Sie bilden einen Zinskorridor um den Zinssatz des Hauptrefinanzierungsgeschäfts. Innerhalb dieses Korridors bewegen sich dann in aller Regel die Marktzinssätze für die Zentralbankgeldkredite zwischen den Banken (Interbankenkredite).

Auch die Zinssätze der beiden ständigen Fazilitäten zählen zu den Leitzinsen.

Die Geldpolitik des Eurosystems

Spitzenrefinanzierungsfazilität

Die Spitzenrefinanzierungsfazilität dient den Geschäftsbanken dazu, einen kurzfristigen Bedarf an Zentralbankgeld durch eine Art Überziehungskredit beim Eurosystem ab-

Der Zinssatz der Spitzenrefinanzierungsfazilität bildet die Obergrenze…

zudecken. Auch für diesen Kredit müssen die Banken Sicherheiten hinterlegen, genauso wie im Rahmen der anderen Refinanzierungsgeschäfte. Am nächsten Tag muss der durch die Spitzenrefinanzierungsfazilität gewährte Kredit wieder zurückgezahlt werden.

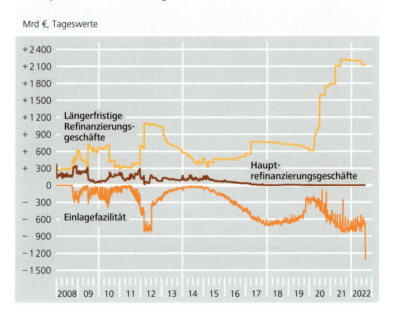

Der Zinssatz der Spitzenrefinanzierungsfazilität ist normalerweise höher als derjenige des Hauptrefinanzierungsgeschäfts und bildet im Allgemeinen die Obergrenze für den Tagesgeldzinssatz. Denn keine Bank, die über ausreichend

Sicherheiten verfügt, wird einer anderen Bank für einen Übernachtkredit einen höheren Zinssatz bezahlen, als sie bei der Zentralbank für einen Übernachtkredit aufwenden muss.

Einlagefazilität

Im Rahmen der Einlagefazilität können die Banken überschüssige Guthaben über Nacht auf einem speziellen Konto bei der Zentralbank zu einem festen Zinssatz anlegen. Dieser Zinssatz ist niedriger als der Zinssatz des jeweils aktuellen Hauptrefinanzierungsgeschäfts. Der Einlagezinssatz bildet im Allgemeinen die Untergrenze des Tagesgeldzinssatzes und verhindert somit ein starkes Absinken dieses Zinssatzes nach unten. Keine Geschäftsbank wird nämlich unter normalen Umständen Zentralbankgeld an eine andere Bank zu einem niedrigeren Zinssatz verleihen als sie für ihre Einlage bei der Zentralbank erhalten kann.

... und der Zinssatz der Einlagefazilität die Untergrenze der Zinsen am Interbankenmarkt.

Üblicherweise versuchen Geschäftsbanken, überschüssige Zentralbankgeld-Guthaben am Geldmarkt an andere Banken zu verleihen. Da der Zinssatz der Einlagefazilität im Normalfall niedriger ist als der Satz für Tagesgeld am Geldmarkt, bestand für die Banken vor Ausbruch der Finanz- und Staatsschuldenkrise kein Anreiz, die Einlagefazilität in größerem Stil zu nutzen. Seit dem Ausbruch der Finanzkrise 2007/2008 hat sich dies geändert. Zunächst legten die Banken aus Angst vor Ausfällen ihrer Geschäftspartner überschüssiges Geld lieber zu einem niedrigeren Zinssatz bei der Zentralbank an, als es an andere Banken zu einem höheren Zinssatz zu verleihen. Auch seit dem Beginn der umfangreichen Ankäufe von Wertpapieren durch das Eurosystem im Jahr 2015 und dem damit verbundenen drastischen Anstieg der Überschussliquidität im Bankensektor liegt viel Zentralbankgeld in der Einlagefazilität.

Geldmarktsteuerung

In geldpolitisch normalen Zeiten versorgt das Eurosystem das Bankensystem über das Hauptrefinanzierungsgeschäft gerade mit so viel Zentralbankgeld, wie das Bankensystem benötigt. Auf dem Geldmarkt wird das Zentralbankgeld anschließend zwischen den Geschäftsbanken gehandelt. Der Zinssatz für Tagesgeld (Übernachtkredite von Zentralbankgeld) liegt dann nahe am Satz für das Hauptrefinanzierungsgeschäft. Dies wiederum ermöglicht es dem Eurosystem, durch Anheben oder Senken des Zinssatzes für das Hauptrefinanzierungsgeschäft auch den Zinssatz für Tagesgeld zu steuern und dadurch mittelbar alle übrigen Marktzinssätze zu beeinflussen.

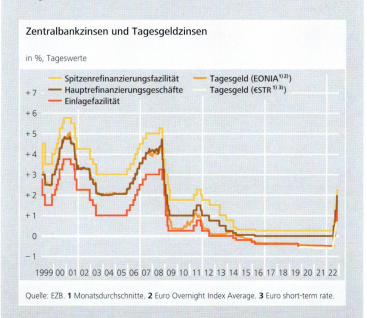

Zentralbankzinsen und Tagesgeldzinsen

in %, Tageswerte

Quelle: EZB. **1** Monatsdurchschnitte. **2** Euro Overnight Index Average. **3** Euro short-term rate.

Würde das Eurosystem weniger Zentralbankgeld bereitstellen als das Bankensystem benötigt, müssten sich die Banken den Fehlbetrag über die höher verzinste (und somit teurere) Spitzenrefinanzierungsfazilität beschaffen. In der Tendenz ließe dies den Tagesgeldzinssatz deutlich

> über den Zinssatz des Hauptrefinanzierungsgeschäfts steigen. Dieser wäre damit nicht länger der „Anker" für die Zinssätze für Tagesgeld am Geldmarkt und die übrigen Marktzinssätze.
>
> Kommt es hingegen zu einer Überversorgung des Bankensystems mit Zentralbankgeld, dann fließt das Geld in die Einlagefazilität. Dadurch sinkt der Tagesgeldzinssatz (bis 2021 EONIA, seitdem €STR) unter den Zinssatz des Hauptrefinanzierungsgeschäfts – unter Umständen bis auf den Zinssatz der Einlagefazilität. Auf dem besicherten Geldmarkt kann der Interbankenzinssatz sogar leicht darunterliegen.

6.3.4 Geldpolitische Wertpapierankäufe

In den Jahren von 2013 bis 2020 blieb die Inflationsrate im Euroraum zum Teil deutlich unter 2 %. Entsprechend senkte der EZB-Rat die Leitzinsen immer weiter, um die Inflationsrate auf das angestrebte Maß zu erhöhen. Der Zinssatz für das Hauptrefinanzierungsgeschäft erreichte Anfang 2016 den Wert von 0 % und blieb auf diesem Niveau bis zum Sommer 2022. Auch bei einem solchen Leitzinssatz von 0 % lassen sich weitere geldpolitische Impulse setzen. So kann die Zentralbank über eine „quantitative Lockerung" (englisch: Quantitative Easing, QE) Einfluss auf das Marktzinsniveau nehmen. Dazu kauft sie in großem Umfang Wertpapiere an, in der Regel Anleihen.

Wirkungsweise der Anleihekäufe

Anleihekäufe haben zwei wesentliche Effekte: Zum einen wird beim Anleihekauf Zentralbankgeld geschaffen, da die Zentralbanken die Anleihen in Zentralbankgeld bezahlen. Die Zentralbankgeldmenge (Quantität) nimmt also zu, womit grundsätzlich der Spielraum der Banken für Kreditvergaben steigt. Zum anderen steigen im Zuge der höheren Nachfrage nach Anleihen deren Marktkurse. Mit höheren Marktkursen gehen bei Anleihen gleichzeitig deren Renditen zurück, also ihre Gesamtverzinsung.

Die Anleihekäufe sollten die langfristigen Zinssätze senken, um das Preisstabilitätsziel zu erreichen.

Die Geldpolitik des Eurosystems

Denn die Rendite am Laufzeitende einer Anleihe ergibt sich für den Anleger – neben der Zinsvergütung – aus der Differenz zwischen dem nun gestiegenen Kaufkurs und dem im Vorfeld festgelegten Rückzahlungsbetrag. Diese geringeren Renditen lassen schließlich auch das allgemeine Zinsniveau sinken. Somit ähneln die Anleihekäufe im Ergebnis dem Effekt einer klassischen Leitzinssenkung, die als geldpolitische Lockerung bezeichnet wird. Aus den beiden beschriebenen Effekten leitet sich der Begriff „quantitative Lockerung" ab.

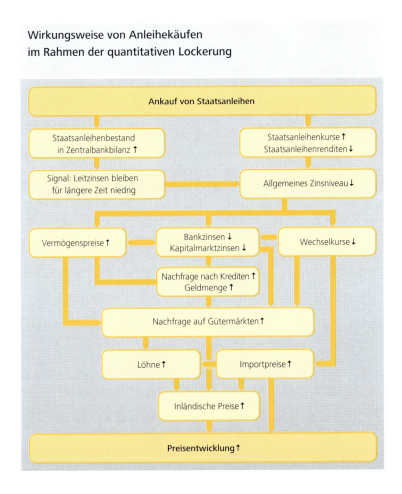

Zudem führt das niedrigere Zinsniveau infolge der quantitativen Lockerung in der Tendenz dazu, dass Kapital in Länder abfließt, in denen das Zinsniveau höher ist. Solche Kapitalabflüsse lassen die heimische Währung abwerten (sinkende Nachfrage nach der inländischen Währung bewirkt sinkenden Wechselkurs), was wiederum das Exportgeschäft stimuliert. Auch dies belebt die gesamtwirtschaftliche Nachfrage und lässt die Preise in der Tendenz steigen. Im Ergebnis kann die quantitative Lockerung bewirken, dass die Inflationsrate steigt und sich dem angestrebten Niveau nähert.

Geldpolitische Ankaufprogramme des Eurosystems

Im Januar 2015 beschloss der EZB-Rat, mit dem „Programm zum Ankauf von Vermögenswerten" (Asset Purchase Programme, APP) auch im Euroraum eine quantitative Lockerung durchzuführen. Infolge dessen erwarb das Eurosystem in großem Umfang Anleihen privater und – mit gut 80 % des gesamten Ankaufvolumens weit überwiegend – staatlicher und öffentlicher Emittenten.

Das vom Eurosystem aufgelegte APP umfasst verschiedene Teilprogramme:

– Das Ankaufprogramm für gedeckte Schuldverschreibungen (Covered Bond Purchase Programme 3, CBPP3)

– Das Programm zum Ankauf forderungsbesicherter Wertpapiere (Asset-backed Securities Purchase Programme, ABSPP)

– Das Programm zum Ankauf von Anleihen, die von im Euroraum ansässigen Zentralstaaten, Emittenten mit Förderauftrag und europäischen Institutionen begeben werden (Public Sector Purchase Programme, PSPP)

– Das Ankaufprogramm für Unternehmensanleihen (Corporate Sector Purchase Programme, CSPP)

Das größte Ankaufvolumen entfällt auf das PSPP.

Auf das PSPP, also den Ankauf von Anleihen staatlicher und öffentlicher Emittenten, entfällt das größte Volumen unter den genannten Teilprogrammen.

Die Geldpolitik des Eurosystems

Für das Ankaufen der Staatsanleihen und das Wiederanlegen der Beträge aus abgelaufenen Papieren gilt im Rahmen des PSPP, dass 80 % des Volumens von den nationalen Zentralbanken übernommen werden. Hierbei konzentrieren sie sich auf öffentliche Anleihen ihres Heimatlandes. Der Ankaufbetrag jeder nationalen Zentralbank bemisst sich nach ihrem Anteil am voll eingezahlten Grundkapital der EZB, d.h. auf die Bundesbank entfallen derzeit rund 26,4 % dieser Anleihekäufe. Sollten hierbei Verluste auftreten, werden diese von den nationalen Zentralbanken selbst getragen. Die restlichen 20 % des Ankaufvolumens setzen sich je zur Hälfte aus einem Anteil der EZB und aus Ankäufen von Wertpapieren europäischer Institutionen zusammen. Hierbei auftretende Verluste wären gemeinschaftlich zu tragen.

Monatliche Nettoankäufe im Rahmen des APP

Die monatlichen Nettoankaufvolumina des APP wurden regelmäßig angepasst. Beginnend mit 60 Milliarden Euro variierten sie von März 2015 bis Juni 2022 periodenweise in einer Größenordnung zwischen 80 Milliarden Euro und 15 Milliarden Euro. Zwischenzeitlich wurden die APP-Käufe sogar für knapp ein Jahr ausgesetzt. Insgesamt wuchs der geldpolitisch motivierte APP-Wertpapierbestand des Eurosystems auf ein Volumen in Höhe von gut 3,4 Billionen Euro.

Um eine direkte Staatsfinanzierung durch das Eurosystem auszuschließen, werden Staatsanleihen nur am Sekundärmarkt gekauft. Dies ist der Markt, auf dem bereits emittierte Anleihen zwischen den Investoren gehandelt werden, z. B. eine Börse. Es muss deshalb eine bestimmte Karenzzeit abgewartet werden, bevor das Eurosystem eine neu emittierte Staatsanleihe kaufen darf. Zugleich gelten für die Staatsanleihekäufe im Rahmen des APP bestimmte Regeln. So darf das Ankaufvolumen jeweils ein Drittel einer Emission und der gesamten Anleihen eines Euro-Landes nicht übersteigen. Darüber hinaus müssen die Staaten über eine gewisse Mindestbonität verfügen.

Im Rahmen des APP erwirbt das Eurosystem in großem Umfang Anleihen.

Der EZB-Rat hat entschieden, die Netto-Ankäufe des APP zum Juli 2022 einzustellen. Seitdem werden nur noch die Tilgungsbeträge fällig werdender Anleihen wiederangelegt. Gleichzeitig hat der EZB-Rat verkündet, bei Bedarf auf ein

Instrument zur Absicherung der Transmission (Transmission Protection Instrument, TPI) zurückzugreifen. Sofern nötig, kauft das Eurosystem im Rahmen des TPI Anleihen, um ungerechtfertigten und ungeordneten Renditeentwicklungen auf den Staatsanleihemärkten der Mitgliedsländer entgegenzuwirken. Hiermit soll die effektive Transmission geldpolitischer Impulse in allen Ländern des Euroraums unterstützt werden.

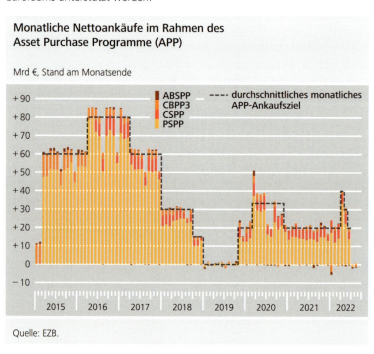

Quelle: EZB.

Im Zuge der Coronavirus-Krise beschloss der EZB-Rat im März 2020, ergänzend zum APP ein temporäres Pandemie-Notfallankaufprogramm (Pandemic Emergency Purchase Programme, PEPP) aufzulegen. Diese geldpolitische Sondermaßnahme diente dazu, den Risiken für die geldpolitische Transmission durch die wirtschaftlichen Folgen der Coronavirus-Pandemie zu begegnen und das selbstgesteckte geldpolitische Ziel zu erreichen. Im Rahmen des PEPP wurden – zusätzlich zum und getrennt vom weiterlaufenden Ankaufprogramm APP – Anleihekäufe in Höhe von gut 1,7 Billionen Euro getätigt. Die Netto-Ankäufe im Rahmen des PEPP wurden Ende März 2022 eingestellt. Seitdem werden nur noch die Beiträge wiederangelegt, die aus fällig werdenden Anleihen des PEPP-Portfolios stammen.

Die Aufteilung der Staatsanleihekäufe auf die einzelnen Länder richtete sich auch beim PEPP grundsätzlich nach dem Kapitalschlüssel der nationalen Zentralbanken. Mit Blick auf den Zeitverlauf, die Anlageklassen und die Aufteilung auf die Länder wurden diese Käufe jedoch flexibler gehandhabt. Für die Risikoteilung und das Einstehen für etwaige Verluste galt dasselbe wie im APP: Für 20 % der Ankäufe wurden die Risiken zwischen den nationalen Zentralbanken geteilt, für 80 % der Ankäufe müssen die nationalen Zentralbanken gemäß Kapitalschlüssel einstehen.

Das Notfall-Ankaufprogramm PEPP wurde aufgelegt, um den Auswirkungen der Corona-Krise entgegenzuwirken.

Outright Monetary Transactions (OMT)

Als sich die Staatsschuldenkrise im Sommer 2012 verschärfte und die Kreditwürdigkeit verschiedener Euro-Mitgliedsländer zunehmend angezweifelt wurde, hat das Eurosystem im September 2012 ein Programm zum gezielten Ankauf von Anleihen bestimmter Euro-Staaten aufgelegt, sogenannte Outright Monetary Transactions (OMT). Bei Bedarf sollten Staatsanleihen in unbegrenzter Höhe angekauft werden, um das seinerzeit massiv gestörte Vertrauen der Investoren in die Bonität der betroffenen Mitgliedsländer wiederherzustellen.

Voraussetzung für den Ankauf von Staatsanleihen im Rahmen des OMT-Programms ist, dass der betreffende Staat einem Programm mit wirtschaftspolitischen Auflagen des europäischen Stabilitätsmechanismus folgt („Konditionalität"). Das OMT-Programm besteht seit Herbst 2012. Das Eurosystem hat in dessen Rahmen bisher aber keine Anleihen gekauft. Es reichte die bloße Ankündigung, dies bei Bedarf in großem Umfang zu tun, um die Staatsanleihemärkte zu beruhigen.

6.3.5 Forward Guidance

Als „Forward Guidance" wird in der Fachsprache der Zentralbanken eine Kommunikationsstrategie bezeichnet, bei der die Zentralbank die Öffentlichkeit gezielt über die längerfristige Ausrichtung ihrer Geldpolitik informiert. Die Zentralbank versucht, mit einer solchen „Orientierung über die zukünftige Ausrichtung der Geldpolitik" Unsicherheiten über den künftigen Kurs der Geldpolitik zu reduzieren und so die Erwartungen der Wirtschaftsteilnehmer zu steuern.

Mithilfe der „Forward Guidance" will die Zentralbank die Unsicherheit über den künftigen geldpolitischen Kurs reduzieren.

Allerdings sind auch die Aussagen der Forward Guidance nicht als unbedingte Zusage über die kommenden geldpolitischen Maßnahmen zu verstehen. Vielmehr behält sich der EZB-Rat auch beim Anwenden einer Forward Guidance vor, seine in Aussicht gestellte Geldpolitik bei unerwarteten Entwicklungen zu ändern, wenn dies zum Erhalt der Preisstabilität notwendig sein sollte.

6.4 Flankierung der Geldpolitik

Das Eurosystem ist ausdrücklich vorrangig dazu verpflichtet, Preisstabilität zu sichern. Die Geldpolitik bewegt sich jedoch in einem Umfeld, in dem die Entscheidungen anderer Wirtschaftsteilnehmer wie Staat, Gewerkschaften oder Unternehmen die Preisentwicklung ebenfalls beeinflussen. So wirkt sich die Finanz- und Wirtschaftspolitik der Regierung auf die Konjunktur und in der Folge auch auf die Entwicklung des Preisniveaus aus. Ebenso hat die Lohnpolitik einen Einfluss.

Die Geldpolitik kann Preisstabilität nicht alleine sichern. Sie muss durch eine stabilitätsorientierte Wirtschafts-, Finanz- und Lohnpolitik begleitet werden. Der Stabilitätskurs des Eurosystems bedarf also der breiten Unterstützung durch die übrigen wirtschaftspolitischen Akteure, beispielsweise der jeweiligen Regierungen und Tarifparteien.

Stabilitätsorientierte Finanzpolitik ist von besonderer Bedeutung

Eine stabilitätsorientierte Geldpolitik muss insbesondere durch eine stabilitätsorientierte Finanz- bzw. Haushaltspolitik flankiert werden. Denn bei unsoliden Staatsfinanzen drohen Konflikte zwischen der Finanz- und der Geldpolitik, die das Ziel der Geldwertstabilität gefährden können. Diese Gefahr ist umso größer, je höher die Staatsverschuldung ist. Bei steigenden Staatsschulden wächst nämlich der politische Druck auf die Zentralbank, die finanziellen Lasten (Zinsen und Rückzahlung), die mit der öffentlichen Verschuldung einhergehen, durch möglichst niedrige Zinssätze erträglicher zu machen und die Schulden durch „etwas mehr Inflation" real zu entwerten. Fährt die staatliche Haushaltspolitik dagegen einen stabilitätsorientierten Kurs, ist dieser Konflikt von vornherein entschärft. Für die Zentralbank ist es dann leichter, Preisstabilität sicherzustellen.

Die Bedeutung des Staates für die Geldpolitik rührt neben der Haushaltspolitik auch daher, dass auf den Staat ein erheblicher Teil der gesamtwirtschaftlichen Nachfrage entfällt. Er kann diese Nachfrage kurzfristig deutlich erhöhen, gegebenenfalls mithilfe kreditfinanzierter Ausgabenprogramme. Auch kann der Staat über seine Steuerpolitik sowie über die Tarifabschlüsse im öffentlichen Dienst die Einkommen der privaten Haushalte und Unternehmen beeinflussen – und damit das Ziel der Zentralbank unterstützen oder dem entgegenwirken.

Finanz-, Steuer- und Wirtschaftspolitik haben folglich großen Einfluss auf die Konjunktur und in der Folge auch auf die Entwicklung des Preisniveaus. Die Geldpolitik wird vor allem dann erheblich erschwert, wenn diese Politikbereiche prozyklisch agieren, wenn sie also den Konjunkturverlauf und damit auch die Preisentwicklung noch verstärken, anstatt sie zu dämpfen. Das wäre zum Beispiel dann der Fall, wenn der Staat bei einer ausgelasteten Bauwirtschaft noch eine staatliche Förderung für Wohnungsbauten vergibt. Die Nachfrage würde hierdurch zusätzlich angefacht, ohne dass sich jedoch das Wohnungsangebot schnell genug ausweiten ließe. Weitere Preissteigerungen wären die Folge.

Tarifpartner mit besonderer Stabilitätsverantwortung

Eine besondere Verantwortung kommt auch den Tarifvertragsparteien bei ihrer Lohnpolitik zu. So verständlich es ist, dass Arbeitnehmer für steigende Preise auch einen Ausgleich über höhere Löhne erhalten wollen, so können übermäßige Lohnerhöhungen weitere Preissteigerungen zur Folge haben. Wenn Unternehmen die höheren Lohnkosten über höhere Produktpreise an die Konsumenten weitergeben, gehen die Lohnerhöhungen letztlich ins Leere. Um solch eine inflationäre Lohn-Preis-Spirale zu stoppen, bedarf es in der Regel schärferer geldpolitischer Maßnahmen, die nicht ohne negative Auswirkungen auf das gesamtwirtschaftliche Wachstum und die Beschäftigung bleiben.

Das Wichtigste im Überblick:

– Die Geldpolitik der Zentralbank greift nicht direkt in die Preisentwicklung einer Volkswirtschaft ein. Stattdessen nimmt sie mittelbar Einfluss auf die gesamtwirtschaftliche Nachfrage, um hierdurch indirekt auf die Preisentwicklung einzuwirken.

– Ansatzpunkt der Geldpolitik ist der Bedarf der Geschäftsbanken an Zentralbankgeld. Um diesen Bedarf zu decken, vergibt die Zentralbank üblicherweise Kredite an die Geschäftsbanken. Banken, die sich nicht selbst Zentralbankgeld bei der Zentralbank besorgen, decken ihren Bedarf am sogenannten Geldmarkt.

- Der Zinssatz für das Bereitstellen von Zentralbankgeld beeinflusst alle anderen Zinssätze im Finanzsystem. Er wird deshalb Leitzins genannt. Durch das „Drehen an der Leitzinsschraube" kann die Zentralbank die Preisentwicklung beeinflussen und somit Geldwertstabilität sicherstellen.
- Der Prozess, der beschreibt, wie eine Änderung des Leitzinssatzes letztlich auf die Preisentwicklung durchwirkt, wird als Transmissionsmechanismus bezeichnet. Dieser Mechanismus ist komplex, die Wirkung einer Leitzinsänderung somit nicht immer klar vorherzusehen.
- Die geldpolitischen Entscheidungen des EZB-Rats beruhen auf zwei ineinandergreifenden Analysesträngen: der wirtschaftlichen sowie der monetären und finanziellen Analyse (integrierter Analyserahmen).
- Die Banken sind verpflichtet, eine Mindesteinlage bei der Zentralbank zu halten. Diese Mindestreserve berechnet sich aus den reservepflichtigen Verbindlichkeiten der Bank.
- Mit den geldpolitischen Instrumenten nimmt das Eurosystem Einfluss auf die Marktzinssätze und damit auf die Kreditvergabe der Geschäftsbanken.
- Mithilfe der Spitzenrefinanzierungsfazilität können die Banken kurzfristige Zentralbankgeldkredite im Rahmen ihrer verfügbaren Sicherheiten aufnehmen. Überschüssiges Zentralbankgeld können sie über Nacht in der Einlagefazilität anlegen.
- Der Zinssatz der Hauptrefinanzierungsgeschäfte ist der wichtigste der drei Leitzinsen. Die Zinssätze der beiden ständigen Fazilitäten bilden die Ober- und Untergrenze für den Tagesgeldzinssatz.
- Auch bei einem Leitzinssatz von 0 % lassen sich weitere geldpolitische Impulse setzen. Hierfür kann die Zentralbank in großem Umfang Anleihen kaufen und so Einfluss auf das Marktzinsniveau nehmen (quantitative Lockerung).
- Angesichts der vielfältigen inflationsrelevanten Faktoren muss die Geldpolitik im gesamten Euroraum von einer stabilitätsorientierten Finanz-, Wirtschafts- und Lohnpolitik flankiert werden.

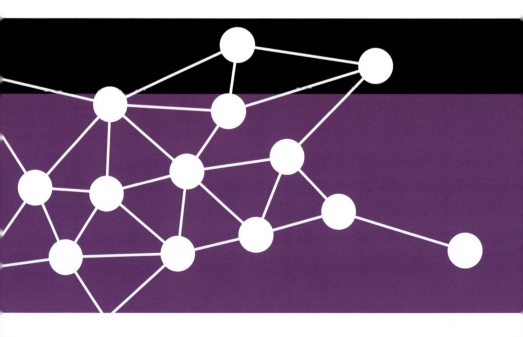

Kapitel 7
Internationales Währungs- und Finanzsystem

7. Internationales Währungs- und Finanzsystem

Die internationale währungs- und wirtschaftspolitische Zusammenarbeit hat in den letzten Jahrzehnten weiter an Bedeutung gewonnen. Mit einer wachsenden Globalisierung des Handels und der Finanzbeziehungen gehen allerdings auch zusätzliche Herausforderungen für die wirtschaftliche Stabilität einher. Daher arbeiten zahlreiche internationale Gremien und Organisationen daran, die Stabilität des Währungs- und Finanzsystems zu erhalten und zu verbessern.

7.1 Währung und Wechselkurs

Der Begriff Währung bezeichnet in einem weit gefassten Sinne die Verfassung und Ordnung des gesamten Geldwesens eines Landes. Oftmals wird darunter aber nur die Geldeinheit eines Landes oder Gebietes verstanden. Eine Währung ist eng mit der Geschichte eines Landes verbunden und trägt zu seiner Identität bei. Nach wie vor haben die meisten Länder eine eigene nationale Währung. Eine Ausnahme bildet der Euroraum mit einer gemeinsamen Währung für 20 Länder.

Die Währungsnamen werden im täglichen Gebrauch durch eine ungenormte Abkürzung (z. B. Schweizer Franken: sfr) oder durch ein eigenes Währungssymbol dargestellt, wie beispielsweise beim US-Dollar ($), dem britischen Pfund (£), dem japanischen Yen (¥) und dem Euro (€). Im internationalen Währungshandel werden alle Währungen allerdings mit einer genormten, aus drei Buchstaben bestehenden Abkürzung geführt: Die ersten beiden Buchstaben stehen dabei in der Regel für das Land, der dritte Buchstabe für die Währung (z. B. USD für US-Dollar oder JPY für japanischer Yen). Eine Ausnahme ist der Euro mit der Abkürzung EUR.

Im Alltag werden Währungen mit ungenormten Abkürzungen oder eigenen Währungssymbolen dargestellt.

Internationales Währungs- und Finanzsystem

Aufgrund der unterschiedlichen Währungen müssen bei Geschäften über Landesgrenzen hinweg einheimische in ausländische Zahlungsmittel getauscht werden. Solche Tauschgeschäfte von Währungen erfolgen zum jeweils gültigen Wechselkurs. Der Wechselkurs ist das Austauschverhältnis zweier Währungen, das auf zwei verschiedene Arten dargestellt werden kann: Die Mengennotierung zeigt an, wie viele Einheiten Fremdwährung man für eine Einheit der eigenen Währung bekommt. Die Preisnotierung gibt an, wie viel eine Einheit der Fremdwährung in eigener Währung kostet. Mathematisch sind die beiden Notierungen jeweils der Kehrwert der anderen.

Der Wechselkurs ist das Austauschverhältnis zweier Währungen.

Wechselkurse in Mengen- und Preisnotierung

(Zahlenbeispiele frei gewählt)

Mengennotierung	Preisnotierung
1 Euro = 1,10 US-Dollar	1 US-Dollar = 0,91 Euro
1 Euro = 1,02 Schweizer Franken	1 Schweizer Franken = 0,98 Euro
1 Euro = 0,84 Britische Pfund	1 Britisches Pfund = 1,19 Euro

Der Fachausdruck für eine Zahlungsanweisung an das Ausland in fremder Währung ist „Devise". Deshalb spricht man bei bargeldlosen Transaktionen mit unterschiedlichen Währungen vom Devisenkurs. Ausländisches Buchgeld wird daher als „Devisen" bezeichnet. Ausländisches Bargeld hingegen nennt man „Sorten". Dieses wird meist zu einem speziellen Sortenkurs („Schalterkurs") getauscht. Jener orientiert sich am Devisenkurs. Banken und Wechselstuben legen einen Ankaufskurs für Sorten über dem Devisenkurs fest. Ihr Verkaufskurs liegt darunter. Die Spanne zwischen An- und Verkaufskurs kann jede Bank bzw. Wechselstube selbst festlegen. Mit dieser Differenz werden die Kosten des Sortengeschäfts aufgefangen. In der Regel werden nur Banknoten und keine Münzen getauscht.

Sorten sind ausländisches Bargeld.

Beispiel für Sortenkurse („Schalterkurse") in Mengennotierung

(Zahlenbeispiele frei gewählt)

1 EUR = ...	Sorten-verkaufskurs	Devisenkurs	Sorten-ankaufskurs
US-Dollar	1,0687	1,0986	1,1299
Schweizer Franken	1,0012	1,0240	1,0559
Britisches Pfund	0,8121	0,8399	0,8635

Wechselkurssysteme

Als Wechselkurssystem oder Wechselkursregime wird der institutionelle Rahmen bezeichnet, in dem sich ein Wechselkurs bildet. Die Wahl des Wechselkurssystems eines Landes wird durch ökonomische und politische Faktoren bestimmt. Das Wechselkurssystem ist Teil der Währungsordnung eines Landes. Nach den Statuten des Internationalen Währungsfonds (IWF) ist jedem Mitgliedsland seit Ende der 1970er-Jahre freigestellt, welches Wechselkurssystem es wählt. Seit 1979 veröffentlicht der IWF für jedes Mitgliedsland, welches Wechselkurssystem es verwendet. Es existieren verschiedene Wechselkurssysteme, die einen unterschiedlichen Grad an Wechselkursflexibilität aufweisen. Grundsätzlich ist zwischen Systemen fester Wechselkurse und Systemen mit flexiblen Wechselkursen zu unterscheiden.

Flexible Wechselkurse

Für Währungen mit flexiblen Wechselkursen bilden sich diese am Devisenmarkt durch Angebot und Nachfrage. Das gilt auch für den Euro. Sein Wechselkurs gegenüber wichtigen Währungen (z. B. US-Dollar) schwankt frei. Die Wechselkurse des Euro können im Zeitverlauf daher deutlich steigen und fallen. Die Kursentwicklung wird maßgeblich vom internationalen Güter- und Kapitalverkehr bestimmt.

Wechselkurs des Euro gegenüber dem US-Dollar

Monatsdurchschnitte[1], log. Maßstab

Rekordhoch 15. Juli 2008:[2] 1,5990 US-$
Einstandskurs 4. Januar 1999:[2] 1,1789 US-$
Historisches Tief 26. Oktober 2000:[2] 0,8252 US-$

1 Eigene Berechnung auf Basis der täglichen Euro-Referenzkurse der EZB. **2** Tageswert.

Feste Wechselkurse

In einem System fester Wechselkurse ist es die Aufgabe der Zentralbank, den Wechselkurs zum vorgegebenen Leitkurs einer „Ankerwährung" stabil zu halten. Dazu kauft bzw. verkauft die Zentralbank Devisen und nimmt auf diese Weise Einfluss auf Angebot und Nachfrage der ausländischen Währung. In der Regel ist eine Bandbreite um den Leitkurs vorgegeben, bis zu deren Rändern („Interventionspunkten") der Wechselkurs maximal vom Leitkurs abweichen darf. Manche Länder halten ihre Wechselkurse nach wie vor in einem festen Verhältnis zu einer anderen Währung, wie beispielsweise dem US-Dollar. So soll mehr Vertrauen in die eigene Währung entstehen.

Andere Länder geben sich selbst sogar vor, dass die im eigenen Land umlaufende Geldmenge stets voll durch Devisenreserven gedeckt sein muss („Currency Board"). Ziel eines Currency Boards ist es, die Stabilität der „Ankerwährung" ins eigene Land zu importieren, indem die inländische Geldschöpfung durch die begrenzten Devisenzuflüsse eingedämmt wird.

Euro-Referenzkurse der Europäischen Zentralbank

Stand: 29.04.2022

	Währung	1 Euro =
AUD	Australischer Dollar	1,4699
BGN	Bulgarischer Lew	1,9558
BRL	Brasilianischer Real	5,1608
CAD	Kanadischer Dollar	1,3426
CHF	Schweizer Franken	1,0229
CNY	Chinesischer Renminbi Yuan	6,9441
CZK	Tschechische Krone	24,6050
DKK	Dänische Krone	7,4415
GBP	Britisches Pfund	0,8391
HKD	Hongkong-Dollar	8,2703
HUF	Ungarischer Forint	378,7100
IDR	Indonesische Rupiah	15.301,5200
ILS	Israelischer Schekel	3,4993
INR	Indische Rupie	80,6380
ISK	Isländische Krone	137,8000
JPY	Japanischer Yen	137,0100
KRW	Südkoreanischer Won	1 326,7100
MXN	Mexikanischer Peso	21,4181
MYR	Malaysischer Ringgit	4,5886
NOK	Norwegische Krone	9,7525
NZD	Neuseeland-Dollar	1,6119
PHP	Philippinischer Peso	55,2000
PLN	Polnischer Zloty	4,6780
RON	Rumänische Leu	4,9479
SEK	Schwedische Krone	10,2958
SGD	Singapur-Dollar	1,4545
THB	Thailändischer Baht	36,0260
TRY	Türkische Lira	15,6385
USD	US-Dollar	1,0540
ZAR	Südafrikanischer Rand	16,6473

Euro-Referenzkurse der EZB

Die Europäische Zentralbank ermittelt und veröffentlicht täglich Euro-Referenzkurse für ausgewählte Währungen. Diese Kurse sind nicht für den Devisenhandel bestimmt. Sie werden oft für Jahresabschlüsse von Unternehmen, Steuererklärungen, statistische Berichte oder Wirtschaftsanalysen verwendet.

7.2 Zahlungsbilanz und Auslandsvermögensstatus

Die Zahlungsbilanz und der Auslandsvermögensstatus bilden die Außenwirtschaft ab. Sie zeigen, wie die deutsche Wirtschaft mit der restlichen Welt verflochten ist. Erfasst wird der Handel mit Waren und Dienstleistungen. Zudem werden Zahlungen und Kapitalströme sowie finanzielle Vermögenspositionen zwischen Deutschland und dem Rest der Welt abgebildet. Diese Daten sind aufgrund der starken Verflechtung Deutschlands mit dem Ausland für die Einschätzung der gesamtwirtschaftlichen Entwicklung und darauf basierende politische Entscheidungen wichtig.

Die deutsche Zahlungsbilanz und der deutsche Auslandsvermögensstatus sind mit den Statistiken anderer Länder vergleichbar, weil alle denselben internationalen Regeln folgen. Das Handbuch für die Erstellung der Zahlungsbilanz und des Auslandsvermögensstatus liegt in seiner 6. Auflage vor (Balance of Payments and International Investment Position Manual – BPM6). Darüber hinaus legen die Europäische Zentralbank (EZB) sowie die Europäische Union über Eurostat rechtliche Berichtspflichten der nationalen Zentralbanken des Eurosystems fest.

Die Zahlungsbilanz erfasst die wirtschaftlichen Transaktionen zwischen Inländern und Gebietsfremden innerhalb eines bestimmten Zeitraums. Sie liefert beispielsweise Informationen darüber, welche Waren und Dienstleistungen Deutschland in einem Jahr in welche Länder exportiert.

Der Auslandsvermögensstatus zeigt die aufgelaufenen Bestände der finanziellen Forderungen und Verbindlichkeiten zwischen Inländern und Gebietsfremden zu einem bestimmten Stichtag. Er liefert beispielsweise Informationen darüber, wie hoch die Anteile von Wertpapieranlagen, Direktinvestitionen oder TARGET2-Forderungen im Auslandsvermögen sind.

7.2.1. Die Zahlungsbilanz

Insgesamt weist die Zahlungsbilanz vier verschiedene Teilbilanzen aus. Die beiden wichtigsten sind die realwirtschaftliche Leistungsbilanz (I.) und ihr finanzwirtschaftliches Gegenstück, die Kapitalbilanz (III.). Zusätzlich gibt es noch die Vermögensänderungsbilanz (II.) und den sogenannten Restposten, hinter dem sich der Saldo der statistisch nicht aufgliederbaren Transaktionen (IV.) verbirgt. Meistens wird nur der Saldo dieser Teilbilanzen gezeigt, also die

Deutsche Zahlungsbilanz*   Stand: März 2022

Mrd €

Position	2007	2014	2021
I. Leistungsbilanz	+ 171,5	+ 210,9	+ 265,3
1. Warenhandel	+ 201,7	+ 219,6	+ 192,4
2. Dienstleistungen	− 32,5	− 25,3	+ 0,3
3. Primäreinkommen	+ 35,6	+ 57,8	+ 126,6
4. Sekundäreinkommen	− 33,4	− 41,2	− 54,1
II. Vermögensänderungsbilanz	− 1,6	+ 2,9	− 1,4
III. Kapitalbilanz[1)]	+ 183,2	+ 240,3	+ 314,7
1. Direktinvestitionen	+ 65,1	+ 65,7	+ 101,8
2. Wertpapieranlagen	− 153,8	+ 135,4	+ 255,1
3. Finanzderivate und Mitarbeiteraktienoptionen	+ 83,6	+ 38,5	+ 61,0
4. Übriger Kapitalverkehr [2)]	+ 187,4	+ 3,2	− 135,0
5. Währungsreserven	+ 1,0	− 2,6	+ 31,9
IV. Saldo der statistisch nicht aufgliederbaren Transaktionen [3)]	+ 13,3	+ 26,4	+ 50,9

* Gemäß den internationalen Standards des Balance of Payments Manual in der Auflage 6, des Internationalen Währungsfonds. **1** Zunahme an Nettoauslandsvermögen: + / Abnahme an Nettoauslandsvermögen: −. **2** Enthält insbesondere Finanz- und Handelskredite sowie Bargeld und Einlagen. **3** Statistischer Restposten, der die Differenz zwischen dem Saldo der Kapitalbilanz und den Salden der Leistungs- sowie der Vermögensänderungsbilanz abbildet.
Differenzen in den Summen durch Runden der Zahlen.

Differenz zwischen Einnahmen und Ausgaben. Zwischen den Salden der Teilbilanzen gilt folgender Zusammenhang: Kapitalbilanzsaldo = Leistungsbilanzsaldo + Veränderungsbilanzsaldo + Restposten.

Die Zahlungsbilanz als Ganzes ist also immer ausgeglichen. Nur ihre Teilbilanzen können einen positiven oder negativen Saldo aufweisen. Wenn von Zahlungsbilanzungleichgewichten gesprochen wird, ist in der Regel ein hoher Überschuss oder ein hohes Defizit in der Leistungsbilanz gemeint.

Der Begriff Zahlungsbilanz ist eigentlich missverständlich. Zum einen handelt es sich nicht um eine Bilanz im Sinne einer zeitpunktbezogenen Vermögensaufstellung. Vielmehr ist es eine Stromrechnung, die sich auf Monate, Quartale oder Jahre bezieht. Zum anderen werden nicht nur grenzüberschreitende Zahlungen erfasst, sondern auch Transaktionen, die zu keiner oder keiner unmittelbaren Zahlung führen.

I. Die Leistungsbilanz

Die Leistungsbilanz erfasst Warenhandel, Dienstleistungen, Primäreinkommen sowie die Sekundäreinkommen. Im Jahr 2021 addierte sich der deutsche Leistungsbilanzüberschuss auf 265,3 Mrd €. Das entspricht rund 7,4 % des deutschen Bruttoinlandsprodukts (BIP).

Warenhandel

Der größte Posten in der deutschen Leistungsbilanz ist der Warenhandel. Die Corona-Pandemie hat hier im Jahr 2020 zu einem tiefen Einbruch geführt. Der Welthandel litt unter dem globalen Nachfrageeinbruch, zeitweiligen Betriebsschließungen und der Störung internationaler Lieferketten. Im Jahr 2021 konnte sich die deutsche Wirtschaft von der pandemiebedingten Rezession wieder spürbar erholen und exportierte Waren im Wert von 1.367,4 Milliarden Euro, die Warenimporte beliefen sich auf 1.175 Milliarden Euro. Dies ergibt einen Überschuss von 192,4 Milliarden Euro. Gemessen an den in Deutschland erzeugten Leistungen – dem Bruttoinlandsprodukt (BIP), das 2021 rund 3,6 Billionen Euro betrug – machten der Export von Waren im Verhältnis zum BIP rund 38,3 % und der Import knapp 32,9 % aus. Der geographische

Schwerpunkt des deutschen Warenhandels liegt seit 2012 stabil im Euroraum. So gingen im Jahr 2021 rund 37 % aller Exporte in Länder des Euroraums. Bei den Importen betrug der entsprechende Anteil im Jahr 2021 rund 37 %.

Dienstleistungen

Die Dienstleistungsbilanz umfasst unter anderem Reisen, Transportleistungen, Finanzdienstleistungen sowie IT-Dienstleistungen. In der Regel hat die Dienstleistungsbilanz einen negativen Saldo, weil die Deutschen deutlich mehr im Ausland ausgeben als andersherum. Dies hat sich im Jahr 2020 geändert, als die Corona-Pandemie zu massiven Einschränkungen führte. Die deutschen Ausgaben im Reiseverkehr brachen von 83 Milliarden Euro (2019) auf 34 Milliarden Euro (2020) ein und blieben auch 2021 mit 40,7 Milliarden Euro gering. Dies führte dazu, dass sich 2020 der Saldo der Dienstleistungsbilanz erstmals seit 1971 ins Positive drehte und auch 2021 der Saldo noch leicht positiv war (+ 0,3 Milliarden Euro).

Deutsche Leistungsbilanz* Stand: März 2022

Mrd €

Position	2007	2014	2021
1. Warenhandel (fob/fob) [1]	+ 201,7	+ 219,6	+ 192,4
Ausfuhr	926,8	1.106,9	1.367,4
Einfuhr	725,0	887,3	1.175,2
2. Dienstleistungen [2]	− 32,5	− 25,3	+ 0,3
darunter: Reiseverkehr [3]	− 34,3	− 37,7	− 21,9
3. Primäreinkommen	+ 35,6	+ 57,8	+ 126,6
4. Sekundäreinkommen	− 33,4	− 41,2	− 54,1
Leistungsbilanzsaldo	+ 171,5	+ 210,9	+ 265,3

* Gemäß den internationalen Standards des Balance of Payments Manual in der Auflage 6, des Internationalen Währungsfonds. **1** Ohne Fracht- und Versicherungskosten des Außenhandels. **2** Einschl. Fracht- und Versicherungskosten des Außenhandels. **3** Seit 2001 werden auf der Ausgabenseite die Stichprobenergebnisse einer Haushaltsbefragung genutzt.
Differenzen in den Summen durch Runden der Zahlen.

Primäreinkommen

Die Teilbilanz der Primäreinkommen dokumentiert grenzüberschreitende Transaktionen aus Erwerbstätigkeit und Vermögensanlagen. Letztere umfassen Zinsen und Dividendenzahlungen, Erträge aus Investmentfondsanteilen, aber auch Erträge aus Direktinvestitionen. Da Deutschland aufgrund der langjährigen Leistungs- und Kapitalbilanzüberschüsse ein hohes Netto-Auslandsvermögen aufgebaut hat, weist diese Teilbilanz regelmäßig Überschüsse aus. Im Jahr 2021 betrug der Saldo rund 126,6 Milliarden Euro.

Sekundäreinkommen

Unter den Sekundäreinkommen werden laufende Transaktionen gezeigt, denen keine unmittelbare Leistung der anderen Seite gegenübersteht. Hierzu zählen die Beitragszahlungen Deutschlands an die EU, Prämien an und Leistungen von Versicherungen sowie die Überweisungen von in Deutschland lebenden Menschen mit Migrationshintergrund an ihre Familien in den Heimatländern. Weitere Posten sind Sozialleistungen und -beiträge, Straf- und Schadensersatzzahlungen sowie Lotteriegewinne. Durch die hohen Beitragszahlungen an die EU weist das Sekundäreinkommen für Deutschland ein Defizit aus. Es betrug 54,1 Milliarden Euro im Jahr 2021.

Bedeutung von Leistungsbilanzsalden

Ein Leistungsbilanzdefizit zeigt an, dass das betreffende Land mehr Waren und Dienstleistungen konsumiert als produziert hat. Seine Importe übersteigen die Exporte. Um diese Differenz zu „bezahlen", muss sich das Land im Ausland Kapital leihen. Damit baut es Auslandsvermögen ab bzw. verschuldet sich im Ausland. Weist ein Land hingegen einen Leistungsbilanzüberschuss auf, dann konsumiert es weniger als es produziert hat. Seine Exporte übersteigen die Importe. In Höhe dieser Differenz bildet es Finanzvermögen im Ausland.

Der Leistungsbilanzsaldo beeinflusst die Entwicklung des Auslandsvermögens.

Steht einem Leistungsbilanzdefizit eine Abnahme der Währungsreserven des Landes gegenüber, so wurde das Defizit von der Zentralbank durch Auflösung von Auslandsvermögen (Währungsreserven) finanziert. Wenn dagegen der

Staat oder die Wirtschaft Kredite im Ausland aufnehmen, dann bezahlt dieser Kapitalimport das Leistungsbilanzdefizit. Ein Leistungsbilanzsaldo spiegelt sich daher immer in anderen Posten der Zahlungsbilanz wider, die Aufschluss darüber geben, auf welche Art und Weise Auslandsvermögen gebildet oder abgebaut wurde.

Der Leistungsbilanzsaldo ist eine aufmerksam beobachtete Größe. Es gibt unterschiedliche Ansichten über seine „richtige" Höhe: Ist eine ausgeglichene Leistungsbilanz das Beste für eine Volkswirtschaft? Oder ist es sinnvoller, Leistungsbilanzüberschüsse oder -defizite hinzunehmen? Und falls ja, in welcher Höhe? Ein weiterer Streitpunkt ist, ob die Wirtschaftspolitik überhaupt versuchen sollte, die Höhe des Leistungsbilanzsaldos durch wirtschaftspolitische Maßnahmen zu beeinflussen.

Entwicklung der deutschen Leistungsbilanz

In den 1990er-Jahren wies die deutsche Leistungsbilanz durchweg Defizite auf, zu denen nach der Wiedervereinigung insbesondere der große Nachhol-

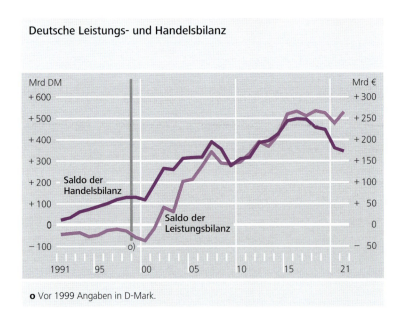

Deutsche Leistungs- und Handelsbilanz

o Vor 1999 Angaben in D-Mark.

bedarf an Waren und Dienstleistungen der neuen Bundesländer beitrug. Dies führte zu einem kräftigen Anstieg der Importe nach Deutschland. Seitdem kam es durch die hohe Wettbewerbsfähigkeit der deutschen Wirtschaft sowie einem Sparüberhang zu großen Überschüssen.

II. Die Vermögensänderungsbilanz

Die Vermögensänderungsbilanz erfasst Transaktionen, denen keine erkennbaren Leistungen gegenüberstehen, die aber das Vermögen eines Landes verändern. Beispiele sind Erbschaften, Schuldenerlass und Entwicklungshilfe für Infrastruktur. Da sich Einnahmen und Ausgaben in der Vermögensänderungsbilanz ausgleichen, weist sie per saldo zumeist nur einen einstelligen Milliardenbetrag aus. Im Jahr 2021 addierte sich der Saldo auf - 1,4 Mrd €.

III. Die Kapitalbilanz

Deutsche Kapitalbilanz*   Stand: März 2022

Mrd €

Position	2007	2014	2021
1. Direktinvestitionen	+ 65,1	+ 65,7	+ 101,8
2. Wertpapieranlagen	− 153,8	+ 135,4	+ 255,1
3. Finanzderivate und Mitarbeiteraktienoptionen	+ 83,6	+ 38,5	+ 61,0
4. Übriger Kapitalverkehr [1]	+ 187,4	+ 3,2	− 135,0
5. Währungsreserven	+ 1,0	− 2,6	+ 31,9
Kapitalbilanzsaldo	+ 183,2	+ 240,3	+ 314,7

* Gemäß den internationalen Standards des Balance of Payments Manual in der Auflage 6, des Internationalen Währungsfonds. Zunahme an Nettoauslandsvermögen: + / Abnahme an Nettoauslandsvermögen: −. **1** Enthält insbesondere Finanz- und Handelskredite sowie Bargeld und Einlagen.
Differenzen in den Summen durch Runden der Zahlen.

Die Kapitalbilanz erfasst die Finanzströme zwischen Inländern und Gebietsfremden. Als finanzwirtschaftliches Gegenstück zur Leistungsbilanz weist auch sie seit Jahren einen hohen positiven Saldo auf. Im Jahr 2021 belief sich der Überschuss auf 314,8 Milliarden Euro. Die Kapitalbilanz ist untergliedert in Direktinvestitionen, Wertpapieranlagen, Finanzderivate und Mitarbeiteraktienoptionen, übriger Kapitalverkehr sowie Währungsreserven.

Direktinvestitionen

Direktinvestitionen sind grenzüberschreitende Vermögensanlagen in Unternehmen mit dem Ziel, die Geschäftstätigkeit langfristig und maßgeblich zu beeinflussen. Als maßgeblicher Einfluss gilt, wenn die Beteiligung 10 % oder mehr der Anteile oder Stimmrechte umfasst. Die langfristige strategische Ausrichtung unterscheidet Direktinvestitionen von Wertpapieranlagen. Neben Beteiligungskapital zählen auch gruppeninterne Finanz- und Handelskredite zu den Direktinvestitionen. Die Motive für Direktinvestitionen sind vielfältig. Ziel kann es sein, Bezugs- und Absatzmärkte zu sichern, sich mit Produktionsstätten im Ausland gegen Wechselkursschwankungen abzusichern oder in den Genuss von Steuervorteilen zu kommen.

Wertpapieranlagen

Zu den in der Kapitalbilanz erfassten Wertpapieranlagen zählen Aktien, Investmentfondsanteile und Schuldverschreibungen. Eine wichtige Unterposition sind die Anleihen des deutschen Staats. Sie gelten als eine sichere Anlage und sind deshalb – insbesondere in Krisenzeiten – auch bei gebietsfremden Investoren beliebt.

Finanzderivate und Mitarbeiteraktienoptionen

Zu den Finanzderivaten gehören Options- und Termingeschäfte. Sie dienen der Absicherung bestimmter Risiken oder der Spekulation. Mitarbeiteraktienoptionen berechtigen die Arbeitnehmer dazu, eine bestimmte Anzahl von Aktien des Arbeitgebers zu einem festgelegten Preis entweder zu einem festgelegten Zeitpunkt oder binnen eines bestimmten Zeitraums zu erwerben.

Internationales Währungs- und Finanzsystem

Übriger Kapitalverkehr

Der übrige Kapitalverkehr umfasst eine breite Palette an Finanzinstrumenten. Die größten Posten sind die Finanzkredite sowie „Bargeld und Einlagen". Letztere umfassen auch die TARGET2-Forderungen der Bundesbank, die in den letzten Jahren stark gestiegen sind. Zum Jahresende 2021 überschritten sie die Schwelle von 1,2 Billionen Euro. Weitere Posten sind Handelskredite und Anzahlungen – wenn sie nicht Teil einer Direktinvestition sind – sowie Versicherungs- und Altersvorsorgeleistungen.

Währungsreserven

Währungsreserven hält in Deutschland nur die Bundesbank. Sie umfassen auf Fremdwährung lautende Forderungen gegenüber Gebietsfremden außerhalb des Euroraums sowie Gold, Goldforderungen und die Sonderziehungsrechte (SZR) des Internationalen Währungsfonds (IWF). In Deutschland spielen Käufe oder Verkäufe von Währungsreserven nur eine geringe Rolle. Die größte Veränderung gab es im August 2021 durch eine Neuzuteilung von SZR durch den IWF, die als Reaktion auf die weltweite Corona-Pandemie beschlossen wurde.

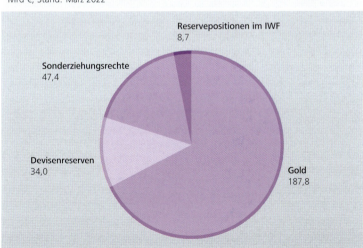

Währungsreserven der Bundesbank

Mrd €, Stand: März 2022

- Reservepositionen im IWF: 8,7
- Sonderziehungsrechte: 47,4
- Devisenreserven: 34,0
- Gold: 187,8

Von der Aufstockung entfällt auf Deutschland ein Anteil im Gegenwert von 30,9 Milliarden €. Insgesamt betragen die Währungsreserven Ende März 2022 277,9 Milliarden Euro.

IV. Saldo der statistisch nicht aufgliederbaren Transaktionen

Den sogenannten Restposten dürfte es eigentlich gar nicht geben, weil vom Konzept her der Leistungsbilanzsaldo plus dem Saldo der Vermögensänderungsbilanz genau dem Kapitalbilanzsaldo entspricht. In der statistischen Praxis ist das leider nicht der Fall, weil es Meldelücken und -fehler gibt, Schätzungen nicht hundertprozentig zutreffen und Transaktionen zeitlich nicht immer richtig zugeordnet werden können. Mittels Restposten erfolgt in der Praxis der rechnerische Ausgleich der Zahlungsbilanz.

7.2.2 Der Auslandsvermögensstatus

Der Auslandsvermögensstatus (AVS) zeigt die Bestände an finanziellen Forderungen und Verbindlichkeiten zwischen Inländern und Gebietsfremden zum Quartalsende, bewertet mit den jeweiligen Marktpreisen und Wechselkursen. Gebietsfremd sind Personen und Unternehmen, die ihren Wohn- oder Firmensitz nicht in Deutschland haben. Damit gibt der AVS sowohl Auskunft über die Höhe und Struktur des Finanzvermögens, das Inländer im Ausland halten, als auch über das Finanzvermögen, das von Gebietsfremden in Deutschland gehalten wird. Die Netto-Position – also Forderungen abzüglich Verbindlichkeiten – zeigt an, ob eine Volkswirtschaft Netto-Schuldner oder -Gläubiger gegenüber dem Rest der Welt ist.

Die Stromgrößen, aus denen sich im Laufe der Zeit die AVS-Bestände ergeben, weist die Kapitalbilanz als Teilbilanz der Zahlungsbilanz aus. Der Saldo der Kapitalbilanz gibt Auskunft darüber, ob die finanziellen Forderungen und Verbindlichkeiten gegenüber dem Ausland während eines bestimmten Zeitraums sinken oder steigen. Steigen die Forderungen schneller als die Verbindlichkeiten, ist der Saldo der Kapitalbilanz positiv. Das Netto-Auslandsvermögen nimmt zu.

Durch die hohen deutschen Leistungs- und Kapitalbilanzüberschüsse steigt das deutsche Auslandsvermögen seit Jahren. Ende 2021 addierte es sich auf 2,4 Billionen Euro; das entspricht 68 % des BIP. Die inländischen Forderungen gegenüber dem Ausland lagen bei 11,3 Billionen Euro. Dem standen inländische Verbindlichkeiten in Höhe von 8,9 Billionen Euro gegenüber.

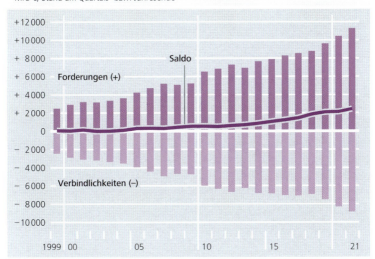

7.2.3. Die Zahlungsbilanz des Euroraums

Die EZB erstellt aus den Datenlieferungen der nationalen Zentralbanken die Zahlungsbilanz des Euroraums. Diese umfasst die Transaktionen des Euroraums mit dem Rest der Welt. Transaktionen innerhalb des Euroraums bleiben außen vor. Durch die engen Verflechtungen zwischen den Ländern des Euroraums gleichen sich die Salden der nationalen Zahlungsbilanzen in der zusammengefassten Bilanz teilweise aus. Daher halten sich die Salden des Währungsgebiets als Ganzes trotz zeitweise hoher Überschüsse und Defizite einzelner Mitgliedsländer meist in engen Grenzen. Gleiches gilt auch für die Zahlungsbilanz der EU, die von der Europäischen Kommission erstellt wird.

Zahlungsbilanz des Euroraums*

Stand: März 2022

Mrd €

Position	2007	2014	2021
I. Leistungsbilanz	+ 3,8	+ 238,5	+ 316,7
1. Warenhandel	+ 29,3	+ 231,6	+ 299,9
2. Dienstleistungen	+ 50,2	+ 90,3	+ 126,4
3. Primäreinkommen	+ 35,7	+ 59,6	+ 53,0
4. Sekundäreinkommen	− 111,4	− 143,1	− 162,5
II. Vermögensänderungsbilanz	+ 10,7	+ 10,9	+ 42,5
III. Kapitalbilanz [1]	− 17,0	+ 280,4	+ 388,2
1. Direktinvestitionen	+ 89,1	+ 67,2	+ 274,8
2. Wertpapieranlagen	− 124,8	+ 65,5	+ 511,9
3. Finanzderivate und Mitarbeiteraktienoptionen	+ 66,8	+ 37,4	+ 53,0
4. Übriger Kapitalverkehr [2]	− 53,1	+ 107,0	− 580,1
5. Währungsreserven	+ 5,1	+ 3,3	+ 128,7
IV. Saldo der statistisch nicht aufgliederbaren Transaktionen [3]	− 31,4	+ 31,1	+ 29,0

*Gemäß den internationalen Standards des Balance of Payments Manual in der Auflage 6, des Internationalen Währungsfonds. 1 Zunahme an Nettoauslandsvermögen: + / Abnahme an Nettoauslandsvermögen: −. 2 Enthält insbesondere Finanz- und Handelskredite sowie Bargeld und Einlagen. 3 Statistischer Restposten, der die Differenz zwischen dem Saldo der Kapitalbilanz und den Salden der Leistungs- sowie der Vermögensänderungsbilanz abbildet.

Differenzen in den Summen durch Runden der Zahlen.

7.3 Das Finanzsystem

Kaum jemand – ob Einzelperson, Unternehmen oder öffentlicher Haushalt – dürfte jederzeit genau so viel Geld einnehmen wie ausgeben. Jeder baut also ständig Geldvermögen auf oder ab. Wer überschüssiges Geld hat, kann es anlegen und wird so zum Anbieter von finanziellen Mitteln. Gleichzeitig gibt es Unternehmen, die investieren oder Privatpersonen, die große Anschaffungen finanzieren wollen. Sie benötigen häufig mehr Geld, als ihnen zur Verfügung steht. Indem sie zusätzliches Geld aufnehmen, werden sie zu Nachfragern von finanziellen Mitteln. Das Finanzsystem bringt das Angebot und die Nachfrage von Kapital zusammen.

7.3.1 Aufbau und Funktion des Finanzsystems

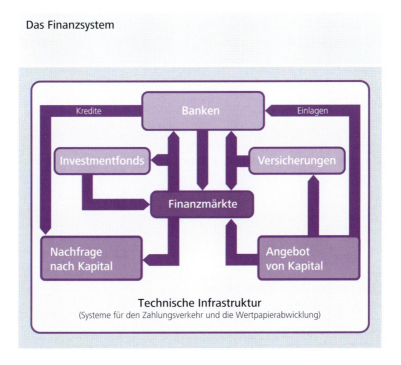

Die Aufgabe des Finanzsystems besteht darin, das Weiterleiten finanzieller Mittel von Anbietern zu Nachfragern zu erleichtern. In einem Finanzsystem vermitteln Finanzintermediäre (vor allem Banken, Versicherer und Investmentfonds) zwischen den Anbietern und Nachfragern finanzieller Mittel. Dies geschieht mittels der Finanzmärkte und der finanziellen Infrastruktur. Daher gehören auch Systeme für die Abwicklung des Zahlungsverkehrs und des Wertpapierhandels zum Finanzsystem.

Internationales Währungs- und Finanzsystem

Das Finanzsystem umfasst Finanzintermediäre, die Finanzmärkte sowie die finanzielle Infrastruktur.

Ein zentraler Bestandteil des Finanzsystems sind die Banken. Private Haushalte und Unternehmen nutzen Banken, um Zahlungen über Girokonten durchzuführen, Geld anzulegen (Einlagen) und Kredite aufzunehmen. Über die Vergabe von Krediten können Banken neues Geld schaffen. Zum Finanzsystem gehören auch Versicherungsunternehmen und Investmentfonds. Sie vergeben im Gegensatz zu den Banken keine Kredite, sondern nehmen nur Geld von Anlegern entgegen und leiten es – zum Beispiel durch den Erwerb von Wertpapieren – an Nachfrager von Kapital weiter.

Finanzmärkte

Auf den Finanzmärkten (insb. den Börsen) treffen Kapitalanleger und Kapitalnehmer aufeinander. Sie beauftragen in der Regel Banken oder Wertpapierhäuser damit, für sie Wertpapiere zu kaufen oder zu verkaufen. Für Anleger hat der Kauf von Wertpapieren den Vorteil, dass er sie – zumindest wenn sie an der Börse gehandelt werden – rasch wieder verkaufen kann. Bei der Kapitalbeschaffung über den Verkauf von Wertpapieren steht die Ausgabe von Schuldverschreibungen oder Anleihen im Vordergrund.

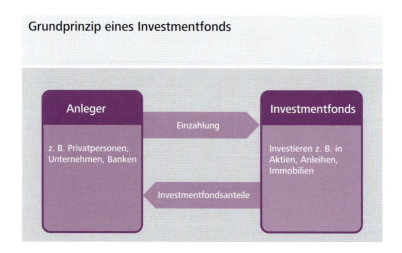

Grundprinzip eines Investmentfonds

Investmentfonds

Investmentfonds sind keine Anlageform, sondern Unternehmen, die in verschiedene Anlageformen investieren. Sie verkaufen Anteilsscheine. Das sind Wertpapiere, die den Anspruch auf einen bestimmten Teil des Fondsvermögens darstellen. Das so eingenommene Geld wird in verschiedene Anlagen wie Wertpapiere oder Immobilien investiert. Die Erträge der Fonds kommen nach Abzug von Gebühren den Anlegern zugute.

Offene Investmentfonds bieten ihren Anlegern kurzfristig – meist börsentäglich – die Rücknahme der von ihnen ausgegebenen Anteilsscheine an. Geschlossene Investmentfonds hingegen bieten diese Möglichkeit nicht. Investmentfonds reduzieren in der Regel durch Investitionen in unterschiedliche Anlagen das Risiko des Anlegers (Diversifizierung). Anlageschwerpunkte können Wertpapiere (z. B. Aktien und Anleihen) oder Immobilien sein. Geldmarktfonds investieren in kurzfristige Anlagen, die häufig als Konkurrenzprodukt zu Bankeinlagen gesehen werden.

Hedgefonds sind Investmentfonds, die weniger streng reguliert werden. Sie dürfen in Anlagen investieren, mit denen sich Anleger gegen Kursverluste absichern können (engl. „to hedge" = absichern). Sie dürfen auch mit Finanzinstrumenten aller Art riskante Anlagestrategien verfolgen, die hohe Gewinne erwirtschaften, aber auch zu hohen Verlusten führen können.

Exchange Traded Funds (ETFs) sind Investmentfonds, die einen Index wie z. B. den Deutschen Aktienindex (DAX) nachbilden. Sie treffen somit keine aktiven Investitionsentscheidungen. Da sie weniger Aufwand betreiben müssen, sind ihre Kosten geringer als bei klassischen Investmentfonds. ETF-Anteile werden an der Börse gehandelt und unterliegen den üblichen Marktrisiken.

Kapitalanleger und Kapitalnehmer treffen auf den Finanzmärkten aufeinander.

Weil solche Wertpapiere zumeist feste Zinszahlungen in bestimmten Abständen („Renten") vorsehen, werden sie auch als Rentenpapiere bezeichnet. Der Markt, an dem sie gehandelt werden, wird Anleihe- oder Rentenmarkt genannt. Auch der Staat greift bei der Kreditaufnahme auf Schuldverschreibungen wie Bundesanleihen oder Bundesobligationen zurück.

Ebenso geben die deutschen Banken in großem Umfang eigene Schuldverschreibungen aus, um sich längerfristig zu refinanzieren. Eine besonders bekannte Form der Bankschuldverschreibungen sind die Hypothekenpfandbriefe, die der Refinanzierung von Immobilienkrediten dienen. Am Aktienmarkt werden Unternehmensanteile (Aktien) gehandelt. Aktiengesellschaften (AGs) beschaffen sich durch die Ausgabe von Aktien Eigenkapital. Mit dem Kauf von Aktien erwirbt man einen Anteil am Unternehmen – und damit das Anrecht, an Gewinnen des Unternehmens beteiligt zu werden. Am Devisenmarkt werden Währungen gehandelt. Der Handel spielt sich überwiegend zwischen Banken ab. Aus Angebot und Nachfrage für bestimmte Währungen ergeben sich deren Wechselkurse.

7.3.2 Strukturwandel im globalen Finanzsystem

In den vergangenen Jahrzehnten hat sich das internationale Finanzsystem stark verändert. Den Anlegern steht in der digitalen Welt bei weitgehend freiem Kapitalverkehr eine Vielzahl von Anlageformen zur Auswahl. Das Geld, das bei einer Bank oder einem Investmentfonds angelegt wird, kann heute praktisch überall in der Welt eingesetzt werden: International tätige Banken geben Kredite an Unternehmen aus aller Welt und handeln weltweit mit Wertpapieren. Auch die Sparer und Investoren legen Geld im Ausland an, um dort höhere Erträge zu erzielen oder die Risiken besser zu streuen. Wirtschaftlich ist es sinnvoll, finanzielle Mittel über nationale Grenzen hinweg weiterleiten zu können. Dies ermöglicht Investitionen, die allein aus heimischen Finanzquellen nicht zu decken wären.

Internationales Währungs- und Finanzsystem

Während in der Vergangenheit traditionelle Bankkredite und Bankeinlagen im internationalen Finanzgeschäft dominierten, steht heute der Handel mit Wertpapieren im Vordergrund – darunter auch komplexe Finanzinstrumente wie Derivate, oft in Ausgestaltung als Termingeschäfte, Swaps und Optionen. Denn sie können die Anforderungen besser erfüllen, die sich aus der stark verknüpften Weltwirtschaft und neuen technischen Möglichkeiten im Wertpapierhandel ergeben.

Neben dem klassischen Bankensystem beteiligen sich zunehmend auch andere Finanzmarktakteure an der Vermittlung zwischen Kreditangebot und Kreditnachfrage. Diese Akteure werden häufig unter dem Begriff „Schattenbanken" zusammengefasst. Mittlerweile setzt sich international die Bezeichnung „Nichtbanken-Finanzintermediäre" durch. Dazu zählen beispielsweise Investmentfonds – inklusive Hedgefonds und Exchange Traded Funds (ETFs) – sowie Geldmarktfonds. Auch die Digitalisierung trägt zu umfassenden Veränderungen im Finanzsystem bei. Technologisch getriebene Finanzinnovationen (Fintechs) bringen in allen Bereichen des Finanzsektors neue Finanzinstrumente, -dienstleistungen oder -intermediäre hervor. So ermöglichen Mobile Payments und Internetzahlverfahren zusätzliche Zahlungswege und sogenannte Robo-Advisors bieten automatisierte Geldanlagen an. Von diesen neuen Produkten und Anbietern können in Teilbereichen Risiken für die Finanzstabilität ausgehen, wie gleichgerichtetes Verhalten durch stärkere Automatisierung bei der Anlageentscheidung durch Robo-Advisors. Bislang ist der Fintech-Sektor in Deutschland jedoch vergleichsweise klein und potenzielle Risiken sind daher begrenzt.

Neuere Finanzierungsinstrumente und Marktakteure sowie die Digitalisierung spielen heute eine große Rolle.

Eine große Rolle spielen auch Verbriefungen. Die Grundidee besteht darin, Kreditforderungen samt ihren künftigen Zins- und Tilgungszahlungen handelbar zu machen. Dazu bündeln Banken Kreditforderungen und verkaufen sie an eine Zweckgesellschaft. Die Zweckgesellschaft beschafft sich das Geld für den Ankauf, indem sie die Forderungen in einem Wertpapier „verbrieft" und dieses Wertpapier, in kleine Abschnitte gestückelt, an Anleger verkauft. Mit solchen Transaktionen verkaufen Banken Kreditforderungen an Dritte und nehmen sie damit aus ihrer Bilanz. So verschaffen sie sich Spielraum für die Vergabe neuer Kredite.

Die Käufer dieser mit Kreditforderungen besicherten Wertpapiere (Asset Backed Securities, ABS) stammen in der Regel aus dem Finanzsektor. Sie erhalten Zins- und Tilgungszahlungen, die aus den unterliegenden Krediten gespeist werden. Wenn eine Bank bei der Vergabe eines Kredits weiß, dass sie ihn zügig an eine Zweckgesellschaft weiterverkaufen kann, schenkt sie der Bonitätsprüfung womöglich nicht die notwendige Aufmerksamkeit. Damit nimmt das Risiko von Kreditausfällen zu.

Um dieses Risiko einzugrenzen, beauftragen die Emittenten von verbrieften Wertpapieren in der Regel Ratingagenturen mit einer Bonitätsprüfung. Gerade auch aufgrund der neuen, oft hochkomplexen Finanzierungsinstrumente sowie der ständig wachsenden Zahl von Emittenten sind die meisten Anleger kaum in der Lage, die Risiken abzuschätzen, die der Kauf eines komplexen Finanzinstruments mit sich bringt. Die Ratingagenturen sind hingegen darauf spezialisiert, die „Bonität" von Schuldnern wie Unternehmen, Banken oder Staaten zu analysieren: Sie geben eine Einschätzung ab, für wie wahrscheinlich sie es halten, dass der Schuldner Zinsen und Tilgungsraten vollständig und pünktlich leisten kann. Die von den Ratingagenturen vergebene Bonitätsnote beeinflusst maßgeblich die Höhe des Zinssatzes, den ein Emittent auf ein von ihm begebenes Wertpapier zahlen muss. Die globale Finanzkrise hat jedoch offengelegt, dass auch die Ratingagenturen vor Fehleinschätzungen nicht gefeit sind. Anleger sind daher gut beraten, sich mit Hilfe unterschiedlicher Quellen über Chancen und Risiken geplanter Investments zu informieren.

Ratingagenturen beurteilen die Bonität von Schuldnern und Emittenten.

Mit der stärkeren Vernetzung des globalen Finanzsystems und der höheren Komplexität vieler Finanzprodukte entstehen neben wirtschaftlichen Vorteilen auch Risiken. Probleme, die in einem Teil der Welt entstehen, können sich schnell auf andere Regionen ausbreiten. Dies hatte sich besonders in der globalen Finanzkrise ab 2007 gezeigt.

Derivategeschäfte

Finanzinstrumente, deren Wert von anderen Vermögenswerten – den sogenannten Basiswerten – abhängt, werden **Derivate** genannt. Solche Basiswerte sind zum Beispiel Aktien, Aktienindizes, Staatsanleihen, Währungen, Zinssätze oder Rohstoffe. Derivategeschäfte werden abgeschlossen, um finanzielle Risiken abzusichern (Hedging), aber auch, um auf Preisänderungen zu spekulieren oder Preisunterschiede zwischen Märkten auszunutzen (Arbitrage). Da der Basiswert selbst nicht erworben wird, erfordern Derivate einen geringeren Kapitaleinsatz. Termingeschäfte, Swaps und Optionen sind die grundlegenden Arten von Derivategeschäften. Bei einem **Termingeschäft** (auch Forward oder Future) wird der Preis für einen Handelsgegenstand, der erst in der Zukunft geliefert wird, schon bei Vertragsabschluss festgelegt. So geht der Käufer die Verpflichtung ein, eine bestimmte Menge eines Handelsgegenstands, etwa einer Aktie oder einer Fremdwährungszahlung, zu einem späteren Zeitpunkt zu einem bei Vertragsabschluss festgelegten Preis vom Verkäufer zu kaufen. Der Verkäufer verpflichtet sich, zu den vereinbarten Konditionen zu liefern. Bei einem **Swap** werden Handelsgegenstände getauscht. So tauschen Banken oftmals mittels Zinsswaps feste Zinszahlungen gegen variable Zinszahlungen, um ihre Zinsänderungsrisiken zu steuern. Swaps werden zudem verwendet, um sich gegen Kreditrisiken oder Wechselkursrisiken abzusichern. Gerade bei Fremdwährungsswaps kann der Tausch auch zeitlich versetzt erfolgen. So erfolgt bei einem Währungsswap zunächst eine Lieferung von z. B. Euro gegen Dollar. Nach einer gewissen Zeit wird der Tausch rückabgewickelt. Dies erlaubt die Absicherung von Wechselkursrisiken für eine bestimmte Zeit. Eine **Option** stellt ein bedingtes Geschäft dar. Sie gibt dem Käufer das Recht, einen Kauf oder Verkauf von Vermögenswerten zu einem vorher vereinbarten Preis durchzuführen. Der Käufer kann die Option ausüben, geht aber keine Verpflichtung ein, dies zu tun. Zudem gibt es auch verschiedene Kombinationen dieser Derivategeschäfte. So erwirbt der Käufer einer Swapoption – einer Mischung aus Swap und Option – das Recht, einen Swap zu vorher bestimmten Konditionen in der Zukunft durchzuführen.

Deutsche Bundesbank

7.4 Stabilität des Finanzsystems

Störungen im Finanzsystem können erhebliche realwirtschaftliche und soziale Kosten verursachen. Wenn beispielsweise viele Banken gleichzeitig Verluste erleiden, kann die Kreditvergabe an Haushalte und Unternehmen stocken und die Wirtschaft in eine Rezession fallen. In der Vergangenheit brach das Wirtschaftswachstum in Finanzkrisen häufig stark ein. Es kam zu beträchtlichen Einkommensverlusten und die Arbeitslosigkeit nahm deutlich zu. Das Vertrauen in das Bankensystem kann in einer Finanzkrise erschüttert werden. Dann kann es zu Liquiditätsengpässen bei Banken kommen, die sich häufig nur mit Hilfe von Zentralbankgeld beheben lassen. Zentralbanken spielen deshalb bei der Bewältigung von Finanzkrisen eine wichtige Rolle. Störungen im Finanzsystem können auch die Transmission der Geldpolitik behindern und somit die Preisstabilität beeinträchtigen.

Internationales Währungs- und Finanzsystem

Gefahren für die Stabilität des Finanzsystems ergeben sich aus systemischen Risiken. Von einem systemischen Risiko spricht man, wenn die Gefahr besteht, dass das Finanzsystem seine gesamtwirtschaftlichen Funktionen nicht mehr erfüllen kann. Eine mögliche Ursache dafür kann die Schieflage eines systemrelevanten Marktteilnehmers sein – etwa einer Bank, eines Versicherers oder eines Finanzinfrastrukturanbieters. Systemrelevant ist ein Marktteilnehmer dann, wenn er sehr groß („too big to fail") oder eng mit anderen Marktteilnehmern verflochten ist („too connected to fail"). Die Funktionsfähigkeit des Finanzsystems kann auch dann gefährdet sein, wenn viele kleinere Marktteilnehmer gleichzeitig in Schieflage geraten – beispielsweise dadurch, dass sie ähnlichen Risiken ausgesetzt sind („too many to fail").

> *Nur ein stabiles Finanzsystem kann seine gesamtwirtschaftliche Funktion erfüllen.*

Nach der globalen Finanzkrise, die 2007 ihren Anfang nahm, haben die EU-Mitgliedstaaten viele Finanzmarktreformen umgesetzt. Diese sollen dabei helfen, Krisen vorzubeugen. Zudem wurden neue Institutionen geschaffen, die auf unterschiedlichen Wegen zur Wahrung der Finanzstabilität beitragen.

7.4.1 Gremien und Institutionen für die Finanzstabilität

Die Finanzkrise zeigte, dass das internationale Finanzsystem einen verbesserten Ordnungsrahmen benötigte. Deshalb beschloss die Politik, sowohl die „mikroprudenzielle" Aufsicht, die auf die Stabilität einzelner Institute ausgerichtet ist, als auch die „makroprudenzielle" Überwachung, die die Stabilität des Finanzsystems als Ganzes in den Blick nimmt, zu verbessern und auszubauen.

Aufsicht und Überwachung auf europäischer Ebene

Im Jahr 2011 wurden drei bestehende europäische Aufsichtsausschüsse umgebildet und mit erweiterten Befugnissen ausgestattet: die EBA (European Banking Authority), zuständig für Banken, die ESMA (European Securities and Markets Authority), zuständig für Finanz- und Wertpapiermärkte und die EIOPA (European Insurance and Occupational Pensions Authority), zuständig für Versicherer und betriebliche Pensionsfonds.

Die globale Finanzkrise 2007/2008

Die Finanzkrise begann im Sommer 2007 mit einer Bankenkrise. Diese fand ihren vorläufigen Höhepunkt im September 2008 mit dem Zusammenbruch von Lehman Brothers in den USA, damals weltweit eine der bedeutendsten Banken im Investment Banking. US-amerikanische Banken hatten über Jahre im Zuge steigender Immobilienpreise riskante Hypothekenkredite vergeben. Als 2007 die Immobilienpreise in den USA wieder fielen, zweifelten viele Marktteilnehmer die Werthaltigkeit dieser Kredite an. Da die Banken solche Kredite gebündelt, verbrieft und an andere Marktteilnehmer – auch in anderen Teilen der Welt – verkauft hatten, wusste niemand, welche Institute diese Risiken in ihren Bilanzen hielten. Die Banken liehen sich daher gegenseitig kein Geld mehr, Unternehmen wurden nicht mehr ausreichend mit Krediten versorgt und die Wirtschaft brach ein – zur Finanzkrise kam eine Wirtschaftskrise. Um die Finanz- und Wirtschaftskrise zu bekämpfen, verschuldeten sich einige Staaten so stark, dass die Marktteilnehmer zweifelten, ob sie diese Schulden zurückzahlen könnten. Diese Staaten mussten in der Folge für ihre höheren Schulden auch noch höhere Zinssätze am Markt zahlen. Es kam zur Staatsschuldenkrise, die nur durch internationale Hilfsmaßnahmen für mehrere Staaten eingedämmt werden konnte.

Phasen der Krise

Sommer 2007	Herbst 2008	Frühjahr 2010
Banken- und Finanzkrise („Subprime-Krise")	Globale Wirtschaftskrise	Staatsschulden- und Bankenkrise

Subprime = „nicht von erster Güte" (Kredite an Schuldner mit schlechter Bonität)

Diese werden unter dem Oberbegriff European Supervisory Authorities (ESAs) zusammengefasst. Sie widmen sich schwerpunktmäßig der Aufgabe, EU-weit einheitliche Regulierungs- und Aufsichtsstandards für Banken, Wertpapiermärkte, Versicherer und Pensionsfonds zu entwickeln.

Mit ihrer Ausrichtung auf die Erarbeitung allgemeiner Regeln für einzelne Institute zählen diese Behörden zur mikroprudenziellen Aufsicht. Die drei ESAs (mit ihrem Schwerpunkt

Seit 2011 besteht das Europäische System der Finanzaufsicht.

„Regulierungsaufgaben") und das European Systemic Risk Board (Schwerpunkt „Überwachung des EU-Finanzsystems") bilden zusammen mit den nationalen Aufsichtsbehörden sowie dem gemeinsamen Ausschuss der europäischen Aufsichtsbehörden das European System of Financial Supervision (ESFS). Dieses System von Regulierungs- und Aufsichtsbehörden soll die Arbeit der nationalen Behörden koordinieren und unterstützen.

Die europäische Aufsichtsstruktur:
European System of Financial Supervision (ESFS)

Mikroprudenzielle Aufsicht		Makroprudentielle Überwachung
Gemeinsamer Ausschuss der ESAs		
EBA EIOPA ESMA	Informations- und Erkenntnisaustausch	European Systemic Risk Board (ESRB)
Nationale Aufsichtsbehörden		

Dem European Systemic Risk Board (ESRB) mit Sitz in Frankfurt am Main gehören Zentralbanken und Aufsichtsbehörden aus allen EU-Ländern sowie Vertreter der EZB, der Europäischen Kommission, des Wirtschafts- und Finanzausschusses der Europäischen Union (WFA) und der ESAs an. Der ESRB ist für die

Internationales Währungs- und Finanzsystem

Der ESRB ist für die Aufsicht des Finanzsystems in der EU zuständig.

Überwachung des Finanzsystems in der EU zuständig, um zur Abwendung oder Eindämmung von Systemrisiken für die Finanzstabilität beizutragen. Mit seiner Ausrichtung auf das Finanzsystem insgesamt hat der ESRB eine zentrale Aufgabe in der makroprudenziellen Überwachung.

Auf Empfehlung des ESRB haben die EU-Mitgliedstaaten nationale Behörden eingerichtet, die für die makroprudenzielle Überwachung im jeweiligen Land zuständig sind. Dafür gibt es gute Gründe: Nationale Aufsichtsbehörden und Zentralbanken verfügen über spezifische Kenntnisse ihrer Finanzsysteme und können zielgenau auf Fehlentwicklungen in ihrem Land reagieren. Zudem wirkt sich eine systemische Krise zunächst auf nationaler Ebene aus, sodass dort auch die Verantwortung für die entsprechende makroprudenzielle Politik angesiedelt sein sollte.

Zusammensetzung European Systemic Risk Board

Internationales Währungs- und Finanzsystem

Makroprudenzielle Überwachung in Deutschland

In Deutschland ist seit 2013 der Ausschuss für Finanzstabilität (AFS) für die makroprudenzielle Überwachung zuständig. Dem AFS gehören das Bundesministerium der Finanzen (BMF, Vorsitz), die Bundesanstalt für Finanzdienstleistungsaufsicht (BaFin) und die Bundesbank an. Innerhalb des AFS übernimmt die Bundesbank wichtige Funktionen und ist für die Analyse aller Risiken zuständig, die die Stabilität des deutschen Finanzsystems bedrohen können. Sie schlägt dem Ausschuss Warnungen und Empfehlungen vor und bewertet deren Umsetzung. Zudem kann der AFS auf Basis der Analysen der Bundesbank die Anwendung harter (verbindlicher) makroprudenzieller Instrumente empfehlen, um Gefahren für die Finanzstabilität zu begegnen. Für den Einsatz dieser Instrumente ist in Deutschland die BaFin verantwortlich.

Der AFS ist für die Makroprudenzielle Überwachung in Deutschland zuständig.

Zusammensetzung des Ausschusses für Finanzstabilität (AFS)

BMF — Drei Vertreter mit Stimmrecht + Vorsitz

AFS — Tagt vierteljährlich (ad hoc, falls nötig)

BaFin — Drei Vertreter mit Stimmrecht + Ein Vertreter für den Bereich Abwicklung ohne Stimmrecht

Deutsche Bundesbank — Drei Vertreter mit Stimmrecht + Vetorecht

Finanzstabilität im Rahmen der Bankenunion

Mit dem Start einer einheitlichen Bankenaufsicht durch den einheitlichen Aufsichtsmechanismus als Teil der „Bankenunion" im November 2014 erhielt die EZB auch zusätzliche Kompetenzen in der makroprudenziellen Überwachung.

Zwar entscheiden hauptsächlich die jeweiligen nationalen Behörden über makroprudenzielle Maßnahmen, die EZB kann diese aber verschärfen und den Einsatz bestimmter Maßnahmen verpflichtend einfordern. Im Gegensatz zum ESRB, dem unverbindliche Instrumente in Form von Warnungen und Empfehlungen zur Verfügung stehen, kann die EZB damit verbindliche Instrumente einsetzen, ihre Anweisungen müssen also von den Banken umgesetzt werden. Die makroprudenziellen Rechte der EZB sind auf den Bankensektor der am einheitlichen Aufsichtsmechanismus (SSM) teilnehmenden Länder begrenzt. Eine Möglichkeit, auf Entwicklungen beispielsweise im Versicherungssektor Einfluss zu nehmen, besitzt sie nicht.

7.4.2 Makroprudenzielle Instrumente

Makroprudenzielle Instrumente unterteilen sich hinsichtlich ihrer rechtlichen Eingriffstiefe und Verbindlichkeit in weiche, mittlere und harte Instrumente. Weiche Instrumente umfassen die Kommunikation der makroprudenziellen Behörden über die Finanzstabilität betreffende Entwicklungen sowie entstehende Risiken. Dies geschieht insbesondere über regelmäßige Veröffentlichungen wie Jahresberichte, aber auch über Reden und Interviews.

Makroprudenzielle Instrumente mit mittlerer Eingriffstiefe sind „Warnungen" und „Empfehlungen". Empfehlungen unterscheiden sich von Warnungen vor allem darin, dass sie konkrete Handlungsvorschläge an den Adressaten richten. Adressaten von Warnungen und Empfehlungen des ESRB können insbesondere die Europäische Union insgesamt, die Europäische Kommission, die Regierungen und Finanzaufsichtsbehörden der EU-Mitgliedstaaten und die europäischen Aufsichtsbehörden sein. Der AFS kann Warnungen und Empfehlungen an alle öffentlichen Stellen in Deutschland richten, wie die BaFin oder die Bundesregierung. Der

Es gibt weiche, mittlere und harte makroprudenzielle Instrumente.

ESRB bzw. die Bundesbank evaluieren im Anschluss, wie die Adressaten mit der Empfehlung umgegangen sind.

Empfehlungen können den Einsatz harter (verbindlicher) makroprudenzieller Instrumente vorsehen, die direkt in die Geschäftstätigkeit der Finanzmarktteilnehmer eingreifen. Diese Instrumente können aber auch ohne vorherige Empfehlung eingesetzt werden. Aktuell bieten die europäischen und deutschen Gesetze die Möglichkeit, harte makroprudenzielle Regulierungsinstrumente insbesondere mit Bezug auf den Bankensektor einzusetzen. Der Großteil dieser Instrumente zielt darauf ab, die Eigenkapitalausstattung der Banken zu stärken. Zu ihnen zählt beispielsweise der Kapitalpuffer für global systemrelevante Banken. Dieser soll dazu beitragen, die Widerstandsfähigkeit besonders großer und vernetzter Institute gegenüber Verlusten zu erhöhen.

Harte Instrumente greifen direkt in die Geschäftstätigkeit der Finanzmarktteilnehmer ein.

Mit dem antizyklischen Kapitalpuffer kann die Aufsicht den Banken in Phasen, in denen sich zyklische Risiken für die Finanzstabilität aufbauen, höhere Kapitalanforderungen auferlegen. Hierdurch kann die Widerstandsfähigkeit der Banken erhöht werden. Im Falle einer Stressphase kann der Puffer dann genutzt werden, um Verluste aufzufangen und die Kreditvergabe zu stabilisieren. In Deutschland hat die BaFin den antizyklischen Kapitalpuffer Mitte 2019 nach einer Empfehlung des AFS erstmals erhöht. Angesichts der Corona-Pandemie hat sie diesen Puffer im Frühjahr 2020 wieder abgesenkt.

Um Finanzstabilitätsrisiken entgegen zu wirken, die sich speziell am Wohnimmobilienmarkt aufbauen, existieren sogenannte kreditnehmerbezogene Instrumente. Sie können das Verlustpotenzial aus neu vergebenen Wohnimmobilienkrediten reduzieren oder das Ausfallsrisiko begrenzen. Sie setzen im Kreditvergabeprozess an und zielen darauf ab, Mindeststandards bei der Vergabe von Wohnimmobilienkrediten zu setzen (z.B. ein Mindestanteil an eigenen finanziellen Mitteln).

7.5 Internationale Institutionen und Gremien für Währungs- und Finanzstabilität

Infolge der Globalisierung hat die weltweite politische Kooperation in Währungs- und Finanzfragen weiter an Bedeutung gewonnen. Internationale Institutionen und Gremien beschäftigen sich mit diesen Fragen und gestalten den Rahmen für die internationale Zusammenarbeit.

Internationaler Währungsfonds (IWF)

Dem IWF kommt bei der Förderung der wirtschaftlichen Stabilität und Zusammenarbeit von Ländern im internationalen Währungssystem eine besondere Bedeutung zu. Der IWF überwacht laufend die Wirtschafts- und Währungspolitik seiner Mitgliedsländer. Bei den jährlichen Konsultationen mit ihnen untersucht er deren Wirtschafts- und Währungsentwicklung und empfiehlt ihnen konkrete stabilitätsfördernde wirtschaftspolitische Maßnahmen. Darüber hinaus analysiert der IWF halbjährlich die globalen Wirtschaftsaussichten sowie die länderübergreifenden Risiken im internationalen Finanzsystem. Der Stärkung der Widerstandsfähigkeit von Volkswirtschaften gegen Krisen kommt dabei eine besondere Bedeutung zu.

Der IWF ist die zentrale globale Institution zur weltweiten finanz- und währungspolitischen Zusammenarbeit.

Zur Unterstützung bei der Überwindung von Zahlungsbilanzschwierigkeiten können Mitgliedsländer Finanzhilfen vom IWF in Anspruch nehmen. So können sie eine international akzeptierte Währung (z.B. US-Dollar, Euro) von ihm zeitlich befristet im Tausch gegen die eigene Währung erhalten, um sie für Zahlungen zu verwenden, wenn ihre eigene Währung im Ausland nicht akzeptiert wird. Dafür verfügt der IWF durch Einzahlungen der Mitgliedsländer über erhebliche eigene Finanzmittel.

Diese Einzahlungen werden entsprechend der relativen wirtschaftlichen Stärke eines jeden Mitgliedslandes festgelegt, regelmäßig auf ihre Angemessenheit überprüft und bei Bedarf angepasst. Nach den Anteilen an den gesamten Einzahlungen, den sogenannten „Quoten", richten sich auch die Stimmrechte der Mitgliedsländer im IWF.

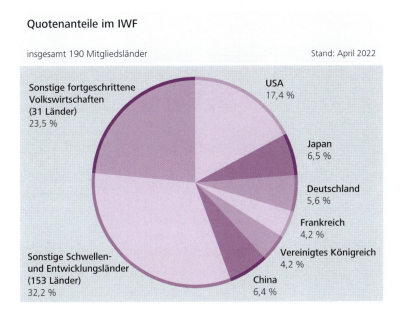

Die Vergabe von Finanzhilfen an ein Mitgliedsland macht der IWF in der Regel vom Abschluss eines wirtschaftspolitischen Anpassungsprogramms und der Umsetzung vorab vereinbarter Maßnahmen abhängig, die auf die Überwindung der Zahlungsbilanzprobleme abzielen (Konditionalität). Dies können beispielsweise die Sanierung des Staatshaushalts, geld- und wechselkurspolitische Maßnahmen oder marktwirtschaftliche Reformen sein.

Allerdings kann der IWF seit 2009 Ländern mit soliden Fundamentaldaten und guter Wirtschaftspolitik auch vorsorglich Finanzmittel ohne Vorliegen eines akuten Zahlungsbilanzbedarfs und ohne weitere Auflagen für die Auszahlung bereitstellen. In diesem Rahmen stellt er derzeit Mexiko, Kolumbien, Chile und Peru vorsorgliche Kreditlinien bereit (Flexible Credit Line – FCL).

Von 2010 an beteiligte er sich mit großen Krediten an den „Rettungspaketen" zugunsten Griechenlands, Irlands, Portugals und Zyperns. In den letzten Jahren gewährte der IWF unter anderem Ägypten, Argentinien, Pakistan und der Ukraine großvolumige Kredite. In der durch die Corona-Pandemie ausgelösten weltweiten Krise hat der IWF viele seiner Mitglieder rasch mit umfangreichen Finanzhilfen unterstützt. Einkommensschwache Länder erhalten vom IWF in erster Linie zinsvergünstigte Finanzhilfen, die er aus einem speziellen Treuhandfonds bereitstellt.

Der IWF unterstützt seine Mitgliedsländer bei Bedarf ferner mit Beratungsleistungen für technische Fragen der Politikdurchführung wie der Erstellung von Statistiken oder der Gestaltung von wirtschaftspolitischen Instrumenten und Institutionen, um die technisch-administrativen Kapazitäten von Regierungen für die erfolgreiche Umsetzung ihrer Wirtschaftspolitik zu stärken.

Die Bundesrepublik Deutschland ist seit 1952 Mitglied im IWF. Die Deutsche Bundesbank übernimmt die finanziellen Rechte und Pflichten Deutschlands im IWF. Sie stellt dem IWF die deutschen Quotenmittel zur Verfügung (derzeit ca. 31,5 Milliarden Euro, rund 5,6 % der Gesamtmittel des IWF). Damit hat die Bundesrepublik Deutschland den viertgrößten Anteil im IWF. Im Falle eines erhöhten Finanzbedarfs, beispielsweise während einer Phase weltweiter krisenhafter Entwicklungen, kann sich der IWF unter bestimmten Bedingungen von der Bundesbank und anderen Ländern bzw. Zentralbanken temporär weitere Finanzmittel aus vereinbarten Kreditlinien leihen.

Oberstes Entscheidungsgremium des IWF ist der Gouverneursrat, in dem alle 190 Mitgliedsländer vertreten sind. Deutscher IWF-Gouverneur ist der Bundesbankpräsident, sein Vertreter ist der Bundesfinanzminister. Der Gouverneursrat wird vom Internationalen Währungs- und Finanzausschuss (IMFC) beraten, der 24 Mitglieder umfasst (Finanzminister oder Notenbankgouverneure) und zweimal jährlich tagt. Das Tagesgeschäft führt das 24-köpfige Exekutivdirektorium durch. Deutschland ist hier und im IMFC wegen seines großen Stimmrechts- und Finanzierungsanteils am IWF mit einem eigenen Mitglied vertreten.

> Der Präsident der Bundesbank ist der Gouverneur für Deutschland im IWF-Gouverneursrat.

Sonderziehungsrechte

Seit 1969 kann der IWF den Mitgliedsländern Sonderziehungsrechte (SZR) zuteilen. Stellt der IWF im Rahmen seiner fünfjährlichen Überprüfungen einen globalen Mangel an Währungsreserven fest, kann er den Mitgliedsländern in Relation zu ihren Quoten SZR zuteilen. SZR stellen ein Währungsreservemedium dar, sind aber kein beliebig verwendbares Geld. Jedes Mitglied hat bei Bedarf das Recht, seine zugeteilten SZR bei anderen Mitgliedern in international akzeptierte Währung (z.B. US-Dollar, Euro) zu tauschen. Die SZR können nur vom IWF, den Währungsbehörden der IWF-Mitglieder und anderen zugelassenen offiziellen Stellen gehalten und für finanzielle Transaktionen untereinander verwendet werden. Der IWF verwendet die SZR auch als interne Recheneinheit, in der alle Guthaben und Kredite geführt werden. Der Wert eines Sonderziehungsrechts wird täglich auf Basis eines Währungskorbs der wichtigsten Weltwährungen errechnet. Deren Gewichtung wird alle fünf Jahre überprüft und ggf. angepasst.

Den Sonderziehungsrechten zugrunde liegender Währungskorb*)

Seit 1. Oktober 2016

- Pfund Sterling 8,09 %
- Yen 8,33 %
- Renminbi 10,92 %
- US-Dollar 41,73 %
- Euro 30,93 %

* Prozentuale Gewichte der Korbwährungen am Stichtag 1. Oktober 2016. Der für Oktober 2021 vorgesehene Abschluss der Überprüfung wurde wegen der Corona-Pandemie verschoben. Der derzeitige Währungskorb soll bis 31.07.2022 gültig bleiben.

Internationales Währungs- und Finanzsystem

Weltbankgruppe

Auf der Konferenz von Bretton Woods 1944 wurde neben dem IWF auch die Errichtung der Internationalen Bank für Wiederaufbau und Entwicklung (IBRD) beschlossen. Sie nahm 1946 in Washington D.C. ihre Arbeit auf. Während sie ihre Mittel zunächst zum Wiederaufbau Europas einsetzte, konzentriert sie sich seit Ende der 1940er-Jahre vor allem auf die Unterstützung von Entwicklungsländern.

Aus dieser entwicklungspolitischen Aufgabe heraus sind vier weitere Organisationen (IDA, IFC, MIGA, ICSID) entstanden, die zusammen mit der IBRD als Weltbankgruppe bezeichnet werden. Sie haben zum Ziel, die wirtschaftliche Entwicklung von weniger entwickelten Volkswirtschaften durch finanzielle Hilfen, Beratung und technische Hilfe zu fördern. Der Begriff „Weltbank" umfasst im allgemeinen Sprachgebrauch nur die IBRD und die IDA.

Mitgliedsorganisationen der Weltbankgruppe

		Gründung
IBRD	Internationale Bank für Wiederaufbau und Entwicklung (International Bank for Reconstruction and Development)	1944
IDA	Internationale Entwicklungsorganisation (International Development Association)	1960
IFC	Internationale Finanz-Corporation (International Finance Corporation)	1956
MIGA	Multilaterale Investitions-Garantie-Agentur (Multilateral Investment Guarantee Agency)	1988
ICSID	Int. Zentrum zur Beilegung von Investitionsstreitigkeiten (International Centre for Settlement of Investment Disputes)	1966

Die IBRD vergibt langfristige Darlehen zur wirtschaftlichen Entwicklung an Entwicklungs- und Schwellenländer und refinanziert diese an den internationalen Kapitalmärkten. Aufgrund ihrer sehr guten Bonität kann sie Gelder zu guten Konditionen an die Länder weitergeben.

Die IDA vergibt Kredite speziell an die ärmsten Entwicklungsländer zu weitaus günstigeren Bedingungen: Die Laufzeiten sind länger, die Tilgung kann ausgesetzt werden und die Kredite sind im Grundsatz zinslos. Auch ein Schenkungsanteil ist zur Vermeidung einer Überschuldung möglich. Die IDA finanziert sich überwiegend aus Beiträgen der fortgeschrittenen Volkswirtschaften, die regelmäßig einzahlen.

Die IFC fördert die privatwirtschaftliche Initiative in Entwicklungsländern, indem sie beispielsweise die Errichtung, Modernisierung und Erweiterung produktiver privater Unternehmen finanziert.

Aufgabe der MIGA ist es, ausländische Direktinvestitionen in Entwicklungsländern zu fördern, indem sie Garantien gegen politische oder rechtliche Risiken anbietet.

Das ICSID unterstützt die Durchführung von Schlichtungsverfahren bei grenzüberschreitenden Investitionen.

G7, G20

Die internationale wirtschafts- und währungspolitische Zusammenarbeit findet nicht nur im Rahmen internationaler Institutionen, sondern auch in verschiedenen informellen Gremien statt. Die Zusammensetzung und die Aktivitäten der Gremien sind überwiegend historisch gewachsen. Deren Benennung erfolgt nach der Anzahl der Teilnehmerländer (z. B. G20 = Gruppe der Zwanzig).

Hinter diesen informellen Gremien steht die Absicht, sich in einem Kreis von Ländern – teils mit vergleichbaren wirtschaftlichen Interessen – über weltwirtschaftliche Probleme abzustimmen, bevor diese Fragen in formellen zwischenstaatlichen Institutionen aufgegriffen werden. Häufig werden in den informellen Treffen Impulse gegeben, deren Umsetzung dann in der Verantwortung der internationalen Organisationen liegt.

> *Die G20 umfasst die wirtschaftlich wichtigsten Industrie- und Schwellenländer.*

Die G7 besteht seit 1976 und umfasst sieben große Industriestaaten. Die Finanzminister und Zentralbankpräsidenten der G7-Staaten erörtern regelmäßig aktuelle wirtschafts- und währungspolitische Themen. Einmal im Jahr findet ein Treffen der Staats- und Regierungschefs dieser Länder statt.

Zur G20 gehören neben den G7-Ländern zwölf weitere große Länder sowie die Europäische Union, vertreten durch die EU-Ratspräsidentschaft, die EU-Kommission und die Europäische Zentralbank. Die G20 wurde 1999 als Reaktion auf die Finanzkrise in Asien gegründet und hatte ursprünglich die vorrangige Aufgabe, den Dialog zwischen Industrie- und Schwellenländern zu verbessern. Sie repräsentiert rund 60 % der Weltbevölkerung und mehr als 80 % des weltweiten Bruttoinlandsprodukts.

Seit der globalen Finanzkrise von 2008 haben die Treffen der G20 stark an Bedeutung gewonnen. Denn Krisen kann nur dann wirksam vorgebeugt werden, wenn möglichst viele wichtige Länder gemeinsam Regeln für die Finanzmärkte vereinbaren – und dann auch durchsetzen. Zudem wurde der wirt-

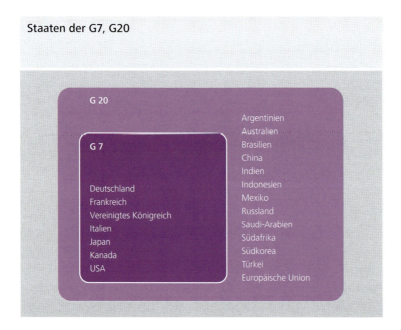

Staaten der G7, G20

schaftspolitische Dialog intensiviert. Die G20 wurde daher von den Mitgliedstaaten als zentrales Forum ihrer internationalen wirtschaftlichen Zusammenarbeit etabliert. In dieser Rolle hat sich die G20 auch im Rahmen der globalen Anstrengungen zur Bewältigung der Corona-Pandemie-Krise von 2020 bewährt. Neben den Treffen auf Ministerebene findet einmal im Jahr ein Treffen der Staats- und Regierungschefs statt.

Finanzstabilitätsrat (FSB)

Der Finanzstabilitätsrat (Financial Stability Board – FSB) wurde 2009 als Reaktion auf die globale Finanzkrise 2007/2008 von den G20 als zentrales Koordinierungsgremium gegründet. Seine Aufgabe ist es, die Stabilität des internationalen Finanzsystems und der internationalen Finanzmärkte zu stärken. Alleiniges Entscheidungsgremium ist das Plenum. Ein Lenkungsausschuss gibt ihm Orientierung bei der Ausrichtung seiner Arbeiten. Vier Ständige Ausschüsse sowie verschiedene Arbeitsgruppen sind jeweils für spezifische Aufgaben zuständig.

Der Mitgliederkreis umfasst die für Finanzstabilität zuständigen nationalen Behörden der Mitgliedsländer sowie relevante internationale Institutionen. Ein Land kann je nach Größe und Bedeutung seines Finanzmarkts durch mehrere Mitgliedsbehörden vertreten werden (maximal drei). In Deutschland sind dies neben der Deutschen Bundesbank das Bundesministerium der Finanzen (BMF) und die Bundesanstalt für Finanzdienstleistungsaufsicht (BaFin). Nicht-Mitgliedsländer werden über sechs Regionalgruppen in die Arbeit des FSB eingebunden.

Der FSB arbeitet für die Stabilität des internationalen Finanzsystems.

Mitglieder des FSB:

- Zentralbanken, Finanzministerien und Aufsichtsbehörden aus den G20-Ländern sowie aus Hongkong, den Niederlanden, der Schweiz, Singapur und Spanien
- Europäische Zentralbank (EZB)
- Europäische Kommission
- Internationaler Währungsfonds (IWF)

- Internationale Bank für Wiederaufbau und Entwicklung (IBRD, Weltbankgruppe)
- Bank für Internationalen Zahlungsausgleich (BIZ) sowie die dort verankerten Ausschüsse (u. a. Baseler Ausschuss für Bankenaufsicht)
- Organisation für wirtschaftliche Zusammenarbeit und Entwicklung (OECD)
- Internationale Organisation der Wertpapieraufsichtsbehörden (IOSCO)
- Internationale Vereinigung der Versicherungsaufsichtsbehörden (IAIS)
- Internationales Gremium für Rechnungslegungsstandards (IASB)

Mitglieder im FSB sind Zentralbanken, Finanzministerien, Aufsichtsbehörden und internationale Organisationen.

Der FSB soll Schwachstellen des internationalen Finanzsystems identifizieren, Vorschläge zu ihrer Beseitigung unterbreiten und deren Umsetzung überwachen. Wichtige Themengebiete sind der Umgang mit systemrelevanten Finanzinstituten, die Überwachung und Regulierung von Finanzintermediären außerhalb des Bankensystems sowie Arbeiten zur Reduzierung von Risiken, die von Derivatemärkten ausgehen. Der FSB befasst sich ebenfalls mit Risiken für die Finanzstabilität, die vom Klimawandel ausgehen, den Folgen der Digitalisierung für das internationale Finanzsystem sowie dem grenzüberschreitenden Zahlungsverkehr. Zudem zählt zu den Kernaufgaben die Förderung einer international konsistenten Anwendung von Standards und Kodizes, die die Stabilität des Finanzsystems sicherstellen sollen. Darüber hinaus soll der FSB die den Finanzsektor betreffende Regulierungs- und Aufsichtspolitik auf der internationalen Ebene koordinieren sowie die Zusammenarbeit und den Informationsaustausch zwischen den entsprechenden Institutionen in diesen Bereichen fördern.

Die FSB-Mitglieder haben sich außerdem verpflichtet, ihre Finanzsektoren regelmäßig im Rahmen internationaler partnerschaftlicher Überprüfungsverfahren (Peer Reviews) begutachten zu lassen und sich den Finanzsektorüberprüfungen des IWF und der Weltbank zu unterziehen (Financial Sector Assessment Program, FSAP). Da die Empfehlungen des FSB rechtlich nicht bindend sind, ist die politische Unterstützung durch die G20 von entscheidender Bedeutung für den Erfolg des Gremiums.

Bank für Internationalen Zahlungsausgleich (BIZ)

Die BIZ mit Sitz in Basel wurde 1930 gegründet und ist damit die älteste internationale Finanzorganisation. Die Mitgliedschaft ist Zentralbanken vorbehalten (derzeit 63). Die BIZ fördert die Zusammenarbeit zwischen Zentralbanken und stellt eine Vielzahl von Dienstleistungen für Zentralbanken bereit, insbesondere im Hinblick auf die Verwaltung von Währungsreserven.

Sie spielt eine Schlüsselrolle bei der Kooperation von Zentralbanken und anderen Instanzen aus dem Finanzbereich. Sie arbeitet eng mit verschiedenen Einrichtungen zusammen, die bei ihr ein Sekretariat haben und je nach Mandat intensiv an der Formulierung der regulatorischen und aufsichtlichen Antworten auf die Finanzkrise beteiligt sind. Dazu zählen insbesondere das Financial Stability Board (FSB) und dessen ständige Ausschüsse. Weiterhin werden neue Entwicklungen an den Finanzmärkten – wie der Einsatz innovativer Technologien und Instrumente sowie das Auftreten neuer Akteure – beobachtet und mit Blick auf das Finanzsystem bewertet.

Die BIZ ist die älteste internationale Finanzorganisation.

Der „Ausschuss für das weltweite Finanzsystem" hat die Aufgabe, Entwicklungen der Finanzmärkte und -systeme zu beobachten und ihre Auswirkungen auf die Finanzstabilität zu analysieren. Er identifiziert und bewertet mögliche Ursachen für Probleme auf den globalen Finanzmärkten. Ferner fördert er das Verständnis für die strukturellen Grundlagen der Finanzmärkte und -systeme und unterstützt Verbesserungen für deren Funktionsfähigkeit und Stabilität. Der „Baseler Ausschuss für Bankenaufsicht" setzt sich dafür ein, die Qualität der Bankenaufsicht weltweit zu verbessern. Er ist zentraler globaler Standardsetzer für die Regulierung und Beaufsichtigung von Banken und hat das „Baseler Rahmenwerk" entwickelt, das Mindeststandards unter anderem für die Ausstattung von Banken mit Eigenkapital und Liquidität vorgibt. Er arbeitet kontinuierlich an weiteren Maßnahmen, welche die Widerstandsfähigkeit des Bankensystems stärken sollen. Der „Ausschuss für Zahlungsverkehr und Marktinfrastrukturen" setzt sich für die Förderung sicherer und effizienter Zahlungsverkehrs-, Verrechnungs- und Abwicklungssysteme ein und spricht als globaler Standardsetzer Empfehlungen in diesen Bereichen aus. Der „Märkteausschuss" befasst sich mit aktuellen Marktentwicklungen und ihren Auswirkungen auf das Funktionieren der Märkte und die Zentralbankgeschäfte.

Das Wichtigste im Überblick:

- Der Begriff Währung bezeichnet im weiten Sinne die Verfassung und Ordnung des Geldwesens eines gesamten Staates. Zumeist wird darunter im engen Sinne aber nur die Geldeinheit eines Staates oder Gebietes verstanden.

- Währungen werden im täglichen Gebrauch durch eigene Abkürzungen oder ein eigenes Währungssymbol dargestellt (z. B. $ oder €). Der internationale Devisenhandel verwendet eine normierte, aus drei Buchstaben bestehende Abkürzung (z. B. EUR, USD, JPY).

- Der Umtausch von Währungen erfolgt zum jeweils gültigen Wechselkurs. Dieser ergibt sich bei flexiblen Wechselkursen durch Angebot und Nachfrage am Devisenmarkt. Bei festen Wechselkursen halten Deviseninterventionen der Zentralbank den Kurs stabil.

- Währungsreserven eines Landes bestehen aus Wertpapieren und Bankguthaben in ausländischer Währung (Devisen), Gold sowie Guthaben beim Internationalen Währungsfonds (IWF).

- Die Zahlungsbilanz eines Landes erfasst sämtliche Transaktionen zwischen dem In- und Ausland innerhalb eines Zeitraums. Ihre wesentlichen Bestandteile sind die Leistungs- sowie die Kapitalbilanz.

- Der Auslandsvermögensstatus zeigt die finanziellen Forderungen und Verbindlichkeiten zwischen Inländern und Gebietsfremden an.

- Das Finanzsystem umfasst die Finanzintermediäre (insbesondere Banken, Versicherungen und Investmentfonds), die Finanzmärkte und die finanzielle Infrastruktur. Aufgabe des Finanzsystems ist es, die Anbieter finanzieller Mittel mit den Nachfragern zusammenzubringen.

- Die Internationalisierung des Finanzsystems eröffnet weltweite Finanzierungs- und Anlagemöglichkeiten, birgt aber auch neue Risiken. Im Laufe der Zeit sind neue Finanzierungsmöglichkeiten (z. B. neue Wertpapierformen) und Akteure an den Finanzmärkten hinzugekommen.

- Nur ein stabiles Finanzsystem kann seine gesamtwirtschaftlichen Aufgaben erfüllen. Der makroprudenzielle Überwachungsansatz hat das gesamte Finanzsystem im Blick und ergänzt die traditionelle (mikroprudenzielle) Aufsicht über die einzelnen Banken.

- Auf europäischer Ebene ist der Europäische Ausschuss für Systemrisiken (ESRB) für die makroprudenzielle Überwachung zuständig. In Deutschland nimmt diese Aufgabe der Ausschuss für Finanzstabilität (AFS) wahr.

- Der Internationale Währungsfonds (IWF) fördert die internationale Zusammenarbeit in der Währungspolitik. Er kann Mitgliedsländern Kredite geben, knüpft dies in der Regel aber an Bedingungen.

- Auch in informellen Zusammenschlüssen von Staaten wie G7 oder G20 findet eine internationale wirtschafts- und währungspolitische Zusammenarbeit statt. Die Treffen der G20 haben seit der Finanzkrise stark an Bedeutung gewonnen.

- Der Finanzstabilitätsrat (FSB) bringt die für Finanzstabilität zuständigen Behörden, Institutionen und Gremien zusammen, um deren Zusammenarbeit in Hinblick auf die globale Finanzstabilität zu verbessern.

- Mitglieder bei der Bank für Internationalen Zahlungsausgleich (BIZ) sind Zentralbanken. Ausschüsse bei der BIZ erarbeiten Vorgaben für ein stabiles Finanzsystem.

Anhang
Stichwortverzeichnis

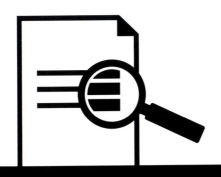

N O P Q R S T U V W X Y Z

Stichwortverzeichnis

Die Angabe bezieht sich auf den entsprechenden Abschnitt im Buch.

A

Anleihekäufe 6.3.4
Asset Backed Securities 7.3.2
Asset Purchase Programme (APP) 6.3.4
Auslandsvermögensstatus 7.2.2
Ausschuss für Finanzstabilität (AFS) 7.4.1

B

Bank für Internationalen Zahlungsausgleich (BIZ) 7.5
Bankenaufsicht 3.1.2 / 4.4.1
Bankensystem 3.1
Bankenunion 4.4
Bargeldkreislauf 2.2
Bargeldloser Zahlungsverkehr 3.2
Bargeldnutzung 2.2
Basel III 4.4.1
BIC (Business Identifier Code) 3.2.1
Bitcoin (Krypto-Asset) 1.3
Buchgeldschöpfung) 3.4

C

Clearinghaus 3.2.1

D

Dauerauftrag 3.2.2
Debitkarte 3.2.2
Derivate 7.3.2
Deutsche Bundesbank 4.2.2
Deflation 5.1
Devisenkurs 7.1
Devisenmarkt 7.1 / 7.3.1
Digitales Zentralbankgeld 3.3

E

Einheitlicher Abwicklungsmechanismus (SRM) 4.4.2
Einheitlicher Aufsichtsmechanismus (SSM) 4.4.1
Einlagefazilität 6.3.3
Einlagensicherung 3.1.2 / 4.4.3
Erst- und Zweitrundeneffekt 6.2
Erweiterter Rat 4.2.1
Europäischer Stabilitätsmechanismus (ESM) 4.3.6
Europäische Zentralbank (EZB) 4.2
Europäisches Semester 4.3.5
Europäisches System der Zentralbanken (ESZB) 4.2
Europa-Serie 2.3
Euroraum 4.1.2
Euro-Zeichen 4.1.1
European System of Financial Stability (ESFS) 7.4.1
European Systemic Risk Board (ESRB) 7.4.1
Euro-Referenzkurse der EZB 7.1
Eurosystem 4.2
Exchange Traded Fund (ETF) 7.3.1
EZB-Direktorium 4.2.1
EZB-Rat 4.2.1

F

Falschgeld 2.5
Fazilitäten 6.3.3
Feinsteuerungsoperationen 6.3.2
Finanzdienstleistungsinstitute 3.1.1
Finanzkrise 7.4
Finanzmärkte 7.3.1
Finanzstabilitätsrat (FSB) 7.5
Finanzsystem 7.3
Fintechs 7.3.2
Fiskalpakt 4.3.4
Forward Guidance 6.3.5
Funktionen des Geldes 1.2

Stichwortverzeichnis

G

G7, G20 7.5
Gedenkmünzen 2.4
Geldmarkt 6.1
Geldmarktfonds 3.3 / 7.3.1
Geldmenge 3.3
Geldpolitische Instrumente 6.3
Geldpolitische Strategie 6.2
Geldpolitische Wertpapierankäufe 6.3.4
Geldpolitische Zielsetzung 5.4
Geldschöpfung 3.4
Gesamtwirtschaftliche Projektionen 6.2
Geschäftsbank 3.1
Gironetze 3.2.1
Glanzstreifen 2.5
Gläubiger-Identifikationsnummer 3.2.2

H

Hauptrefinanzierungsgeschäfte 6.3.2
Hedgefonds 7.3.1
Hologramm-Streifen 2.5
HVPI (Harmonisierter Verbraucherpreisindex) 5.2
Hyperinflation 5.1

I

IBAN (International Bank Account Number) 3.2.1
Individualzahlungsverkehr 3.2.1
Inflation 5.1
Inflationserwartungen 6.1
Inflationsrate 5.1 / 5.2
Instant Payment 3.2.2
Integrierter Analyserahmen 6.2
Internationaler Währungsfonds (IWF) 7.5
Investmentfonds 7.3.1

K

Kapitalbilanz 7.2.1
Kaufkraft 5.1
Konvergenzkriterien 4.1.2
Kreditkarte 3.2.2
Krypto-Assets 1.3

L

Längerfristige Refinanzierungsgeschäfte 6.3.2
Lastschrift / Lastschriftmandat 3.2.2
Leistungsbilanz 7.2.1
Leitzins 6.1

M

M1, M2, M3 3.3
Makroprudenzielle Überwachung 7.4.1
Mandatsreferenz 3.2.2
Massenzahlungsverkehr 3.2.1
Mengennotierung 7.1
Mengentender 6.3.2
Mikroprudenzielle Aufsicht 7.4.1
Mindestreserve 6.3.1
Monetäre und finanzielle Analyse 6.2
Münzregal 2.1

N

Near Field Communication (NFC) 3.2.2
No-Bail-Out (Haftungsausschluss) 4.3.2
Notenbankfähige Sicherheiten 6.3.2
Notenmonopol 2.1

O

Offenmarktgeschäfte 6.3.2
Online-Bezahlverfahren 3.2.2
Outright Monetary Transactions (OMT) 6.3.4

Stichwortverzeichnis

P

Pandemic Emergency Longer-term Refinancing Operation (PELTRO) 6.3.2
Pandemic Emergency Purchase Programme (PEPP) 6.3.4
Porträt-Fenster 2.5
Preisindex 5.2
Preismessung 5.2
Preisniveau 5.1
Preisnotierung 7.1
Preisstabilität 5.1
Public Sector Purchase Programme (PSPP) 6.3.4

Q

Quantitative Lockerung (Quantitative Easing) 6.3.4

R

Ratingagenturen 7.3.2
Refinanzierungsbedarf 6.1
Repogeschäft 3.3

S

Satelliten-Hologramm 2.5
Schattenbankensystem 7.3.2
Schuldenbremse 4.3.4
SEPA (Single Euro Payments Area) 3.2.1
Sicherheitenrahmen 6.3.2
Sicherheitsfaden 2.5
Sichteinlagen 3.3
Smaragdzahl 2.5
Sonderziehungsrechte (SZR) 7.5
Sorten 7.1
Spareinlagen 3.3
Spitzenrefinanzierungsfazilität 6.3.3
Stabilitäts- und Wachstumspakt 4.3.3
Ständige Fazilitäten 6.3.3
Strukturelle Operationen 6.3.2

T

TAN (Transaktionsnummer) 3.2.2
TARGET2 / TARGET2-Saldo 3.2.1
Targeted Longer-Term Refinancing Operations (TLTRO) 6.3.2
Tauschwirtschaft 1.1
Tender 6.3.2
Termineinlagen 3.3
Termingeschäfte 7.3.2
Transmissionsmechanismus 6.1

U

Überschussreserve 6.3.1
Überweisung 3.2.2
Unabhängigkeit der Zentralbank 4.3.1

V

Verbraucherpreisindex (VPI) 5.2
Verbriefung 7.3.2

W

Wägungsschema (VPI) 5.2
Währung 7.1
Währungsreserven 7.2.1
Warengeld 1.3
Warenkorb 5.2
Wasserzeichen 2.5
Wechselkurs 6.1 / 7.1
Weltbankgruppe 7.5
Wertaufbewahrungsmittel 1.2
Wirtschaftliche Analyse 6.2
Wirtschafts- und Währungsunion 4.1.1

Z

Zahlungsbilanz 7.2.1 / 7.2.3
Zentralbank 3.1 / 4.2
Zentralbankgeld 3.3 / 6.1
Zweckgesellschaft 7.3.2

Impressum

Bildnachweis Gedenk- und Sammlermünzen (S. 38/39):

Quelle: BVA, Fotograf: Hans Jürgen Fuchs

Künstler/innen

S. 38: Bodo Broschat (Berlin), Michael Otto (Sachsen-Anhalt, 70 Jahre Bundesrat), Jordi Truxa (Brandenburg), Yves Sampo/Stefanie Lindner/Alina Hoyer/Sneschana Russewa-Hoyer (50 Jahre Élysée-Vertrag), Georgios Stamatopoulos (WWU 1999-2009, 30 Jahre Europaflagge), Helmut Andexlinger (10 Jahre Euro-Bargeld)

S. 39: Natalie Tekampe (Polare Zone), Daniel Engelberg (Auf dem Wasser), František Chochola (Schwarzspecht), Olaf Stoy (100. Geburtstag Sophie Scholl), Elena Gerber (Pauke), Bastian Prillwitz (Säulen der Demokratie – Recht)

Impressum

Deutsche Bundesbank

Zentralbereich Ökonomische Bildung,
Hochschule, Internationaler Zentralbankdialog

Redaktion Ökonomische Bildung, Geldmuseum

www.bundesbank.de/bildung
bildung@bundesbank.de

Publizistische Verwertung nur
unter Angabe der Quelle

Stand: Winter 2022